智能会计人才培养新形态系列教材

Python财务应用

微课版

董林芳　王新玲　主　编
刘　赏　房琳琳　副主编

清华大学出版社
北　京

内 容 简 介

本书以培养读者的大数据分析能力为目标，基于经贸类学员的学情背景，划分了依次递进的 Python 应用基础、Python 数据分析、Python 财务应用 3 个主题内容。Python 应用基础部分包含 Python 基本认知、Python 语言基础和初识 Pandas 模块，旨在帮助学员搭建 Python 的基础知识体系；Python 数据分析部分包括财务数据获取、财务数据预处理和财务数据可视化，旨在帮助学员掌握利用 Python 进行数据分析的工作流程和工作方法；Python 财务应用部分则精选财务工作的几个典型业务场景，包括薪资核算与分析、Python 在投融资管理中的应用、Python 销售数据分析、上市公司财务分析及可视化，每个案例都简明回顾相关财务知识，并从业务需求、整体设计、技术实现几个层面展开，提升学员面向实际工作的思考能力和解决问题的能力，以及数字化素养。

本书结构清晰、内容简洁、教学资源丰富，适合作为高等院校财经类专业开设"Python 财务应用""财务大数据智能分析""大数据与智能财务"等课程的配套教材，也适合希望学习数据分析的在职人员作为参考读物。

本书封面贴有清华大学出版社防伪标签，无标签者不得销售。
版权所有，侵权必究。举报: 010-62782989, beiqinquan@tup.tsinghua.edu.cn。

图书在版编目(CIP)数据

Python 财务应用：微课版 / 董林芳，王新玲主编. —北京：清华大学出版社，2024.2（2025.3重印）
智能会计人才培养新形态系列教材
ISBN 978-7-302-65432-2

Ⅰ.①P… Ⅱ.①董… ②王… Ⅲ.①软件工具—程序设计—应用—财务管理—教材 Ⅳ.①F275

中国国家版本馆 CIP 数据核字 (2024) 第 043294 号

责任编辑：刘金喜
封面设计：常雪影
版式设计：孔祥峰
责任校对：孔祥亮
责任印制：丛怀宇

出版发行：清华大学出版社
网　　址：https://www.tup.com.cn，https://www.wqxuetang.com
地　　址：北京清华大学学研大厦 A 座　　邮　编：100084
社　总　机：010-83470000　　邮　购：010-62786544
投稿与读者服务：010-62776969，c-service@tup.tsinghua.edu.cn
质　量　反　馈：010-62772015，zhiliang@tup.tsinghua.edu.cn

印　装　者：三河市龙大印装有限公司
经　　销：全国新华书店
开　　本：185mm×260mm　　印　张：17.25　　字　数：409 千字
版　　次：2024 年 4 月第 1 版　　印　次：2025 年 3 月第 2 次印刷
定　　价：59.80 元

产品编号：104301-01

前 言

随着现代信息技术的发展,会计数据处理技术也从传统的手工会计经过会计电算化、会计信息化,迈入而今的智能化时代。这是一个全新的时代。一方面,财务机器人正在逐步接替会计工作中有规律的、重复的、标准化的事务性工作,这在减轻财务人员工作强度的同时,也给他们带来了紧迫感和危机感;另一方面,信息技术拓展了我们可获取的数据的广度和深度,但如何从大数据中提取为我们所用的信息,提高企业的洞察力和预见力,无疑是企业在激烈的竞争中胜出的关键,因此数据的分析和处理就成为核心能力。因此,广大财务人员需要重新思考自身的定位及存在价值,提升数据处理能力,立足本岗,学会从数据中提取自己的见解,为组织创造价值的同时也提升自己的价值。

市面上有很多用于数据分析的工具,有长于数据采集的,有侧重数据挖掘的,有偏重数据可视化的。考虑到财务人员自身特点——熟悉财务和业务但没有深厚的计算机专业功底,我们选择了面向对象的程序设计语言Python。Python作为简单、易学的开发语言,在Web数据爬取、数据处理、数据可视化分析、科学计算、人工智能等领域应用广泛。

本书将Python与财务工作业务场景相结合,以掌握Python数据分析的基本知识和基本技术为目标,以36~54教学学时为参考,将Python的学习之旅划分为应用基础、数据分析和财务应用三个阶段,每个阶段的教学目标和内容安排列示于表1中。通过这三个阶段来循序渐进地帮助学员掌握基本的Python技术,培养学员的数字化思维和能力。

表1　Python财务应用的学习安排

阶段	目标	项目	
Python 应用基础	了解Python的特点、运行方式、语言和编程基础,建立对Python的基本认知	项目1	Python基本认知
		项目2	Python 语言基础
		项目3	初识Pandas模块
Python 数据分析	按照数据分析流程,选择常用的数据分析工具分别讲述数据采集与清洗、数据可视化	项目4	财务数据获取
		项目5	财务数据预处理
		项目6	财务数据可视化
Python 财务应用	在掌握Python基本应用和数据分析技术的基础上,聚焦到财务应用领域,以Python为分析工具来解决财务相关问题,提高综合分析、解决问题的能力	项目7	薪资核算与分析
		项目8	Python在投融资管理中的应用
		项目9	Python销售数据分析
		项目10	上市公司财务分析及可视化

本书特点

1. 理论简明，突出实操

每个项目都包括3个基本内容：一是基本知识，包括基本概念、基本方法等；二是系列【跟我练】，通过动手实操深化对基本知识的理解，掌握Python的基本应用；三是通关随堂测试，通过举一反三检验学习效果。

2. 面向应用，注重实效

无论是【跟我练】小案例设计，财务综合案例的选择，还是随堂测，都精选了不同的财务工作应用场景，贴近工作实际，代入感强。

3. 资源丰富，助力学教

为帮助大家快速上手，本书配套了丰富的教学资源，包括源代码、重点操作视频，以及教师授课用PPT、教学大纲、教案等教学文件。

4. 互动交流，共享提升

对于新生事物，必然要经过从入门到提升的过程，有万千伙伴陪伴，互相指点借鉴不亦乐乎。因此，我们搭建了教师教学交流群(QQ群号：885715415)，关于使用本书遇到的任何问题可以提交到平台讨论，也期待收到同行及专家的改进建议。

本书提供的程序代码、PPT、教学大纲、授课教案和随堂测解答等教学资源，可通过扫描下方二维码获取。

教学资源

本书由董林芳、王新玲任主编，刘赏、房琳琳任副主编。另外，吴子桐、刘鸿月、李丁、汤兆森同学参与了资料收集与整理、程序代码运行与校对等工作。

特别感谢Tushare金融财经数据平台及其团队的大力支持，不仅让我们免费使用数据接口，还细心地对相关内容进行了审定。衷心希望该数据平台被越来越多的数据分析人员所关注，也祝愿平台在大数据时代行稳致远，实现其理想和价值。

由于编者水平有限，书中难免存在疏漏，敬请同行和广大读者批评指正。

服务邮箱：476371891@qq.com。

作 者
2024年1月

目 录

| 项目1 | Python基本认知 | 1 |

1.1 为什么选择学习Python ································ 1
    1.1.1 Python的特点 ································ 2
    1.1.2 Python的应用领域 ····························· 2
    1.1.3 常用数据分析工具 ····························· 3
1.2 搭建Python开发环境 ································ 4
    1.2.1 了解Python开发工具 ···························· 4
    1.2.2 Anaconda的下载与安装 ························· 5
1.3 运行Python ································ 6
    1.3.1 交互模式 ································ 6
    1.3.2 文件模式 ································ 8
1.4 智能提示及代码补全 ································ 11
随堂测 ································ 13

| 项目2 | Python语言基础 | 15 |

2.1 数据类型 ································ 15
    2.1.1 基本数据类型 ································ 16
    2.1.2 高级数据类型 ································ 18
    2.1.3 数据类型检测与转换 ························· 22
2.2 变量与运算符 ································ 23
    2.2.1 变量的命名 ································ 23
    2.2.2 变量的赋值 ································ 24
    2.2.3 运算符 ································ 25
2.3 基本程序结构 ································ 28
    2.3.1 理解代码块 ································ 28
    2.3.2 输入、输出与注释 ····························· 28
    2.3.3 基本流程控制结构 ····························· 31
    2.3.4 程序错误识别 ································ 36
2.4 函数 ································ 37
    2.4.1 认识函数 ································ 37
    2.4.2 常用函数 ································ 37
    2.4.3 自定义函数 ································ 38
    2.4.4 查询函数使用说明 ····························· 39
2.5 模块(库) ································ 40
    2.5.1 认识模块 ································ 40
    2.5.2 模块的分类 ································ 40
    2.5.3 模块的安装 ································ 40
    2.5.4 模块的导入 ································ 41
随堂测 ································ 43

| 项目3 | 初识Pandas模块 | 45 |

3.1 了解 Pandas模块 ································ 45
    3.1.1 Pandas模块的主要功能 ························· 46
    3.1.2 Pandas模块安装及导入 ························· 46
3.2 Series数据结构 ································ 46
    3.2.1 了解Series ································ 46
    3.2.2 创建Series ································ 47
    3.2.3 访问Series ································ 49
    3.2.4 编辑Series ································ 51
3.3 DataFrame数据结构 ································ 53
    3.3.1 了解DataFrame ································ 53
    3.3.2 创建DataFrame ································ 53
    3.3.3 访问DataFrame ································ 56
    3.3.4 编辑DataFrame ································ 61
3.4 将数据保存为Excel文件 ································ 65
    3.4.1 写入单个工作表 ································ 65
    3.4.2 写入多个工作表 ································ 66
随堂测 ································ 67

| 项目4 | 财务数据获取 | 69 |

4.1 财务大数据 ································ 69
    4.1.1 大数据与财务数据 ····························· 69
    4.1.2 财务大数据来源 ································ 70
4.2 从文件中获取数据 ································ 71
    4.2.1 上载数据文件 ································ 71
    4.2.2 从Excel文件中获取数据 ······················· 73
    4.2.3 从文本文件中获取数据 ························· 75
    4.2.4 从PDF文件中获取数据 ························· 77
4.3 网络爬虫爬取数据 ································ 78
    4.3.1 认识网络爬虫 ································ 78
    4.3.2 爬取财务数据 ································ 78
4.4 通过数据接口获取数据 ································ 82
    4.4.1 认识数据接口 ································ 82
    4.4.2 通过"证券宝"数据接口
            采集证券数据 ································ 83

4.4.3　通过Tushare数据接口采集财务数据 …… 86
随堂测 ………………………………………… 93

项目5　财务数据预处理　95

5.1　数据清洗 ……………………………………… 95
　　5.1.1　缺失值检测及处理 …………………… 95
　　5.1.2　重复值检测及处理 ………………… 100
　　5.1.3　异常值检测及处理 ………………… 103
5.2　数据加工 …………………………………… 106
　　5.2.1　数据计算 …………………………… 106
　　5.2.2　排序与排名 ………………………… 109
　　5.2.3　分组聚合 …………………………… 113
　　5.2.4　数据透视 …………………………… 119
5.3　数据连接与合并 …………………………… 124
　　5.3.1　数据连接 …………………………… 124
　　5.3.2　数据合并 …………………………… 126
随堂测 ………………………………………… 128

项目6　财务数据可视化　131

6.1　学习用matplotlib绘图 …………………… 132
　　6.1.1　认识matplotlib ……………………… 132
　　6.1.2　使用matplotlib绘图入门 …………… 132
　　6.1.3　使用matplotlib绘图进阶 …………… 136
6.2　学习用pyecharts绘图 ……………………… 144
　　6.2.1　认识pyecharts ……………………… 144
　　6.2.2　使用pyecharts绘图入门 …………… 144
　　6.2.3　使用pyecharts绘图进阶 …………… 148
随堂测 ………………………………………… 160

项目7　薪资核算与分析　163

7.1　业务分析与设计 …………………………… 163
　　7.1.1　薪资业务分析 ……………………… 163
　　7.1.2　运算逻辑 …………………………… 165
　　7.1.3　知识准备 …………………………… 166
7.2　薪酬核算 …………………………………… 173
　　7.2.1　读取职工薪酬基本数据 …………… 173
　　7.2.2　数据整理 …………………………… 173
　　7.2.3　工资计算 …………………………… 174
7.3　薪酬分析 …………………………………… 180
　　7.3.1　分类统计 …………………………… 180
　　7.3.2　构成分析 …………………………… 182
随堂测 ………………………………………… 185

项目8　Python在投融资管理中的应用　187

8.1　货币时间价值及函数 ……………………… 187
　　8.1.1　认知货币时间价值 ………………… 187
　　8.1.2　债券融资 …………………………… 193
　　8.1.3　长期借款筹资 ……………………… 194
8.2　项目投资决策 ……………………………… 195
　　8.2.1　投资决策指标及其函数 …………… 195
　　8.2.2　固定资产更新决策 ………………… 198
8.3　资金需要量预测 …………………………… 202
　　8.3.1　认识线性回归及其方法 …………… 202
　　8.3.2　预测企业资金需要量 ……………… 207
随堂测 ………………………………………… 208

项目9　Python销售数据分析　211

9.1　背景案例 …………………………………… 211
　　9.1.1　问题提出 …………………………… 211
　　9.1.2　明确分析需求 ……………………… 213
　　9.1.3　设计解决方案 ……………………… 213
9.2　数据导入并预处理 ………………………… 216
　　9.2.1　获取数据 …………………………… 216
　　9.2.2　数据预处理 ………………………… 217
9.3　销售总体分析 ……………………………… 218
　　9.3.1　销售目标达成分析 ………………… 218
　　9.3.2　相关数据随时间变化情况 ………… 221
9.4　销售分层分析 ……………………………… 225
　　9.4.1　产品维度 …………………………… 225
　　9.4.2　渠道维度 …………………………… 226
　　9.4.3　业务员维度 ………………………… 230
　　9.4.4　客户维度 …………………………… 232
随堂测 ………………………………………… 234

项目10　上市公司财务分析及可视化　235

10.1　财务分析基本认知 ……………………… 235
　　10.1.1　财务分析的依据和内容 ………… 236
　　10.1.2　财务分析的基本方法 …………… 236
10.2　利用"证券宝"获取数据进行
　　　美的集团盈利能力分析 ………………… 237
　　10.2.1　数据获取 ………………………… 237
　　10.2.2　数据整理 ………………………… 238
　　10.2.3　数据可视化 ……………………… 239

10.3 利用Tushare获取数据进行美的集团财务指标分析 ·············· 241
   10.3.1 利用财务报表数据接口获取数据进行财务指标分析 ·············· 242
   10.3.2 利用fina_indicator()获取美的集团2013—2022年财务指标数据 ········ 247
10.4 同业对比分析 ·············· 249
   10.4.1 业务分析 ·············· 249
   10.4.2 获取同业数据 ·············· 249
   10.4.3 同业可视化比较分析 ·············· 252
   10.4.4 同业综合评价 ·············· 257
随堂测 ·············· 263

参考文献   **265**

项目 1

Python 基本认知

学习目标：
- 了解Python语言的特点。
- 掌握Python开发环境的搭建。
- 掌握Jupyter Notebook的使用方法。

思政目标

让数据成为你的竞争力！

大数据时代，数据已然成为一项重要资产，蕴藏着巨大的价值。但将数据转化为价值并非易事。事实是，我们拥有海量数据，但不能充分利用。从海量数据到实现价值之间，有一个关键要素——人。

人才是富国之本、兴邦大计。习近平总书记在党的二十大报告中强调，必须坚持"人才是第一资源"，深入实施"人才强国战略"，坚持"人才引领驱动"。

企业迫切希望市场营销、运营、财务、人力资源等各类人员都能够拥有数据处理能力，可以从其拥有的数据中提取自己的见解，助力企业管理改善，提升竞争力！企业的痛点就是我们的机会和价值所在！

先人一步，用数据技能武装自己，会支撑我们在职场上走得更远！

Python是一种面向对象的解释型计算机程序设计语言，由荷兰人Guido von Rossum于1989年的圣诞节发明，第一个公开发行版发布于1991年。目前广泛使用的Python 3于2008年发布，Python 3.x不向后兼容Python 2.x。

1.1 为什么选择学习Python

如今，业界有很多广泛使用的程序设计语言，如C语言、C++语言、Java等，那么我们为什么还要学习Python呢？

1.1.1 Python的特点

在大数据时代，Python因其以下鲜明特点为大众所追捧。

1. 语言简单易理解

Python语言的语法简洁，简单易学，非专业人士也能轻松上手，对初学者友好。

2. 开源免费易获得

Python是一款免费的软件，任何人都可以下载使用。

3. 跨多平台易部署

同一段Python程序，可以运行在Windows、macOS、Linux等不同操作系统上，Python的大部分库也与多个操作系统兼容，且操作界面一致，易于部署。

4. 资源共享易扩展

Python不仅内置了丰富的基础代码库(也称为模块)，还有大量的第三方库，拥有强大的社区支持。

Python是公认的最容易入门的编程语言之一，而且也是公认最有发展前景的编程语言之一，它可以与很多编程语言及应用集成，被称为"胶水"语言，享有"人生苦短，我用Python"的评价。正因为此，近年来Python在编程语言排行榜上连续稳居榜首，成为大众学习程序设计的首选语言。

1.1.2 Python的应用领域

在大数据时代，企业信息系统、商业数据库、物联网、互联网构成了一个巨大的跨领域、跨平台的数据生态系统。如何从中获取有用的数据，对数据进行加工整理，让数据的潜在价值发挥作用，是每个职场人士普遍关注并思考的课题。Python在数据采集、科学计算、可视化分析、人工智能、Web开发等方面均展现了强大的功能。

1. 数据采集

数据采集是数据分析的第一环，常用的数据来源包括Excel文件、企业数据库、商业数据库、Web网站等。其中，Web网站因其数据公开易得且实时更新成为获取上市公司财务数据的首选来源。网络爬虫是数据获取和收集的一种主要方式，Python是编写网络爬虫的主流语言之一。

2. 科学计算

Python提供了强大的科学计算扩展库Numpy、Pandas和SciPy等，它们能够实现快速数组处理、数值运算和图形处理功能。Python的第三方库使得专业的数据分析人员可以设计算法、自主开发模块并上传；众多开源的科学计算软件包也提供了Python的调用接口，使其功能不断拓展。

3. 可视化分析

获取数据后，需要对原始数据进行清洗，完成数据规范化整理，并在此基础上进行多维度分析，最终选择合适的图表将数据分析结果进行可视化展现，以方便管理者阅读、理解并做出决策。Python中提供了众多的可视化模块库，如Matplotlib、Seaborn、Pyecharts等，可以轻松实现数据可视化展现。

4. 人工智能

Python是人工智能的首选编程语言，它拥有众多模块，在人工智能的各个领域都得到了很好的应用。除以上提到的核心扩展库，还有机器学习库、深度学习库、分布式深度学习库以及与自然语言处理、计算机视觉等相关的库。

5. Web开发

利用Python可以进行快速的Web开发，如谷歌、美国航天局(NASA)、You Tube、Facebook、豆瓣、知乎都采用Python进行了部分功能的开发。此外，搜狐、金山、腾讯、网易、百度、阿里、淘宝等都在使用Python完成各种各样的任务。

1.1.3 常用数据分析工具

数据分析工具的种类较多，场景不同使用的工具也有所不同，常用的有Excel、R语言、SQL语言、Python语言、BI工具(如Tableau、Power BI、FineBI、Smartbi等)。近年来，高等院校经济管理类专业普遍开设了"Excel在财务工作中的应用""基于Power BI的财务大数据可视化分析"等课程，那么Python与Excel、Power BI相比有何异同？它有哪些优势呢？

1. Python与Excel

Python是一门解释型程序设计语言，Excel是一款通用的表处理软件。相较于Excel，Python的优势体现在以下4个方面。

1) Python在处理大量数据及复杂运算时效率更高

当数据量不大时，Excel和Python的处理效率相近。但当数据达到几十万行量级或公式嵌套较多时，Excel处理速度就会大大降低，甚至会出现卡顿，而Python在处理大数据时则游刃有余。不过，在数据分析量小、想要快速出结果、逻辑关系简单的情况下，Excel更有优势。

2) 代码可复用，分析过程可复现

当使用Python做数据分析时，分析代码可以保存为脚本，有利于持续优化，并且让改进流程更加清晰。例如，使用Excel进行简单的描述统计分析时，每换一份数据都需要重新操作一遍，而使用Python编写分析代码时，遇到分析过程需要修改时，只需要调整设定好的参数即可。当分析过程需要修改或复用时，只需要调整设定好的参数即可。在不改变数据源的情况下，代码输出的结果一致，不会随着时间和人员的变化而出现不同的分析结果，可复现性强。

3) 集成与交互性强

Python作为一门"胶水"语言，可以与很多编程语言及应用集成，从而方便快速地进行数据及信息的交互。例如，Python可以与各种数据库连接，通过SQL语句对数据库的数据进行存、取、修改等操作。另外，Python还可以连接API(application programming interface，应用程序编程接口)编写自动化脚本操作应用程序。例如，用Python编写程序自动抓取、下载、分析网络上各种各样的数据，免去人工搜索、下载、处理等重复劳动。

4) 机器学习

Python拥有丰富且强大的机器学习、深度学习库，因此它能够很好地支持机器学习和深度学习，这是使用Python做数据分析的最重要原因之一。目前各领域越来越需要机器学习，从业者使用Python可以方便地创建机器学习模型，深入挖掘海量数据中蕴藏的有价值信息。例如，使用自然语言处理可以对媒体网络留言评论进行文字情绪分析，从而判断客户需求和市场规则。

2. Python与Power BI

Power BI是微软推出的一款可视化软件，其优点是所见即所得，简单易学，如果熟悉Excel则很容易上手。Python与其相比，有以下三点优势。

1) 数据爬取

网络爬虫是大数据时代获取数据的重要工具，以智能、自动、高效而被广泛推崇，而Python是编写网络爬虫的主流语言，代码简单、处理高效。

2) 数据处理

Python有Numpy和Pandas两个强大的库，可以用来轻松清洗数据。

3) 数据可视化

如果想制作出各种好看的图表，使用Python可视化类工具省时省力，还具有交互功能。如果需要调整也只要修改代码即可，不用费心费力重新作图。Python强大的社区支持，也使其拥有取之不尽的资源。

综上，不管是Excel、Power BI，还是Python，它们都只是工具，我们更需要的是加强逻辑思维和业务分析能力，才能真正打造自己的核心竞争力。

1.2 搭建Python开发环境

开始Python学习之旅之前，首先需要搭建Python开发环境，为编程及调试做好准备。

1.2.1 了解Python开发工具

Python有多款开发工具，比较常用的有以下几个。

1) Python安装自带的IDLE

集成开发环境是用于提供程序开发环境的应用程序，一般包括代码编辑器、编译器、调试器和图形用户界面等工具，集成了代码编写功能、分析功能、编译功能、调试功能等。

标准Python安装程序包可以从官方网站下载(https://www.python.org)。Python安装时自带了IDLE。

2) 集成开发环境PyCharm

PyCharm适合程序员进行Python程序综合开发使用。

3) Anaconda

Anaconda是一个集成了Python和大量第三方库的开源Python发行版本，包含了Python编辑器、解释器和上千个数据科学相关的开源包，涉及数据可视化、机器学习、深度学习等多方面，是一个对初学者友好的Python数据分析的标准环境。

4) Jupyter Notebook

Jupyter Notebook是基于网页的用于交互计算的编辑器，可以集程序开发、文档编写、运行及可视化结果展示于一体，适用于数据处理、数据分析和可视化。

5) Spyder开发工具

Spyder有变量资源管理器，可以很方便地观察变量的取值。

Spyder和Jupyter Notebook都是下载Anaconda时自带的使用Python语言的开发工具，安装Anaconda时会一并安装Spyder和Jupyter Notebook。

本书侧重Python数据处理与数据分析，因此选择了Anaconda开发环境，并以Jupyter Notebook为开发工具。

1.2.2 Anaconda的下载与安装

登录Anaconda官方网站https://www.anaconda.com，单击"下载"按钮，默认下载64位Windows操作系统的安装程序，下载完成后得到"Anaconda3-2023.03-Windows-x86_64"安装包(也可以使用本书教学资源提供的安装包)。

【跟我练1-1】

安装Anaconda环境。

【操作指导】

① 双击安装程序，打开Welcome安装界面，如图1-1所示，单击Next按钮。

② 在License Agreement界面，单击I Agree按钮，同意安装协议，如图1-2所示。

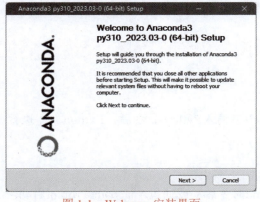

图1-1　Welcome安装界面

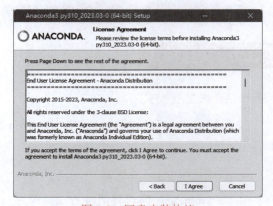

图1-2　同意安装协议

③ 在Select Installation Type界面，选择Just me(recommended)选项，如图1-3所示，单击

Next按钮。

④ 在Choose Install Location界面，默认或自行设置安装路径，单击Next按钮。

⑤ 在Advanced Installation Options界面，选中Add Anaconda3 to my PATH environment variable和Register Anaconda3 as my default Python 3.10选项，将Anaconda3的路径设置到Windows的环境变量中，如图1-4所示。单击Install按钮，开始安装。

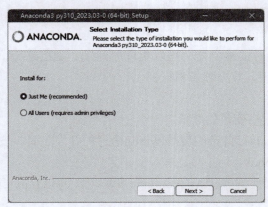 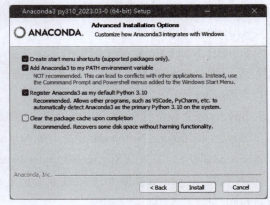

图1-3　选择安装模式　　　　　　　　　图1-4　高级安装选项

⑥ 稍候一段时间，在Completing Setup界面，无须选择任何选项。单击Finish按钮，完成安装。

划重点：

将Anaconda的路径加入Path环境变量中的作用，是可以在任何命令行路径下启动Python。否则，在Anaconda安装路径之外的位置无法在命令行中正常启动Python。如果此处没有勾选，后期还可以在计算机的"系统属性"设置中补充设置。

1.3　运行Python

安装完成后，我们通过运行Python来检测是否安装成功。

运行Python有两种模式：交互模式和文件模式。

1.3.1　交互模式

1. 理解交互模式

交互模式也称会话模式，是指在Python Shell中输入Python命令后，Python立即执行并显示执行结果。

2. 启动Python交互模式

启动Python交互模式有两种方法，即通过cmd命令启动或通过Anaconda Prompt启动。

【跟我练1-2】

通过cmd命令启动Python。

【操作指导】

① 按Windows+R组合键,打开"运行"对话框。在命令行中输入cmd,按Enter键或单击"确定"按钮,打开cmd命令窗口。

② 再在命令行中输入python,按Enter键,系统显示Python版本信息,并出现Python交互模式的命令提示符">>>",如图1-5所示。

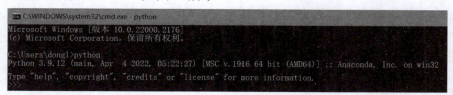

图1-5 通过cmd命令启动交互模式

【跟我练1-3】

通过Anaconda Prompt启动Python并输出Hello Python。

【操作指导】

① 执行"开始"|"所有应用"|Anaconda3|Anaconda Prompt命令,如图1-6所示,打开Anaconda Prompt窗口。

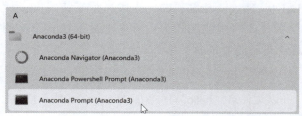

图1-6 打开Anaconda Prompt窗口

② 输入python,按Enter键,也可以启动交互模式,如图1-7所示。

图1-7 通过Anaconda Prompt启动交互模式

③ 在命令提示符">>>"后输入print('Hello Python'),按Enter键。在下一行显示输出结果Hello Python,如图1-8所示。

图1-8 输出Hello Python

> ❖ **提示：**
> ◆ print()将结果打印输出。print()语句中可以用逗号分隔多个输出项。
> ◆ Hello Python是字符串，print()打印字符串时必须用英文单引号或双引号括起来(注意不能用中文的单引号或双引号)。

3. 退出Python交互模式

退出Python交互模式有以下3种方法。
(1) 在命令提示符"**>>>**"后输入exit()，按Enter键。
(2) 按Ctrl+Z组合键，然后按Enter键。
(3) 直接关闭命令窗口。

1.3.2 文件模式

1. 理解文件模式

交互模式下的Python代码不易编辑，无法保存。文件模式是把Python代码保存在文件中，该文件称为Python程序。

2. Jupyter Notebook编辑器

Anaconda自带了Jupyter Notebook编辑器，无须另行安装。Jupyter Notebook可以将程序代码、说明文本、数学公式、可视化图表等内容全部显示在一个文档中，实现边写代码边做记录边展示结果，这正是它独特的优势所在。

【跟我练1-4】

输出Hello Python，并以文件名"hello"保存在"D:\python\项目1"目录中。

【操作指导】

① 执行"开始"|"所有应用"|Anaconda3|Jupyter Notebook命令，进入Jupyter窗口，如图1-9所示。列表中显示了默认安装路径中的一些文件夹，可以在任何一个文件夹中创建Python文件。

图1-9　Jupyter 窗口

❖ 提示：
- Jupyter Notebook是基于网页运行的编辑器，第一次打开Jupyter Notebook时需要选择浏览器。
- Desktop文件夹就是桌面文件夹。

② 执行New | Python 3命令，进入Jupyter编辑器窗口，新文件未命名前，标题栏显示默认文件名Untitled。

③ 工具栏下方是一系列单元格，在单元格的代码编辑区输入print('Hello,Python')，单击工具栏中的"▶运行"按钮，执行结果显示在代码编辑区下方，如图1-10所示。

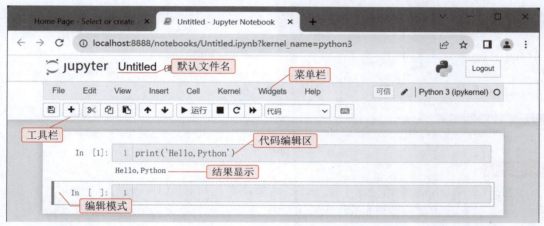

图1-10　编辑并运行

❖ 提示：
- Jupyter Notebook将代码中不同的元素标记为不同的颜色，关键字显示为绿色，字符串显示为红色。
- 在文件编辑过程中，可以执行File | Rename命令，或者直接单击上方的Untitled选项对文件重命名。
- 执行View | Toggle Line Numbers命令，可以在代码前加行号。
- 选中一个单元格，单击工具栏中的"↑"或"↓"按钮可以上下移动单元格位置。
- 可以用Ctrl键+鼠标滚轮，放大或缩小界面。

④ 执行File | Downloads as | Notebook命令，如图1-11所示。打开"新建下载任务"对话框。

⑤ 输入文件名"hello"，在"下载到"文本框中设置保存路径，可以通过单击"浏览"按钮选择一个已经存在的文件夹保存文件，如图1-12所示。

⑥ 单击"下载"按钮，保存文件到指定路径。

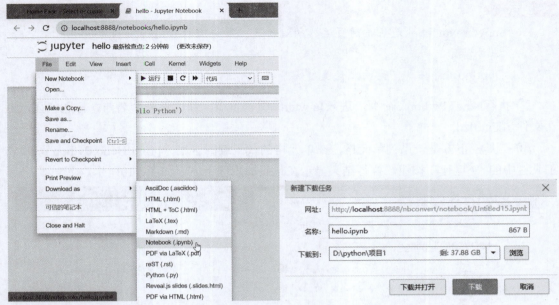

图 1-11 选择保存为 Notebook 文件　　　　图 1-12 指定保存文件路径

> **提示：**
>
> Jupyter Notebook在浏览器中运行时，其管理窗口如图1-13所示。正常情况下无须使用，但是不可以关闭，否则Jupyter Notebook中会显示连接中断。

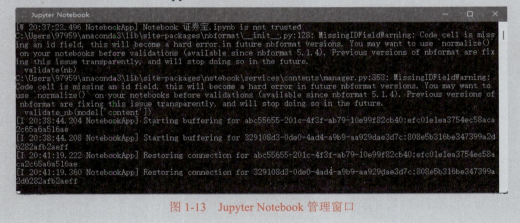

图 1-13　Jupyter Notebook 管理窗口

划重点：

Python的源代码文件有".py"和".ipynb"两种。".py"文件是标准的Python源代码文件，可以用Spyder、PyCharm编辑并运行；".ipynb"文件是使用Jupyter Notebook来编写Python程序时的文件。执行Jupyter Notebook下的File | Download as | python(.py)命令可以将.ipynb文件转化为.py文件。

3. Jupyter Notebook常用快捷键

Jupyter Notebook有两种键盘输入模式：编辑模式和命令模式。编辑模式下，可向代码块中输入代码或文本，这时的代码框左边线是绿色的。命令模式下，代码框左边线是蓝色的。在编辑模式下按Esc键可切换到命令模式，在命令模式下按Enter键可切换到编辑模式。

在命令模式下按H键，系统显示两种模式下的快捷键说明。例如，在命令模式下按两次D键是删除当前代码块；在编辑模式下，按Ctrl+Z组合键是撤销上一次的输入，如图1-14所示。

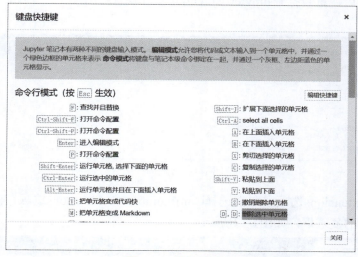

图1-14　快捷键说明

1.4　智能提示及代码补全

Jupyter Notebook具有智能提示功能，有助于快速书写代码，极大地方便了程序开发。

【跟我练1-5】

安装智能提示模块。

【操作指导】

① 执行Files | New | Terminal命令，如图1-15所示。

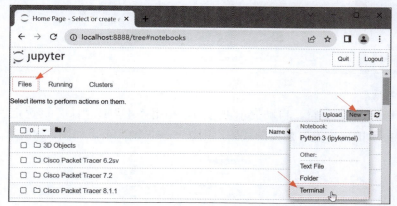

图1-15　步骤①

② 依次执行以下命令。

```
pip install jupyter_contrib_nbextensions
jupyter contrib nbextension install --user
pip install jupyter_nbextensions_configurator
jupyter nbextensions_configurator enable -user
```

③ 安装完成后,重新打开Jupyter Notebook,可以看到增加了一个Nbextensions选项,如图1-16所示。

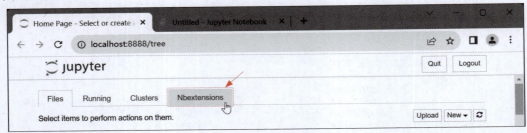

图1-16　步骤③

④ 单击Nbextensions选项,取消选择Configurable nbextensions选项前的复选框,选择Hinterland选项前的复选框,如图1-17所示。

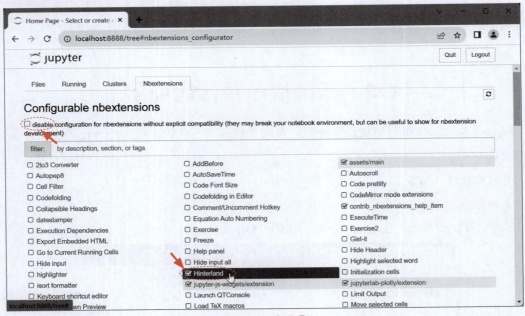

图1-17　步骤④

⑤ 测试。输入起始字符,自动提示可选项,利用"↑"或"↓"键选定后再按Enter键补全代码。若提示的内容没有想要的代码,则按"→"键即可,如图1-18所示。

图1-18　测试

随堂测

一、判断题

  1. 在安装时选中Add Anaconda3 to my PATH environment variable选项的作用是在Jupyter窗口中可以直接执行Python命令。( )

  2. 运行Python有交互模式和文件模式。( )

二、单选题

1. Python文件的扩展名为( )。
   A. .py   B. .pyth
   C. .pyt   D. .thon

2. Python交互模式的命令提示符为( )。
   A. ???   B. <<<
   C. >>>   D. ///

三、多选题

1. Python的应用领域包括( )。
   A. 数据爬取   B. 科学计算
   C. 可视化分析   D. 人工智能

2. Python语言的特点包括( )。
   A. 简单   B. 开源
   C. 面向过程   D. 易扩展

四、实训题

1. 在本机上安装Anaconda。

2. 分别在交互模式和文件模式下输出"Practice makes perfect."。

项目 2

Python 语言基础

学习目标
- 理解Python的数据类型，掌握不同数据类型的转换方法。
- 了解变量的概念，掌握常用运算符的使用。
- 掌握三类基本程序结构。
- 掌握函数的定义和调用方法。

思政目标

培养团队精神，实现合作共赢

Python本身和第三方函数库提供了众多的数据类型，这些数据虽然格式不同、功能各异，但是能够协调运算，共同完成各种各样的任务，呈现千姿百态的程序效果。现实生活和工作中，也会遇到性格不同、爱好不同、观念不同的同事或朋友，只要大家能够求同存异，必定能实现和谐相处、合作共赢。现代社会中单打独斗的个人主义很难立足，只有精诚合作的团队，才能开拓不一样的天地！培养团队精神和良好的沟通能力是发挥个人能力必不可少的要求。

学习任何一门程序设计语言，都需要先了解其数据类型和基本语法，本项目就对这些内容做概要介绍。已经掌握Python程序设计基础的读者可以跳过本项目。

2.1 数据类型

Python中有6种标准的数据类型，分别是数值(number)、字符串(string)、列表(list)、元组(tuple)、字典(dictionary)和集合(set)。

2.1.1 基本数据类型

数值类型和字符串类型是基本的数据类型。

1. 数值

数值由0~9、小数点、正负号、e组成。

Python中常见的数值类型包括整型(int)、浮点型(float)和布尔型(bool)。

1) 整型

整型包括正整数、负整数和0,如3、-22。

2) 浮点型

浮点型可以理解为是带小数的数值,如12.56、-3.4567。

小数可以用十进制数或科学计数法表示,如0.0088的科学计数法表示是8.8E-3。

> ❖ 提示:
>
> 科学计数法使用E或e均可。

3) 布尔型

布尔型只有两个值:真(True)和假(False)。注意,必须要大写首字母。布尔值可以被当作特殊的整型值,即True相当于整型值1,False相当于整型值0。

2. 字符串

字符串是由字母、数字、符号等一系列字符组成的序列。字符串需要用单引号(')、双引号(")或三引号(''')括起来,且引号必须成对使用。习惯上,单行字符串使用单引号或双引号;多行字符串使用三引号。注意,必须是英文的单引号、双引号或三引号。

1) 字符串的索引

字符串是字符的序列,序列是一块可存放多个值的连续的内存空间,空间中的值按一定顺序排列,每个值对应一个位置编号,这个位置编号就称为值的索引或序号。

Python中的序号分为正向序号(从0开始递增1)和反向序号(从-1开始递减1),用正向序号和反向序号标注的字符串(str)"Helloworld",如图2-1所示。

图2-1 两种序号体系

通过序号我们就能快速找到字符串中的特定值,例如,str[0]为"H",str[-9]为"e"。

2) 转义字符

当Python字符串中有一个反斜杠时,表示一个转义序列的开始,因此反斜杠也称转义符。常见的转义字符及其含义和说明如表2-1所示。

表2-1 常见的转义字符及其含义和说明

转义字符	含义	说明
\	续行符	代码太长，想下一行接着写，可以用\连接本行和下一行
\n	换行符	
\\	反斜杠	表示文件绝对路径时，可以用\\代替\，以免与其他转义字符混淆
\"	双引号	
\t	制表符	
\r	回车符	

注：如果字符串前有字符r，则表示不转义。

3) 格式化字符串

Python中提供了两种格式化字符串的方法：一种是使用占位符(%)；另一种是利用format()函数。

(1) 占位符。

占位符用于标记字符串中的指定位置，通过对占位符进行赋值，可以改变输出结果的格式。常见的占位符及其含义如表2-2所示。

表2-2 常见的占位符及其含义

占位符	含义
%s	任意字符
%d	整数占位符
%f	浮点数占位符

【跟我练2-1】

练习占位符用法。

【模拟上机】

```
In [1]:  1  print('阳光集团%s第%d季度净利润为%.2f万元'%('2023年',1,4088.22))
阳光集团2023年第1季度净利润为4088.22万元
```

划重点：

%s、%d、%.2f分别是字符串占位符、整数占位符和浮点数占位符，表示该位置会插入对应数据类型的数据。最后一个%表示后面就是要插入的数据。小括号中插入的数据要按前面指示的顺序排序，类型要对应。第一个占位符是%s，对应的数据必须是字符串，字符串要用单引号或双引号括起来，不加单引号或双引号会报错。

如果只用%f，那么默认输入6位小数。如果要精确小数位数，则需要在f前指定保留的小数位数，如%.2f表示保留两位小数。

如果要在格式化字符串中输出百分号，由于百分号已经在格式化字符串中作为特殊符号使用，所以要用两个百分号表示。例如，企业所得税率为25%，表示为：

```
print('企业所得税率为%d%%'%25)
```

(2) format()函数。

与占位符相比，format()函数支持更多功能。使用format()函数时，用"{ }"和"："替换了占位符"%"。

format前面指定要显示的内容，其中包括占位"{ }"；format括号中给出要传递的具体参数，多个参数间用"，"分隔。

传递参数时，可以按顺序传递，也可以按索引传递，还可以设置变量名传递。

【跟我练2-2】

练习format()函数用法。

【模拟上机】

```
In [2]: 1  print('阳光集团{}第{}季度净利润为{}万元'.format('2023年',1,4088.22))    # 按默认顺序传递参数
        2  print('阳光集团{1}第{2}季度净利润为{0}万元'.format(4088.22,'2023年',1))    # 按索引传递参数
        3  print('阳光集团{y}第{q}季度净利润为{p}万元'.format(y = '2023年',q = 1,p = 4088.22))  # 按变量传递参数
        阳光集团2023年第1季度净利润为4088.22万元
        阳光集团2023年第1季度净利润为4088.22万元
        阳光集团2023年第1季度净利润为4088.22万元
```

❖ 提示：

"#"开头的文字说明是注释语句，便于对代码的理解，后面会具体讲解。

2.1.2 高级数据类型

列表、字典、元组和集合属于高级数据类型。其中，列表和字典使用得相对较多。

1. 列表

列表相当于一个存储数据的容器，它可以将多个元素存储为一个数据，且这些元素的数据类型可以不同。

1) 创建列表

列表使用方括号[ ]创建，列表中的元素按顺序排列，并以英文逗号分隔。

【跟我练2-3】

创建列表list1，列表中包括"方萌""基础会计""87"三个元素。

【模拟上机】

```
In [3]: 1  list1=['方萌','基础会计', 87]    # 列表中包含字符串、数值
        2  list1                          # 输出list1列表
Out[3]: ['方萌', '基础会计', 87]
```

2) 访问列表

与字符串一样，列表中的每个元素也有索引，正索引自左向右从0开始，负索引自右向左从-1开始。可以利用索引或切片访问列表。

【跟我练2-4】

输出列表list1中的第2个元素、最后一个元素、索引位置1~3的元素(不包括3)、从头开始到索引位置2结束的元素、索引位置1开始到最后一个元素。

【模拟上机】

```
In [4]:  1  list1=['方萌', '基础会计', 87]        # 列表中有三个元素
         2  print(list1[1])                      # 输出列表中的第2个元素
         3  print(list1[-1])                     # 输出列表中的最后一个元素
         4  print(list1[1:3])                    # 输出列表中索引位置从1到3的元素,不包括位置3
         5  print(list1[:2])                     # 输出列表中索引位置从0开始,到2结束的元素,不包括2
         6  print(list1[1:])                     # 输出列表中索引位置从1开始到最后一个元素

         基础会计
         87
         ['基础会计', 87]
         ['方萌', '基础会计']
         ['基础会计', 87]
```

> ❖ **提示:**
> ◇ 指定的索引不能超出列表的索引范围。
> ◇ 利用切片访问时,需指定开始索引位、结束索引位和步长。输出的内容不包括结束索引位元素。如果省略开始索引位,默认从索引位0开始;如果省略结束索引位,默认到列表最后一个元素;如果省略步长,默认为1。

3) 对列表的操作

列表是可变序列,可以对列表中的元素进行编辑,主要命令及说明如表2-3所示。

表2-3 对列表进行操作的主要命令及说明

操作	Python命令 (index: 索引位置,obj: 元素)	说明
修改元素	list[index]=obj	将列表中索引为index的元素替换为新元素obj
添加元素	list.append(obj)	在列表的末尾追加一个新元素obj
插入元素	list.insert(index, obj)	在指定索引位置插入新元素obj
扩展列表	list.extend(seq)	在列表的最后一次性添加多个元素
删除元素	list.pop(index)	删除指定索引位置的元素,如果不标注索引位,默认删除最后一个元素
删除匹配项	list.remove(obj)	删除列表中第一个匹配项
反向排列	list.reverse()	将列表中的元素逆置
排序	list.sort(key=none, reverse=False)	对列表中的元素按指定关键字进行升序或降序排列

【跟我练2-5】

对列表list1进行增、删、改、排序等编辑。具体要求参见模拟上机中的注释。

【模拟上机】

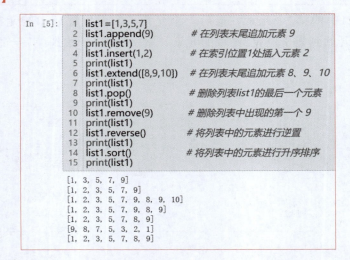

2. 字典

字典用来表示有关联的数据，特征如下。

- 字典中的元素必须包含键和值，如学生的学号和姓名。
- 键是唯一的，不能进行修改。学号为键。
- 值可以重复，也可以进行修改。姓名为值。

字典通过键和值将一组数据关联在一起，这样通过键就能找到值。

1) 创建字典

字典使用花括号{ }创建，其中包含多个键值对，成对的键和值之间用冒号分隔，多个键值对之间用逗号分隔。

2) 对字典的操作

对字典进行操作的主要命令及说明如表2-4所示。

表2-4　对字典进行操作的主要命令及说明

操作	Python命令	说明
访问值	dic[key]	通过给定的键key访问对应的值
修改值	dic[key]=value	将键key对应的值修改为value
添加新的键值对	dic[key]=value	在字典最后添加键值对(字典中原来必须没有key键)
删除键值对	del dic[key]	删除给定键key对应的键值对
删除字典	del dic	
清空字典	dic.clear()	删除字典中所有的元素，成为空字典
以列表形式返回所有键	dic.keys()	
以列表形式返回所有值	dic.values()	
返回所有键值对	dic.items()	

项目2　Python 语言基础

【跟我练2-6】

创建字典并对字典进行编辑。

【模拟上机】

```
In [6]: 1  dic={'20230101':'李白','20230102':'杜江','20230103':'王靖雯'}   # 创建字典
        2  print(dic)
        3  print(dic['20230103'])                # 访问字典中键为20230103的值
        4  dic['20230103']='王贺雯'               # 修改字典中键为20230103的值为'王贺雯'
        5  print(dic)
        6  dic['20230104']='陈宇'                 # 向字典中追加新的键值对
        7  print(dic)
        8  del dic['20230101']                   # 删除键为20230101的键值对
        9  print(dic)
       10  print(dic.values())                   # 显示 dic 中所有的值
       11  print(dic.keys())                     # 显示 dic 中所有的键

{'20230101': '李白', '20230102': '杜江', '20230103': '王靖雯'}
王靖雯
{'20230101': '李白', '20230102': '杜江', '20230103': '王贺雯'}
{'20230101': '李白', '20230102': '杜江', '20230103': '王贺雯', '20230104': '陈宇'}
{'20230102': '杜江', '20230103': '王贺雯', '20230104': '陈宇'}
dict_values(['杜江', '王贺雯', '陈宇'])
dict_keys(['20230102', '20230103', '20230104'])
```

❖ 提示：

　　列表是有序的，可以通过索引获取对应位置的元素。而字典是无序的，只能通过键来获取相应的值。

3. 元组

元组与列表相似，两者的区别在于元组属于不可变序列，其中的元素不能被修改。

1) 创建元组

元组通过圆括号()创建，元组中的元素以逗号分隔。

2) 对元组的操作

元组不能被编辑，可以对元组进行的操作有访问、连接和重复。

与列表类似，可以通过索引或切片来访问元组；使用"+"连接元组，使用"*"重复元组。

【跟我练2-7】

创建元组并对元组进行连接和重复操作。

【模拟上机】

```
In [7]: 1  tuple1=('Excel','Word','PowerPoint')   # 创建第1个元组
        2  tuple2=('Power BI','Python')            # 创建第2个元组
        3  print(tuple1+tuple2)                    # 将元组1和元组2连接
        4  print(tuple2*3)                         # 将元组2重复3次

('Excel', 'Word', 'PowerPoint', 'Power BI', 'Python')
('Power BI', 'Python', 'Power BI', 'Python', 'Power BI', 'Python')
```

4. 集合

集合是无序、不重复的元素组合，集合没有索引和位置的概念。

1) 创建集合

集合通过set()函数创建，用花括号{ }标识。

2) 对集合的操作

对集合进行操作的主要命令及说明如表2-5所示。

表2-5　对集合进行操作的主要命令及说明

操作	Python命令	说明
添加元素	set.add()	将元素整体添加入集合
添加元素	set.update()	将元素拆分后加入集合
移除元素	set.remove()	

【跟我练2-8】

创建集合并对集合进行操作。

【模拟上机】

```
In [8]: 1  set = {'会计原理','财务会计','财务管理'}    # 创建集合
        2  print(set)
        3  set.add('管理会计')                         # 在集合中添加"管理会计"元素
        4  print(set)
        5  set.update('财务分析')                      # 将"财务分析"拆分后加入集合
        6  print(set)
        7  set.remove('财务会计')                      # 移除"财务会计"
        8  print(set)
{'财务会计', '会计原理', '财务管理'}
{'财务会计', '管理会计', '会计原理', '财务管理'}
{'务', '会计原理', '分', '财务管理', '财务会计', '析', '财', '管理会计'}
{'务', '会计原理', '分', '财务管理', '析', '财', '管理会计'}
```

2.1.3　数据类型检测与转换

1. 检测数据类型

在Python中可以使用type()函数检测数据类型。

【跟我练2-9】

利用type()函数检测数据类型。

【模拟上机】

```
In [9]: 1  print(type(3.1415))
        2  print(type(100))
        3  print(type(True))
        4  print(type('Python'))
        5  print(type([1,2,3]))
        6  print(type({'1001':'库存现金','1002':'银行存款'}))
<class 'float'>
<class 'int'>
<class 'bool'>
<class 'str'>
<class 'list'>
<class 'dict'>
```

2. 转换数据类型

不同数据类型之间可以进行转换，常用数据类型转换函数如表2-6所示。

表2-6 常用数据类型转换函数

函数	作用	注意事项
int( )	转换为整数	浮点数转换为整数时直接取整
float( )	转换为浮点数	整数转换为浮点数时，小数部分为.0
str( )	转换为字符串	
list( )	转换为列表	
tuple( )	转换为元组	
dict( )	转换为字典	

【跟我练2-10】

练习数据类型转换。

【模拟上机】

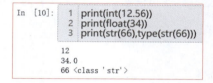

2.2 变量与运算符

数据分为常量和变量。常量只能被赋值一次，赋值之后不允许改变其值；相对地，变量是其值可以发生变化的量，可以把变量想象成一个有标识的箱子，通过赋值的方式向箱子中放入内容。

2.2.1 变量的命名

赋予变量标识符的过程称为命名。变量名是唯一的，我们通过变量的名称访问变量中的数据。

变量名可以包含字母、数字、下画线、汉字等，变量名没有长度限制。

变量命名时需要遵循以下规则。

- 变量名的首字符不能是数字。
- 变量名区分字母大小写。
- 变量名不能包含空格。
- 变量命名要避开Python关键词。
- 变量名要易于理解。

❖ 提示：
- 从编程习惯角度来看，不建议用汉字对变量命名，容易出现乱码。
- 虽然在Python 3中变量名的长度不受限制，但是为了可读性和规范性，建议变量名不要超过80个字符。

划重点：

Python关键词是指在Python中已有固定用法的词。Python 3中共有33个关键词，按首字母排序枚举如下：and、as、assert、break、class、continue、def、del、elif、else、except、False、finally、for、from、global、if、import、in、is、lambda、None、nonlocal、not、or、pass、raise、return、True、try、while、with、yield。

按照以上规则，true、data_1是合法的变量名，而1num(首字符使用了数字)、True(使用了Python关键词)是非法的变量名。

2.2.2 变量的赋值

将数据存入变量的过程称为变量赋值。在Python中使用"="作为赋值运算符，将等号右侧的计算结果赋给左边的变量。变量的数据类型取决于为它赋予的值的数据类型。

1. 单个变量赋值

语法：

变量名=数据

【跟我练2-11】

为单个变量赋值。

【模拟上机】

```
In [11]:  1  data=100+68        # 先计算等号右边的表达式，再赋值给变量data，data的类型为整型
          2  print(data)        # 输出变量data
          3  print(type(data))  #查看data的类型
          4  data='会计科目'     # 再次将字符串赋值给变量data，data的类型为字符串
          5  print(data)
          6  print(type(data))
168
<class 'int'>
会计科目
<class 'str'>
```

由以上示例可知，可以把任意类型的数据赋值给变量，同一个变量可以反复被赋值，每次赋值都会覆盖原来的值。

2. 多个变量赋值

语法：

变量1, 变量2, ..., 变量n = 表达式1, 表达式2, ..., 表达式n

【跟我练2-12】

为多个变量赋值。

【模拟上机】

```
In [12]:  1  x='库存现金'    # 将字符串"库存现金"赋值给变量x
          2  y='银行存款'    # 将字符串"银行存款"赋值给变量y
          3  x,y=y,x         # 将变量y的"银行存款"赋值给变量x，将变量x中的"库存现金"赋值给变量y
          4  print(x)        # 输出变量x的值
Out[12]: '银行存款'
```

2.2.3 运算符

Python中支持各种运算，运算符包括算术运算符、字符串运算符、关系运算符、逻辑运算符等。

使用运算符将不同类型的数据按照一定的规则连接起来的式子，称为表达式。

1. 算术运算符

算术运算是最常见的一种运算，算术运算结果是一个数值。算术运算符及运算示例如表2-7所示。

表2-7 算术运算符及运算示例

运算符及其含义	运算示例
+(加)、-(减)、*(乘)、/(除)	
//(整除)	17//3=5
**(乘方)	2**3=8
%(取模，即取余数)	17%3=2

前面已经介绍了赋值运算符(=)，赋值运算符和算术运算符可以组合使用，如x+=y表示x=x+y，x*=y表示x=x*y；其他算术运算同理。

【跟我练2-13】

练习算术运算。

【模拟上机】

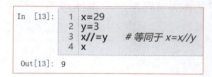

2. 字符串运算符

可以对字符串进行连接、重复、索引、切片等操作。字符串运算符及运算示例如表2-8所示。

表2-8 字符串运算符及运算示例

运算符及其含义	运算示例	
+(连接)	str1='happy' str2='day' str1+str2	结果：'happyday'
*(重复)	str1*2	结果：'happyhappy'
[ ](索引，取字符串中的某个字符)	str1[1] str1[-2]	结果：'a' 结果：'p'
[开始索引:结束索引:步长] (切片，取字符串中的子串，默认步长为1)	str1[0:4] str1[-5:-3] str1[0:5:2]	结果：'happ' 结果：'ha' 结果：'hpy'

> **提示：**
> ◇ "+"只能用于字符串之间的连接，不能用于字符串和数值型数据的连接，例如，'abc'+123是错误的连接。
> ◇ 如果"*"后面为0，则产生空字符串。
> ◇ 使用字符串索引取值时，索引的最大值为"字符串长度-1"。
> ◇ 字符串切片时，截取区间包含初始位置元素，不包含结束位置元素(简称左闭右开)。

3. 关系运算符

关系运算(也称比较运算)用于比较两个数据的大小，比较运算的结果只可能为True或为False。比较运算符及运算示例如表2-9所示。

表2-9 比较运算符及运算示例

运算符及其含义	运算示例	
>(大于)；<(小于)	1 > 2	结果False
>=(大于等于)；<=(小于等于)	'a' >= 'b'	结果False
==(等于)	'a' == 'A'	结果False
!=(不等于)	'a' != A'	结果True

比较规则如下。
- 数值按大小比较。
- 字符串比较时，先比较字符串第一个字符在计算机中的编码，通常是按ASCII码比较；如果第一个字符的ASCII码相同，再比较第二个字符，以此类推。

【跟我练2-14】

练习关系运算。

【模拟上机】

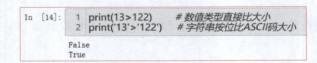

4. 逻辑运算符

逻辑运算符用于两个对象间的逻辑运算。逻辑运算符及运算示例如表2-10所示。

表2-10 逻辑运算符及运算示例

运算符及其含义	运算示例	
and ("与"运算，两个量均为True，则返回True；否则，返回False)	True and False	结果False
or ("或"运算，两个量有一个为True，则返回True；否则，返回False)	True or False	结果True
not ("非"运算，如果x为True，则返回False；否则，返回True)	Not True	结果False

5. 其他运算符

除了以上常用运算符，Python中还有两种特殊运算符：成员运算符in(not in)和身份运算符is(not is)。

1) 成员运算符in

in用于判断某个值是否为某个序列的成员，因此称为成员运算符。如果在指定序列中找到某个指定值，则返回True，否则返回False。或者可以使用not in来判断某个值是否在某个序列中。

【跟我练2-15】

练习成员运算。

【模拟上机】

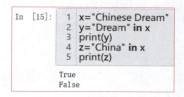

2) 身份运算符is

is用于判断两个变量是否引用了同一对象，通常称为身份运算符。如果两个变量引用了同一个对象，则返回True，否则返回False。或者可以用is not来判断两个变量是否引用了不同对象。

【跟我练2-16】

练习身份运算。

【模拟上机】

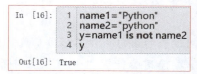

6. 运算优先级

当表达式中存在多种运算符时，Python需要按照既定的优先级展开计算。Python运算的优先级如表2-11所示。

表2-11 Python运算的优先级

优先级(由高到低)	运算类型	运算符
1	( )	
2	幂运算	**
3	乘、除、整除、取余	*、/、//、%
4	加、减	+、-
5	关系运算	<、<=、>、>=、!=、<>、==
6	逻辑非运算	not
7	逻辑与/或运算	and、or

2.3 基本程序结构

计算机程序由多行代码组成，如何将代码按照一定的结构组织起来是一门程序设计语言的编程基础。

2.3.1 理解代码块

1. 代码块

代码块是一个由多行代码组成的逻辑功能单元，该单元可以独立运行。换言之，一个由多行代码放在一起并且不依靠其他对象就可以执行的代码就是代码块。

在代码块中，每写完一行代码，按Enter键换行。

2. 缩进

缩进是Python中非常重要的一个特色。

Python程序中利用缩进表示代码块，同一代码块的语句必须包含相同的缩进空格数。不同的缩进可以表明代码块的包含关系。例如：

```
for i in range(10):
    if i < 5:
        print(i)
```

上面的示例中，for循环是一个大的代码块，因为在该代码块中if缩进了，所以它就是另一个代码块。但是print输出的语句不是代码块而是if的执行代码。

因此，代码前的缩进不能随意添加或删除。

缩进的快捷键是Tab键。如果要减少缩进量，可以利用Shift+Tab键撤销缩进。

> ❖ 提示：
> ◇ 编写代码时尽量不使用过长的语句。以不超过屏幕宽度为宜。
> ◇ 如果语句超过屏宽，需要使用续行符"\"表示当前语句延续到下一行；或者将多行语句用一对圆括号括起来以表明是同一语句。
> ◇ 使用Tab键可对缩进进行统一。

2.3.2 输入、输出与注释

输入、输出是人机对话的基础，也是学习一门程序设计语言最先要了解的内容。

1. 输出函数print()

Python通过调用内置函数print()输出运行结果。

1) print()函数应用示例

语法：

print(输出项1[,输出项2],...,end='其他字符')

对于不同的数据类型,print()函数书写规范如下。

(1) 当输出数值时,将数值直接写于括号内即可。

(2) 当输出字符串时,需要在字符串两侧使用单引号、双引号、三单引号或三双引号。如果字符串中已包含一种引号,那么两侧的引号要采用另外一种形式。

(3) 如果print()的参数为表达式,那么print()会输出表达式的运算结果。

(4) 当参数中包含数值、字符串、表达式、变量等多种类型时,需要用","将多项内容分隔开。

> ❖ **提示:**
> ◇ 语句中所有的标点符号必须是英文格式。
> ◇ 本书关于字符串的示例无特殊情况均使用单引号。

【跟我练2-17】

练习print()函数。

【模拟上机】

```
In [17]: 1  print(123)                          # 参数为数值
         2  print("hello world")                # 参数为字符串,使用双引号
         3  n = 3
         4  print('python第',n,'条输出语句')      # 参数为字符串和变量,字符串使用单引号
         5  print(3+5)                          # 参数为表达式

123
hello world
python第 3 条输出语句
8
```

2) end参数

print()函数的结束位置默认有一个换行符,因此每个print()函数的输出占一行。如果行尾需要输出其他字符而非换行符,则需要利用end参数来调整输出的内容。

2. 输入函数input()

Python内置的input()函数用于接收用户输入的内容,并返回字符串类型的结果。input()函数中可以包含一些提示性的文字。

1) input()函数语法

语法:

[变量]=input(<提示性文字>)

如果省略变量,那么input()函数接收的内容不被保存。

【跟我练2-18】

练习input()函数。

【模拟上机】

2) eval()函数

input()函数接收的变量,固定返回字符串类型,字符串是无法参与算术运算的,因此如果直接使用input()函数接收的结果用于数值计算,程序将报错。eval()函数可以将字符串的引号去掉,然后对引号中的表达式进行解析和计算。

【跟我练2-19】

利用eval()函数转换input()接收的结果。

【模拟上机】

```
In [19]:  1  forcur = input('你持有的外币为: ')           # 将接收到的外币存入forcur变量
          2  print('请输入', forcur, '对人民币的当前汇率: ', end=' ')  # 输入内容后用空格结束,不换行
          3  rate = eval(input())                        # 将输入的汇率转换为数值
          4  amount = eval(input('你需要兑换多少人民币: '))
          5  print('你需要用', amount/rate, forcur, '才能兑换', amount, '人民币')

你持有的外币为: 美元
请输入 美元 对人民币的当前汇率:  6.2
你需要兑换多少人民币: 2000
你需要用 322.5806451612903 美元 才能兑换 2000 人民币
```

3. 注释

为增加程序的可读性,常常需要在程序中对某些代码进行说明,称为注释。注释不会被编译,也不会被执行。可以对单行进行注释,也可以对多行进行注释。

1) 单行注释

单行注释使用"#"作为注释符,可以置于语句或表达式后面,也可以作为单独的一行放置于代码的上一行。前面示例中已多次使用。

单行注释时,建议在"#"后增加一个空格,然后再编写相应的文字说明。

2) 多行注释

当注释内容太多,单行注释无法显示时,需要使用多行注释。多行注释使用三单引号或三双引号标识。

【跟我练2-20】

学习注释用法。

【模拟上机】

```
[20]:  1  '''
       2  程序中采用两种方法进行注释
       3  单行注释使用 # 开始,行尾结束
       4  多行注释使用 三个连续的英文单引号 开始和结束
       5
       6  '''
       7
       8  print('you understand')   # 这是单行注释
```

❖ 提示:

在Jupyter Notebook中,注释默认为绿色。三引号标注的多行注释只是起到了注释的作用,但并不是真正意义上的注释,因此它的颜色是字符串的颜色——红色。

2.3.3 基本流程控制结构

Python中有三种基本的流程控制结构：顺序结构、选择结构和循环结构。这些结构都只有一个入口和一个出口，如图2-2所示。

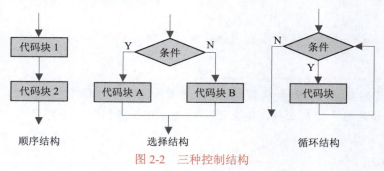

图 2-2 三种控制结构

1. 顺序结构

顺序结构是最简单的一种结构。计算机在执行顺序结构的程序时，按照代码出现的先后顺序自上而下执行。

2. 选择结构

选择结构也称为分支结构，它根据条件判断结果选择不同的执行路径。

选择结构又分为单分支结构、双分支结构和多分支结构。

1) 单分支结构if

单分支结构解决"如果……那么……"问题。Python中使用if语句表述单分支结构。

语法：

if 条件:

  代码块A   #满足条件执行代码块A

程序执行到if语句，满足"条件"，即执行其下的代码块，否则便不执行。特别注意：if语句最后是"："，下面的代码块一定要缩进！

【跟我练2-21】

在银行ATM机插入银行卡取现时，需要输入正确的银行卡密码，假设密码为"123456"，如果用户输入正确，则显示"欢迎办理业务！"，否则不显示。

【模拟上机】

2) 双分支结构if-else

在上例中，如果密码输入错误，也应给出适当的提示，以免用户不明所以。那么问题就变成，如果密码输入正确，就显示"欢迎办理业务！"；如果密码输入不正确，则显示"密码错误，请重新输入！"。非A即B的情况在Python中用if-else来应对。

语法:

if 条件:
    代码块A   #满足条件执行代码块A
else:
    代码块B   #不满足条件执行代码块B

【跟我练2-22】

在银行ATM机插银行卡取现时,需要输入正确的银行卡密码,假设密码为"123456",如果用户输入正确,则显示"欢迎办理业务!",否则显示"密码错误,请重新输入!"

【模拟上机】

```
In [22]:  1  password = input('请输入口令')
          2  if password == '123456':
          3      print('欢迎办理业务!')
          4  else:
          5      print('密码错误,请重新输入!')
请输入口令123123
密码错误,请重新输入!
```

3) 多分支结构if-elif-else

现实生活中,非此即彼的二选一场景用if-else双分支结构处理,当面临多项选择时用if-elif-else多分支结构处理。

语法:

if 条件1:
    代码块A   #如果满足条件1,则执行代码块A
elif 条件2:
    代码块B   #如果满足条件2,则执行代码块B
elif 条件3:
    代码块C   #如果满足条件3,则执行代码块C
⋮
else:
    代码块N   #不满足以上条件,则执行代码块N

执行多分支结构时,需依次测试条件,当条件成立时,执行相应的代码块,执行完成后跳出分支结构,再执行后续语句,不再测试其他条件。若所有条件均不成立,则执行else对应的语句。

【跟我练2-23】

年终考评员工时的绩效通常分为A、B、C、D、E五等,不同绩效的员工奖金分配比例不同,对应的奖金系数分别为平均奖金的1.5、1.2、1、0.8和0.5。如果某企业年终奖平均奖金为8000元,用多分支语句实现输入员工绩效后,系统自动计算并输出员工年终奖。

【模拟上机】

```
In [23]: 1  achie = input('请输入您的绩效评比结果：')
         2  avreward = 8000
         3  if achie == 'A':
         4      reward = 1.5*avreward
         5  elif achie == 'B':
         6      reward = 1.2*avreward
         7  elif achie == 'C':
         8      reward = avreward
         9  elif achie == 'D':
         10     reward = 0.8*avreward
         11 else:
         12     reward = 0.5*avreward
         13 print('您的年终奖为：', reward)

请输入您的绩效评比结果：B
您的年终奖为： 9600.0
```

4) if嵌套

实际工作中，可能会遇到这样的情形，电商平台根据客户购买数量给予不同的商品折扣优惠。此时我们可使用if嵌套解决。

基本语法：

if 条件1:

    if 条件2:

        代码块A   #满足条件1和条件2时执行代码块A

    elif/else:

        代码块B   #满足条件1不满足条件2时执行代码块B

elif/else:

    代码块C   #不满足条件1时执行代码块C

【跟我练2-24】

某商品购买1～2件以原价120元出售，购买3～5件享受9折优惠，购买10件以上享受7折优惠。

货款=数量×单价×对应折扣

【模拟上机】

```
In [24]: 1  quantity = 15
         2  unitprice = 120
         3  if quantity >= 3:
         4      if quantity <= 5:
         5          discount = 0.9
         6      else:
         7          discount = 0.7
         8  else:
         9      discount = 1
         10 amount = quantity*unitprice*discount
         11 print('您需要支付的金额为：', amount)
         12 print('您的采购数量是%d; 享受折扣%d%%; 需要支付的金额为: %.2f元'%(quantity, discount*100, amount))

您需要支付的金额为： 1260.0
您的采购数量是15; 享受折扣70%; 需要支付的金额为: 1260.00元
```

划重点：

多分支结构与if嵌套的执行逻辑有所不同。对于多分支结构，不满足上一项条件才进入下一个语句的判断；而if嵌套是在满足上一个if条件的前提下才执行内部if语句。

3. 循环结构

循环结构中也存在条件判断，如果条件成立则重复执行某代码块，执行完后再次对条件进行判断，若满足条件则继续循环执行，否则退出循环。

　　Python中常见的循环结构有两种：一种是while循环，另一种是for…in循环。

1) while循环

语法：

while 条件：

　　代码块

当程序遇到while时，若满足条件，则执行代码块，执行完成后再次判断是否满足条件，直到不满足条件时才退出循环。

【跟我练2-25】

计算1~100范围内的奇数和。

【模拟上机】

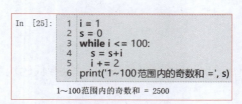

从以上例子可见，循环结构一般具备以下3个要素。

(1) 循环变量。循环变量于循环开始前设定，并在循环体内发生变化。

(2) 循环条件。循环条件用于控制程序是进入循环体，还是退出循环体。

(3) 循环体。循环体就是需要被重复执行的代码块。

❖ 提示：

　　如果循环条件设置不当有可能形成死循环，也就是程序会无限执行，此时可以按Ctrl+C组合键强行终止程序，退出循环。

2) for…in循环

语法：

for 循环变量 in 列表：

　　代码块

当程序遇到for时，循环变量将从列表中依次取值(又称遍历)，每取一次值，执行一次循环体，遍历完成，循环结束。

【跟我练2-26】

计算1~100范围内的奇数和。

【模拟上机】

```
In [26]:   1  s = 0
           2  for i in range (1, 100, 2):
           3      s = s+i
           4  print('1~100范围内的奇数和 =', s)
1~100范围内的奇数和 = 2500
```

> **❖ 提示：**
>
> range(start,end,step)函数产生整数系列。从start开始计数，默认从0开始；end表示结束，不含end；step表示每次的增量。例如，range(10)等价于range(0,10,1); range(2,20,4)产生的序列为(2,6,10,14,18)。

【跟我练2-27】

企业某项固定资产的原值为10 000元，可使用年限为5年，预计净残值为5%，截至上月，已计提折旧8333.5元。如果按直线法计提折旧，那么未来10个月每月应当计提的折旧额是多少？

【模拟上机】

```
In [27]:  1  cost = 10000                    # cost代表固定资产原值
          2  year = 5                        # year代表使用年限
          3  salvage = cost*0.05             # 残值salvage=原值*残值率
          4  acc_depreciation = 8333.5       # 截止本月初的累计折旧为8333.5
          5  cur_depreciation = 0            # 初始化设置：本月折旧为0
          6  for i in range(1,11):           # 计算接下来10个月的折旧
          7      acc_depreciation = acc_depreciation + cur_depreciation
          8      cur_depreciation = round((cost/(year*12)),2)   # 计算每月折旧,round()函数可以实现四舍五入保留2位小数
          9      net_value = cost - acc_depreciation - cur_depreciation - salvage   # 计算固定资产净值（即总剩余待提折旧）
         10      if net_value > 0:
         11          cur_depreciation = cur_depreciation
         12      else:
         13          cur_depreciation = round(cost - acc_depreciation - salvage, 2)  # 最后1期，倒挤
         14      print(f'第{i}个月应计提的折旧为：', str(cur_depreciation)+"元")

第1个月应计提的折旧为： 166.67元
第2个月应计提的折旧为： 166.67元
第3个月应计提的折旧为： 166.67元
第4个月应计提的折旧为： 166.67元
第5个月应计提的折旧为： 166.67元
第6个月应计提的折旧为： 166.67元
第7个月应计提的折旧为： 166.48元
第8个月应计提的折旧为： 0.0元
第9个月应计提的折旧为： 0.0元
第10个月应计提的折旧为： 0.0元
```

3) 终止循环break

break可用在while循环和for循环中，用来终止当前所在层的循环。

【跟我练2-28】

有一张足够大的纸，厚度为0.1mm，将其对折多少次之后，其厚度将超过珠峰的高度(假设珠峰高度为8848.86m)？

【模拟上机】

```
In [28]:  1  s = 0.0001
          2  for i in range(1, 100):
          3      s = s*2
          4      if s > 8848.86:
          5          break
          6  print('折叠', i, '次后超过珠峰的高度')

折叠 27 次后超过珠峰的高度
```

4) 跳出当前循环continue

continue同样可用在while循环和for循环中，用来跳过当前循环的剩余语句，继续执行下一轮循环。

【跟我练2-29】

练习continue()函数用法。

【模拟上机】

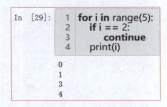

2.3.4 程序错误识别

初学者在编写程序时，不可避免会出现各种各样的错误。这些错误会导致程序不能执行，或者会导致程序执行中断或无限循环。

程序中的错误分为语法错误和逻辑错误。

语法错误是指程序中的语句格式存在错误，语法错误需要在程序执行之前纠正，否则影响程序执行。

除语法错误之外均为逻辑错误，逻辑错误可能是程序设计不合理或输入不合法等造成的。

Python解释器遇到程序错误时会中断程序运行并给出错误信息提示。常见的错误提示信息及可能原因如表2-12所示。

表2-12 常见的错误提示信息及可能原因

错误提示信息	可能原因
SyntaxError; invalid syntax	缺失":"，错误使用关键字
IndentationError; unexpected indent	缩进出错
NameError; name 'x' is not defined	变量未定义
IndexError; list index out of range	引用超过列表最大序号
TypeError	参与运算的数据不是正确的类型

【跟我练2-30】

请用户输入英语成绩和数学成绩，计算平均分并输出。

【模拟上机】

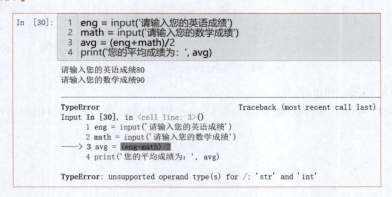

从运行结果异常提示信息可以看出，出现了参数类型错误。input接收的是字符型数据，而做平均值算术运算要求的是数值型数据，因此产生程序异常。

2.4　函数

2.4.1　认识函数

1. 函数

函数是为了实现某个特定功能而组合在一起的语句集，通过函数名来调用函数。函数可以被重复调用，因此可以减少代码编写量，提高代码编写的效率。

2. 函数分类

Python中的函数分为四类：内置函数、标准库函数、第三方库函数和用户自定义函数。这四类函数的特征简要说明如表2-13所示。

表2-13　四类函数的特征

函数分类	特征
内置函数	在程序中可以直接使用
标准库函数	Python安装时已安装标准库，但需要通过import命令导入标准库，然后才能使用其中的函数
第三方库函数	需要先下载相应的第三方库，并且通过import命令导入库，然后才能使用其中的函数
用户自定义函数	用户自行编写的函数，可以直接使用，也可以上传到Python社区

2.4.2　常用函数

1. 内置函数

内置函数是无须安装和导入，即可直接使用的函数。Python中提供了大量内置函数，常用的内置函数如表2-14所示。

表2-14　常用的内置函数

内置函数	函数功能	内置函数	函数功能
abs()	绝对值函数	print()	输出函数
any()	判断参数中是否有一个为真	range()	返回指定范围的整数对象
eval()	去除字符串两边的引号	replace()	替换指定内容
float()	将数据转换为浮点型	reversed()	反转、逆序对象
format()	格式化函数	round()	四舍五入函数
help()	帮助查看函数或模块用途的详细说明	sorted()	对参数进行排序
int()	将数据转换为int类型	split()	分割字符串，结果为一个列表

(续表)

内置函数	函数功能	内置函数	函数功能
input()	获取用户输入的内容	str()	将数据转换为字符串类型
len()	返回对象的长度	strip()	删除空白符(包括换行符"\n")
list()	构造列表数据	sum()	求和函数
max()	求最大值	type()	显示对象的数据类型
min()	求最小值		

2. 标准库函数

Python标准库指Python安装中默认自带的库,这些库不需要自己下载,但是在Python程序中使用前需要通过import命令进行导入。例如,Pandas库中的诸多函数需要在导入该库后才能使用。

3. 第三方库函数

第三方库需要先下载,例如用于解析PDF的第三方模块pdfplumer,下载后,利用import命令导入,即可使用其中的extract-table()函数提取PDF中的表格。

2.4.3 自定义函数

尽管Python提供了强大的内置函数,但很多情况下我们仍然需要自定义函数。

1. 函数定义

语法:

def 函数名(参数):
    函数体
    [return 返回值]

❖ **提示:**
- 函数参数是可选项,多个参数之间用逗号分隔。
- 函数体要用Tab键缩进。
- "return 返回值"是可以省略的。

return语句用于退出函数,向调用方返回一个表达式。return在不带参数的情况下(或者省略return语句),默认返回None。

【跟我练2-31】

定义计算净资产收益率的函数。

净资产收益率 = 净利润 ÷ 股东权益

【模拟上机】

```
In [31]:  1  def jsyl(jlr, gdqy):      # 定义净资产收益率函数
          2      syl = jlr/gdqy         # 净资产收益率 roe = 净利润 / 股东权益
          3      return syl             # 返回 roe
```

2. 调用函数

【跟我练2-32】

调用jsyl()函数计算净资产收益率。

【模拟上机】

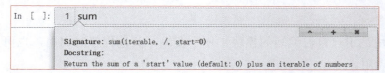

2.4.4 查询函数使用说明

由于Python函数众多，在有限的学时内学习的函数终究有限，为了帮助大家了解函数的用法，在Python中有多种途径可以获取函数用法帮助信息。

1. 利用快捷键调用函数简要说明

如果平时使用Jupyter Notebook运行Python代码，则可以使用Shift+Tab组合键查看函数的简要说明。

【跟我练2-33】

使用Shift+Tab组合键查看sum()函数的简要说明。

【模拟上机】

在代码框中输入sum，按Shift+Tab组合键，得到sum()函数的简要说明。

2. 利用help查询

如果我们想了解sum()函数的用法，只需在代码框中输入help(sum)，系统就会给出sum()函数的语法及功能说明。

【跟我练2-34】

使用help查看sum()函数的简要说明。

【模拟上机】

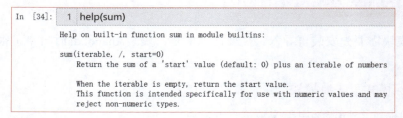

> ❖ 提示：
>
> 在函数后面加英文问号"?"后单击"▶运行"按钮，与help()函数效果一致。

2.5 模块(库)

2.5.1 认识模块

模块(module)也称为库。每个模块都能实现某个方面特定的功能。

Python模块就是一个.py文件，其中可以包含多个函数，还可以包含类、语句等。

模块的作用就是实现对函数的分类管理。例如，内置模块math中包含了很多数学计算的函数。

2.5.2 模块的分类

Python中的模块分为内置模块、自定义模块和第三方模块3种。

1. 内置模块

内置模块是Python自带的模块，可以直接导入并使用。

Python中提供了丰富的内置模块，常用的有math、time、random等。

2. 自定义模块

自定义模块是用户自己编写的模块，便于在编写其他程序时调用，也可以上传到第三方库，供他人调用。

自定义模块不能和内置模块重名。

3. 第三方模块

第三方模块是Python的开源模块，拥有丰富的第三方库正是Python的亮点。大量的优秀程序员开发出了各类功能，并上传到了Python社区，可以免费下载使用。

常用的第三方模块有numpy、pandas、matplotlib、pyecharts等。

2.5.3 模块的安装

第三方模块需要先安装再导入。需要注意的是，安装Anaconda时自带了很多常用的第三方模块。

1. 在交互模式下安装模块

Python中提供了pip工具用于安装第三方模块。

以在交互模式下安装pandas模块为例。

在命令提示符后输入安装命令pip install pandas后，pip工具先从网络上下载pandas库安装文件，并自动安装到系统中。安装过程及安装成功后的提示如图2-3所示。

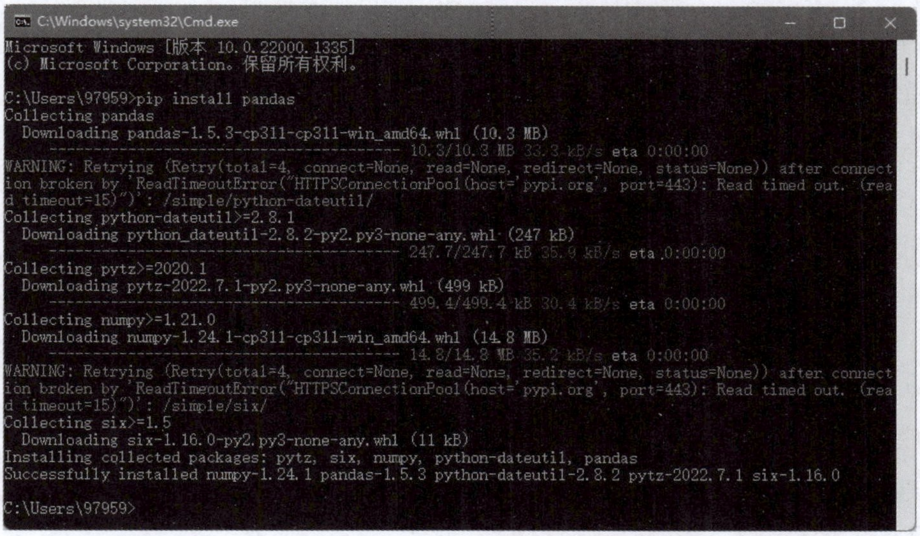

图 2-3　安装 pandas 第三方模块

> ❖ **提示：**
> ◇ 可以利用"pip uninstall 第三方库名"卸载第三方库。
> ◇ 由于pip安装是从国外网站下载的库，因此，如果网络原因下载慢或无法下载，可以通过清华镜像安装库下载(清华镜像是指清华大学将相关库下载到清华大学服务器中，以供大家下载)。
>
> 通过清华镜像安装库命令：
> pip install -i https://pypi.tuna.tsinghua.edu.cn/simple/库名
> 即在pip命令后加上"-i"参数指定pip源。
> 或者：
> pip install 库名 https://pypi.tuna.tsinghua.edu.cn/simple

2. 在Jupyter Notebook中安装

在Jupyter Notebook中也可以直接安装模块，仍以安装pandas为例，如下。

```
In [1]: !pip install pandas
```

2.5.4　模块的导入

Python中自带的模块可以直接使用，而使用其他模块前，需要先导入模块，然后才可以使用其中的函数、变量等。

1. 使用import语句导入模块

import语句是导入模块的常规方法。该方法会导入指定模块中的所有内容，包括子模块、函数、类等，适用于需要使用指定模块中大量内容的情况。

语法：

import 模块名

但通常用法如下：

import 模块名 as 别名

其中，as 后的别名是对模块名的简化，以方便后续程序代码的编写。通常我们采用模块名中的某几个字母来代替模块名。例如：

import pandas as pd

此后，使用pandas时直接用pd就可以了。

2. 使用from语句导入模块

如果只需要使用模块中的少量内容，可以使用from语句指定要导入的子模块或函数。

语法：

from 模块名 import 函数名

from 模块名 import 函数名 as 别名

划重点：

import和from…import的区别在于：如果使用import导入模块，调用模块中的函数时需要"模块名."作为前缀；而使用from…import导入模块后，可以直接调用模块中的函数。

【跟我练2-33】

导入第三方模块。

【模拟上机】

3. 查看已安装的第三方模块

通常，可以使用"list"命令列示当前系统中已安装的第三方模块，如图2-4所示。

图2-4 查看已安装的第三方模块

本书后续项目将介绍财务数据分析常用的pandas、numpy、matplotlib、pyecharts等第三方模块的使用。

一、判断题

1. 已知x=3，那么赋值语句x='abcedfg'是无法正常执行的。（　　）
2. Python变量名必须以字母或下画线开头，并且区分字母大小写。（　　）
3. Python字典中的"键"不允许重复。（　　）
4. 为了让代码更加紧凑，编写Python程序时应尽量避免加入空格和空行。（　　）

二、单选题

1. 下列各项中属于无序序列的是(　　)。
   A. 字符串　　　　　　　　B. 列表
   C. 元组　　　　　　　　　D. 集合
2. 下列语句在Python中是非法的是(　　)。
   A. x=y=z=1　　　　　　　B. x=(y=z+1)
   C. x,y=y,x　　　　　　　D. x+=y
3. 如果str1='happy'，那么str1[1]为(　　)。
   A. h　　　　　　　　　　B. a
   C. p　　　　　　　　　　D. y
4. Python语言语句块的标记是(　　)。
   A. 分号　　　　　　　　　B. 逗号
   C. 缩进　　　　　　　　　D. /

三、多选题

1. Python中包括的数据类型有(　　)。
   A. 数值　　　　　　　　　B. 字符串
   C. 字典　　　　　　　　　D. 变量
2. 若a=True, b=False，则下列中运算结果为True的有(　　)。
   A. a and b　　　　　　　B. a or b
   C. not a　　　　　　　　D. not b
3. 下列变量中不符合命名规则的有(　　)。
   A. if　　　　　　　　　　B. abc
   C. 88a　　　　　　　　　D. _hao
4. 多行注释标识符可以是(　　)。
   A. 单引号　　　　　　　　B. 双引号
   C. 三单引号　　　　　　　D. 三双引号

四、实训题

1. 已知x=3，那么执行x*=6之后，x的值为_____。

2. 以下程序的运行结果为_____。

```
for i in range(5):
    if i==2:
        break
    print(i)
```

3. 以下程序的运行结果为_____。

```
def chanageInt(number2):
    number2 = number2+1
    print("changeInt: number2= ",number2)
number1 = 2
chanageInt(number1)
print('number:',number1)
```

项目 3

初识 Pandas 模块

学习目标
- 熟悉常用内置模块和第三方模块,掌握安装与导入方法。
- 掌握Pandas的两种数据结构:Series和DataFrame。
- 熟悉DataFrame的基本功能,掌握DataFrame的基本操作。
- 掌握数据保存方法。

思政目标

树立责任意识,强化担当精神

内置模块和第三方模块都将解决某个问题的方法独立封装成一个函数,提供给他人共享使用。正是有成千上万这样的函数存在,才使得程序开发的速度越来越快,功能越来越完善。在日常工作和生活中,树立责任意识、强化担当精神对于个人的成长和社会的发展都起着重要作用。树立责任意识能够使人明确自己的责任和义务,从而更好地履行自己的职责。担当精神是面对困难和挑战时的重要品质,能够使我们勇敢面对困难,积极寻找解决问题的办法,不逃避、不退缩,最终战胜困难。

3.1 了解 Pandas 模块

数据分析的目的是让数据产生价值,主要通过数据的筛选、汇总、分析等操作预测事物的变化规律。Python主要有3个扩展库用于数据分析,分别是Pandas、Numpy和Matplotlib。其中,Pandas主要用于提炼数据,Numpy则提供强大的科学计算,Matplotlib负责数据可视化的操作,三者并称为Python数据分析界的"三剑客"。

3.1.1　Pandas模块的主要功能

Pandas是Python的核心数据分析支持库。其主要功能是：数据获取和数据处理。

1. 数据获取

Pandas可以从Excel文件、文本文件、数据库、网页等多种数据源导入数据，也能够处理各种数据类型。

此外，Pandas还提供了两个主要的数据结构：Series和DataFrame。Series是一维数组结构，DataFrame是二维数组结构。财务数据处理经常用到DataFrame。

2. 数据处理

Pandas可以对数据进行分组统计、聚合、转换、连接、合并、透视等处理。

本项目先介绍Pandas的两个数据结构，即Series和DataFrame，并将数据集写入Excel文件。在项目4中将介绍从各类文件中读取数据，在项目5中将介绍数据处理的各类操作。

3.1.2　Pandas模块安装及导入

Anaconda中自带Pandas库，无须另行安装，直接导入即可。
导入Pandas模块命令：

```
import pandas as pd
```

❖ 提示：

　　设置Pandas别名为pd是一种通用做法。后续调用Pandas相关函数时，直接使用pd.即可，简化了代码量，降低了出错率。

3.2　Series数据结构

3.2.1　了解Series

Series是带索引的一维数组(数组是相同数据类型的元素按一定顺序排列的组合)，由一组数据(data)及与这组数据相关的索引(index)组成。Series对象可以存储整数、浮点数、字符串、Python对象等多种类型的数据。索引可以是位置索引，如表3-1所示；也可以是标签索引，如表3-2所示。

表3-1　位置索引

0	固定资产原值
1	累计折旧
2	固定资产净值

↑　　　　　　↑
index-位置索引　　data

表3-2　标签索引

固定资产原值	10 000
累计折旧	3000
固定资产净值	7000

↑　　　　　　↑
index-标签索引　　data

3.2.2 创建Series

语法：

pd.Series(data, index=[ ])

参数说明如下。

- data：数据列。必须有。数据列可以是列表或字典。
- index：索引列。可选。默认索引值为0、1、2、…序列。

1. 通过列表创建Series

【跟我练3-1】

创建表3-1所示的Series结构。

【模拟上机】

```
In [1]:  1  import pandas as pd
         2  data = ['固定资产原值','累计折旧','固定资产净值']
         3  s1 = pd.Series(data)
         4  print(s1)
         5  type(s1)

         0    固定资产原值
         1    累计折旧
         2    固定资产净值
         dtype: object

Out[1]: pandas.core.series.Series
```

> **提示：**
> - dtype:object表示输出结果的数据类型为object。在pandas中，除了指定的数据类型，其他数据的数据类型都用object表示。
> - s1的数据类型为Series。

划重点：

在Python中，python、numpy和pandas数据并不完全相同，以常用的几种数据类型为例，对比如表3-3所示。

表3-3 常见数据类型在python、numpy和pandas中的对比

数据类型	python类型	numpy类型	pandas类型
文本	str	string、unicode	object
整数	int	int_、int8、int16、int32、int64 unit8、unit6、unit32、unit64	int64
浮点数	float	float_、float16、float32、float64	float64
布尔值	bool	bool_	bool

实际上，python类型中的str及numpy类型中的string、unicode不仅在pandas中表示为object，而且如果某列数据类型系统难以甄别，或者某列中不止一种数据类型，那么都会显示为object。毕竟，Python中一切皆对象！

创建Series时，如果不设置索引列，则默认索引从0开始。或者通过设置index改变索引的值，详见【跟我练3-2】。

【跟我练3-2】

创建表3-1所示的Series数据结构，将索引值设置为1、2、3。

【模拟上机】

```
In [2]:  1  import pandas as pd
         2  data = ['固定资产原值', '累计折旧', '固定资产净值']
         3  s2 = pd.Series(data, index=[1, 2, 3])
         4  print(s2)
         1    固定资产原值
         2    累计折旧
         3    固定资产净值
         dtype: object
```

❖ 提示：

可以利用index设置索引。

【跟我练3-3】

创建表3-2所示的Series数据结构。

【模拟上机】

```
In [3]:  1  import pandas as pd
         2  index = ['固定资产原值', '累计折旧', '固定资产净值']
         3  data = [10000, 3000, 7000]
         4  s3 = pd.Series(data, index)
         5  print(s3)
         固定资产原值    10000
         累计折旧       3000
         固定资产净值    7000
         dtype: int64
```

❖ 提示：

以上s3的数据类型为int64。

2. 通过字典创建Series

【跟我练3-4】

通过字典创建表3-2所示的Series数据结构。

【模拟上机】

```
In [4]:  1  import pandas as pd
         2  pd.Series({'固定资产原值': 10000, '累计折旧': 3000, '固定资产净值': 7000})
Out[4]:     固定资产原值    10000
            累计折旧       3000
            固定资产净值    7000
            dtype: int64
```

> **提示：**
> 通过字典创建Series时，字典的键作为索引index，字典的值是data。

3.2.3 访问Series

与对列表的访问相同，可以通过索引和切片访问Series。

1. 通过索引访问Series

【跟我练3-5】

通过索引访问Series，要求见【模拟上机】中的注释。

【模拟上机】

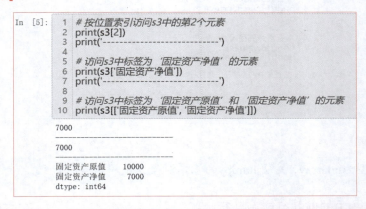

```
In [5]:  1  # 按位置索引访问s3中的第2个元素
         2  print(s3[2])
         3  print('----------------------------')
         4
         5  # 访问s3中标签为 '固定资产净值' 的元素
         6  print(s3['固定资产净值'])
         7  print('----------------------------')
         8
         9  # 访问s3中标签为 '固定资产原值' 和 '固定资产净值' 的元素
        10  print(s3[['固定资产原值', '固定资产净值']])

7000
----------------------------
7000
----------------------------
固定资产原值    10000
固定资产净值     7000
dtype: int64
```

> **提示：**
> 访问Series中多个元素时，要用列表形式表示，列表中的多个元素之间用"，"分隔。

2. 通过切片访问Series

【跟我练3-6】

通过切片访问Series，要求见【模拟上机】中的注释。

【模拟上机】

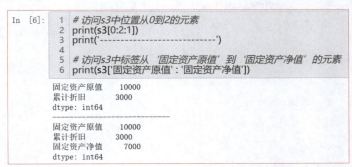

```
In [6]:  1  # 访问s3中位置从0到2的元素
         2  print(s3[0:2:1])
         3  print('----------------------------')
         4
         5  # 访问s3中标签从 '固定资产原值' 到 '固定资产净值' 的元素
         6  print(s3['固定资产原值':'固定资产净值'])

固定资产原值    10000
累计折旧       3000
dtype: int64
----------------------------
固定资产原值    10000
累计折旧       3000
固定资产净值     7000
dtype: int64
```

划重点：
- 按位置切片访问Series中的多个元素时，含头不含尾。例如，print(s3[0:2]显示s3[0]和s3[1]，不显示s3[2]。
- 按标签切片访问Series中的多个元素时，含头又含尾。例如，本例print("固定资产原值"："固定资产净值")显示"固定资产原值""累计折旧"和"固定资产净值"。

3. 获取Series的索引和值

【跟我练3-7】

获取s3的索引和值，并查看索引和值的数据类型。

【模拟上机】

```
In [7]:  1  # 查看s3的索引及类型
         2  print(s3.index)
         3  print(type(s3.index))
         4  print('-------------------------------------------------')
         5
         6  # 查看s3的值及类型
         7  print(s3.values)
         8  print(type(s3.values))
Index(['固定资产原值', '累计折旧', '固定资产净值'], dtype='object')
<class 'pandas.core.indexes.base.Index'>
-------------------------------------------------
[10000 3000 7000]
<class 'numpy.ndarray'>
```

❖ 提示：

s3的值类型为ndarray，它是numpy的基本对象，是一个多维数组。

4. 查看Series中的前几行或后几行

当Series中的数据较多时，可以通过head()函数或tail()函数指定查看前面几行或后面几行。如果head()函数和tail()函数中不填写数字，均默认为5。

【跟我练3-8】

创建一个包含0~9数字的Series，并查看前4行和后2行。

【模拟上机】

```
In [8]:  1  import pandas as pd
         2  data = pd.Series(range(0,10))   # 返回符合范围的整数序列对象
         3  print(data.head(4))              # 显示前4行
         4  print('--------------------')
         5  print(data.tail(2))              # 显示后2行
0    0
1    1
2    2
3    3
dtype: int64
--------------------
8    8
9    9
dtype: int64
```

划重点：

Range()是Python的一个内置函数，用于创建数字序列。

语法：

range(start,stop,step)

参数说明如下。

- start：初值。
- stop：终值。
- step：步长。

如果range()函数中只有一个参数，如range(6)，则返回从0到6(不包括6)的一系列数字范围，步长为1，结果为0,1,2,3,4,5。

如果range()函数中使用了两个参数，如range(1,6)，则返回从1到6(不包括6)的一系列数字范围，步长为1，结果为1,2,3,4,5。

如果range()函数中使用了三个参数，如range(1,6,2)，则返回从1到6(不包括6)的一系列数字范围，步长为2，结果为1,3,5。

3.2.4 编辑Series

编辑Series就是对Series对象进行增、删、改等基本操作。

1. 添加元素

通常，可以利用位置索引或标签索引向Series对象中添加新元素。

【跟我练3-9】

利用标签索引向Series中添加新元素。

【模拟上机】

```
In [9]: 1  import pandas as pd
        2  assets = pd.Series([7777, 5555, 8888], index=['货币资金', '应收票据', '应收账款'])
        3  assets['预付款项'] = 3333
        4  print(assets)

货币资金    7777
应收票据    5555
应收账款    8888
预付款项    3333
dtype: int64
```

2. 删除元素

通常，可以利用位置索引或标签索引删除Series中的元素。

【跟我练3-10】

利用标签索引删除assets中的应收票据。

【模拟上机】

```
In [10]:  1  import pandas as pd
          2  assets = pd.Series([7777, 5555, 8888, 3333], index=['货币资金', '应收票据', '应收账款', '预付款项'])
          3  print(assets.drop('应收票据'))

          货币资金    7777
          应收账款    8888
          预付款项    3333
          dtype: int64
```

3. 修改元素

【跟我练3-11】

利用标签索引修改assets中的"应收票据"为9999。

【模拟上机】

```
In [11]:  1  import pandas as pd
          2  assets = pd.Series([7777, 5555, 8888], index=['货币资金', '应收票据', '应收账款'])
          3  assets['应收票据'] = 9999
          4  print(assets)

          货币资金    7777
          应收票据    9999
          应收账款    8888
          dtype: int64
```

4. 重建索引

设置索引是为了提升查询性能。在Pandas中，使用reindex()函数可以重新设置索引。

【跟我练3-12】

创建Series时设置索引，通过重新设置索引改变原索引。

【模拟上机】

```
In [12]:  1  import pandas as pd
          2  # 创建Series时设置索引
          3  s1=pd.Series(['货币资金', '应收票据', '应收账款'], index=[11, 12, 13])
          4  print(s1)
          5  print('--------------------------------')
          6
          7  # 重新设置索引
          8  print(s1.reindex(range(11,16)))

          11    货币资金
          12    应收票据
          13    应收账款
          dtype: object
          --------------------------------
          11    货币资金
          12    应收票据
          13    应收账款
          14    NaN
          15    NaN
          dtype: object
```

❖ 提示：

如果设置的索引范围超过Series值的范围，多出来的值用NaN填充。

3.3 DataFrame数据结构

3.3.1 了解DataFrame

在数据分析中，使用最多的是DataFrame数据结构。

DataFrame是带标签的、大小可变的二维数组，就像是一个Excel表格。DataFrame既有行索引，也有列索引，示例如表3-4所示。

表3-4 DataFrame对象示例

	产品	售价	成本
0	美式	27	18.5
1	拿铁	30	20.2
2	摩卡	35	26.8

（index行索引、columns列索引、data）

同理，索引可以是位置索引，也可以是标签索引，DataFrame中表现为loc(标签索引)和iloc(数字索引、位置索引)两个属性，如表3-5所示。

表3-5 loc和iloc属性

列号iloc		0	1	2	3
列名loc		一季度	二季度	三季度	四季度
0	北京	2200	3420	3248	3846
1	上海	3100	5240	5232	5013
2	广州	1980	3653	3333	4444

（行号iloc、行名loc、index行索引、columns列索引、data）

- loc属性：以行名(index)和列名(columns)作为参数，当只有一个参数时，默认为行名，即抽取整行数据，包括所有列。
- iloc属性：以行号/列号(即0、1、2)作为参数，0表示第1行。当只有一个参数时，默认是行号，即抽取整行数据，包括所有列。

3.3.2 创建DataFrame

语法：

pd.DataFrame(data, index=[ ], columns=[ ])

参数说明如下。

- data：数据。
- index：行索引。缺省时默认为从0开始的正整数。

- columns：列索引。缺省时默认为从0开始的正整数。

通常，可以使用列表或字典两种方式创建DataFrame对象。

1. 以列表方式创建DataFrame

【跟我练3-13】

以列表方式创建表3-4所示的DataFrame。

【模拟上机】

```
In [13]: 1  # 列表方式创建DataFrame对象——方法1
         2  import pandas as pd
         3  data = [['美式', 27, 18.5], ['拿铁', 30, 20.2], ['摩卡', 35, 26.8]]
         4  columns = ['产品', '售价', '成本']
         5  df = pd.DataFrame(data=data, columns=columns)
         6  print(type(df))
         7  print(df)

<class 'pandas.core.frame.DataFrame'>
   产品  售价   成本
0  美式  27  18.5
1  拿铁  30  20.2
2  摩卡  35  26.8
```

❖ 提示：
- 没有给出参数index，自动生成索引0、1、2。
- df的数据类型为DataFrame。

通过列表生成DataFrame也可以采用以下方式。

```
1   # 列表方式创建DataFrame——方法2
2   import pandas as pd
3   df = pd.DataFrame()     # 创建一个空DataFrame
4   data1 = ['美式', '拿铁', '摩卡']
5   data2 = [27, 30, 35]
6   data3 = [18.5, 20.2, 26.8]
7   df['产品'] = data1
8   df['售价'] = data2
9   df['成本'] = data3
10  print(df)

   产品  售价   成本
0  美式  27  18.5
1  拿铁  30  20.2
2  摩卡  35  26.8
```

【跟我练3-14】

以列表方式创建表3-5所示的DataFrame。

【模拟上机】

```
In [14]: 1  import pandas as pd
         2  data = [[2200, 3420, 3248, 3846], [3100, 5240, 5232, 5013], [1980, 3653, 3333, 4444]]
         3  columns = ['一季度', '二季度', '三季度', '四季度']
         4  index = ['北京', '上海', '广州']
         5  df2 = pd.DataFrame(data=data, columns=columns, index=index)
         6  print(df2)

     一季度  二季度  三季度  四季度
北京  2200  3420  3248  3846
上海  3100  5240  5232  5013
广州  1980  3653  3333  4444
```

从前面几例的显示结果可以看出，输出DataFrame时系统没有自动对齐设置，既影响输出效果，还很容易导致使用数据时产生错误。

Pandas中提供了以下方法来调整输出格式，使数据对齐。

```
pd.set_option( 'display.unicode.east_asian_width', True )
```

【跟我练3-15】

将【跟我练3-14】输出结果右对齐。

【模拟上机】

```
In [15]: 1  import pandas as pd
         2  pd.set_option('display.unicode.east_asian_width', True)   # 设置右对齐
         3  data = [[2200, 3420, 3248, 3846], [3100, 5240, 5232, 5013], [1980, 3653, 3333, 4444]]
         4  columns = ['一季度', '二季度', '三季度', '四季度']
         5  index = ['北京', '上海', '广州']
         6  df2 = pd.DataFrame(data=data, columns=columns, index=index)
         7  print(df2)

              一季度  二季度  三季度  四季度
         北京    2200  3420  3248  3846
         上海    3100  5240  5232  5013
         广州    1980  3653  3333  4444
```

对比两次输出结果，理解设置右对齐方法的作用。

或者不使用print()函数，直接执行df2，Jupyter Notebook以类似Excel的格式输出df2的数据，自动对齐行列，样式美观。

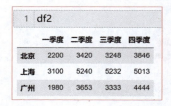

直接执行数据对象还可以看出数据类型，因为Jupyter Notebook会以不同的方式显示Series类型和DataFrame类型的数据。

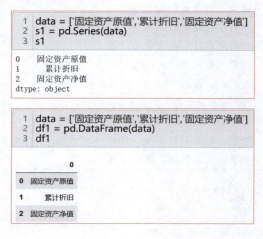

2. 以字典方式创建DataFrame

【跟我练3-16】

以字典方式创建表3-4所示的DataFrame。

【模拟上机】

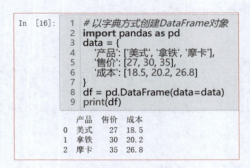

> ❖ 提示：
> ◇ 字典的键会作为列索引，列索引无须再单独设置。
> ◇ 如果没有设置行索引，默认为从0开始的数字序列。

3.3.3 访问DataFrame

查看DataFrame的方法如表3-6所示。

表3-6 查看DataFrame的方法

属性	功能
values	查看所有元素的值
dtypes	查看所有元素的类型
index	查看所有行名、重命名行名
columns	查看所有列名、重命名列名
T	行列数据转换
head	查看前N条数据，默认前5条
tail	查看后N条数据，默认后5条
shape	查看行数和列数，shape[0]表示行，shape[1]表示列
info	查看索引、数据类型和内存信息

1. 查看元素的值、类型及行名和列名

【跟我练3-17】

查看df中所有元素的值、类型及所有行名和列名。

【模拟上机】

```
In [17]:  1  print('查看所有元素的值\n', df.values)
          2  print('--------------------------')
          3  print('查看所有元素的类型\n', df.dtypes)
          4  print('--------------------------')
          5  print('查看所有的行名\n', df.index)
          6  print('--------------------------')
          7  print('查看所有的列名\n', df.columns)

查看所有元素的值
 [['美式' 27 18.5]
  ['拿铁' 30 20.2]
  ['摩卡' 35 26.8]]
--------------------------
查看所有元素的类型
 产品      object
 售价       int64
 成本     float64
 dtype: object
--------------------------
查看所有的行名
 RangeIndex(start=0, stop=3, step=1)
--------------------------
查看所有的列名
 Index(['产品', '售价', '成本'], dtype='object')
```

2. 查询行数据

查询行数据包括查询单行数据、查询不连续的多行数据和查询连续的多行数据。

1) 查询单行数据

【跟我练3-18】

利用位置索引(iloc)和标签索引(loc)两种方法查询df2中"上海"分公司的数据。

【模拟上机】

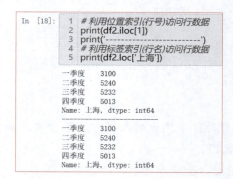

2) 查看不连续的多行

【跟我练3-19】

查询df2中北京分公司和广州分公司的数据。

【模拟上机】

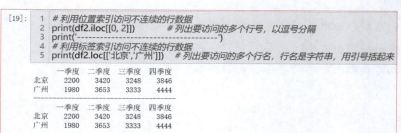

划重点：

使用iloc进行切片查询时，iloc语法格式如下。

iloc[[start:stop:step],[start:stop:step]]

逗号前是对行的切片，逗号后是对列的切片。缺省"，"后面的部分，默认是对行进行切片。

参数说明如下。

- start：起始索引值。默认起始索引值为0。
- stop：结束索引值。默认结束索引值为最后一行或最后一列。
- step：步长。默认步长为1。

例如，df.iloc[1::]表示从索引值1起，步长为1的所有行数据；df.iloc[::2]表示从索引值0开始，步长为2的所有行数据。

3) 查看连续的多行

【跟我练3-20】

查询df2中北京分公司和上海分公司的数据。

【模拟上机】

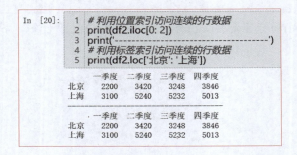

划重点：

用iloc属性访问连续的行时，查询出的数据含左不含右，如本例含第0行北京分公司数据而不含第2行广州分公司数据。

用loc属性访问连续的行时，查询出的数据既含左又含右。

3. 查询列数据

查询列数据可以利用列名、索引和切片查询。

【跟我练3-21】

查询列数据。

(1) 利用列名提取df中的"产品"和"成本"两列。

(2) 利用索引提取df中的"产品"和"成本"两列。

(3) 利用切片提取df中的"售价"和"成本"两列

【模拟上机】

```
In [21]: 1  # 按列名查询
         2  print(df[['产品', '成本']])
         3  print('------------------------------------')
         4  # 利用索引查询
         5  print(df.loc[ : , ['产品', '成本']])
         6  print('------------------------------------')
         7  # 利用切片查询
         8  print(df.iloc[ : ,1:])
```

```
   产品   成本
0  美式   18.5
1  拿铁   20.2
2  摩卡   26.8
------------------------------------
   产品   成本
0  美式   18.5
1  拿铁   20.2
2  摩卡   26.8
------------------------------------
   售价   成本
0  27    18.5
1  30    20.2
2  35    26.8
```

❖ **提示：**
- loc和iloc的参数用逗号分隔，逗号前表示行，逗号后表示列。
- 只有":"表示为所有行或所有列。假如df的数据共m行、n列，print(df.iloc[:,1:])表示查询所有行、第1~n列；print(df.iloc[1:,:])表示查询第1~m行、所有列。

4. 查询指定数据

【跟我练3-22】

查询要求见【模拟上机】。

【模拟上机】

```
In [22]: 1   # 查询北京和广州二季度和四季度的数据
         2   print(df2.loc[['北京', '广州'], ['二季度','四季度']])
         3   print('------------------------------------')
         4
         5   # 查询数据索引均为1的数据
         6   print(df2.iloc[1,1])
         7   print('------------------------------------')
         8
         9   # 利用数据索引查询第0行到第1行，第0列到第1列的连续数据
        10   print(df2.iloc[0:2, 0:2])
        11   print('------------------------------------')
        12
        13   # 利用数据索引查询第0行和第2行，第0列和第2列的不连续数据
        14   print(df2.iloc[[0,2], [0,2]])
```

```
       二季度  四季度
北京    3420   3846
广州    3653   4444
------------------------------------
5240
------------------------------------
       一季度  二季度
北京    2200   3420
上海    3100   5240
------------------------------------
       一季度  三季度
北京    2200   3248
广州    1980   3333
```

5. 查询符合条件的数据

很多情况下，需要从原始数据中提取满足一定条件的数据。

1) 设置单一查询条件

【跟我练3-23】

从df2中查询二季度销售额大于等于3500的数据。

【模拟上机】

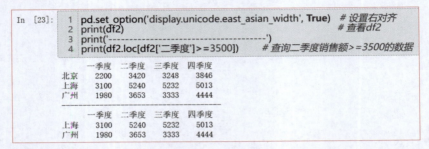

2) 设置复合查询条件

【跟我练3-24】

从df2中查询二季度销售额大于等于3500并且四季度销售额大于5000的数据。

【模拟上机】

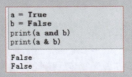

> ❖ 提示：
>
> ◇ 如果两个变量都是逻辑变量，用&或and都可以。
>
> ```
> a = True
> b = False
> print(a and b)
> print(a & b)
> False
> False
> ```
>
> ◇ 在DataFrame中利用切片筛选时，必须使用&，不能用and。

6. 表格转置

通常，可以通过DataFrame的.T属性对表格进行转置。

【跟我练3-25】

利用DataFrame的.T属性查看转置后的表格。

项目 3 　初识 Pandas 模块

【模拟上机】

```
In [25]:  1  import pandas as pd
          2  pd.set_option('display.unicode.east_asian_width', True)     # 设置右对齐
          3  data = [[2200, 3420, 3248, 3846], [3100, 5240, 5232, 5013], [1980, 3653, 3333, 4444]]
          4  columns = ['一季度', '二季度', '三季度', '四季度']
          5  index = ['北京', '上海', '广州']
          6  df2 = pd.DataFrame(data=data, columns=columns, index=index)
          7  print(df2)
          8  print('-------------------------------------')
          9  print(df2.T)
```

```
         一季度  二季度  三季度  四季度
北京      2200    3420    3248    3846
上海      3100    5240    5232    5013
广州      1980    3653    3333    4444
-------------------------------------
         北京   上海   广州
一季度   2200   3100   1980
二季度   3420   5240   3653
三季度   3248   5232   3333
四季度   3846   5013   4444
```

> ❖ 提示：
> 　　Print(df2.T)只是呈现表格转换后的结果，并不改变原df2的结构。如果想改变原表格的结构，需要重新赋值df2=df2.T。

3.3.4　编辑DataFrame

1. 增加行数据

1) 增加单行数据

增加行数据可通过引用loc并在括号中添加行索引后赋值实现。新增加的数据行默认放在最后。

【跟我练3-26】

向df中增加行数据。

【模拟上机】

```
In [26]:  1  import pandas as pd
          2  data = [['美式', 27, 18.5], ['拿铁', 30, 20.2], ['摩卡', 35, 26.8]]
          3  columns = ['产品', '售价', '成本']
          4  df = pd.DataFrame(data=data, columns=columns)
          5  df.loc[3] = ['蓝山', 32, 25.6]      # 利用loc方法添加单行
          6  print(df)
```

```
     产品   售价   成本
0    美式    27    18.5
1    拿铁    30    20.2
2    摩卡    35    26.8
3    蓝山    32    25.6
```

2) 增加多行数据

【跟我练3-27】

向df中增加多行数据。

【模拟上机】

```
In [27]: 1  # 新建一个DataFrame
         2  ndata = [['浓缩', 40, 34.6], ['玛奇朵', 36, 28.5]]
         3  ncolumns = ['产品', '售价', '成本']
         4  nindex = [4, 5]
         5  ndf = pd.DataFrame(data=ndata, columns=ncolumns, index=nindex)
         6  df1 = pd.concat([df, ndf])
         7  print(df1)

           产品   售价    成本
         0 美式    27   18.5
         1 拿铁    30   20.2
         2 摩卡    35   26.8
         3 蓝山    32   25.6
         4 浓缩    40   34.6
         5 玛奇朵  36   28.5
```

划重点：

concat()是连接函数，此处是将df和ndf两个DataFrame连接起来。concat()函数将在项目5中做详细介绍。

2. 增加列数据

1) 在数据集末尾增加列

通常，可以采用直接赋值、利用loc和iloc属性及四则运算等多种方法增加列。

【跟我练3-28】

向df中添加列数据"毛利"。

【模拟上机】

```
In [28]: 1  import pandas as pd
         2  data = [['美式', 27, 18.5], ['拿铁', 30, 20.2], ['摩卡', 35, 26.8]]
         3  columns = ['产品', '售价', '成本']
         4  df3 = pd.DataFrame(data=data, columns=columns)
         5  df3['毛利'] = [8.5, 9.8, 8.2]              # 直接赋值添加列
         6  df3.loc[ :, '毛利2'] = [8.5, 9.8, 8.2]      # 使用loc方法添加列
         7  df3.loc[ :, '毛利3'] = df3['售价'] - df3['成本']   # 通过四则运算添加列
         8  print(df3)

           产品   售价    成本   毛利   毛利2   毛利3
         0 美式    27   18.5   8.5   8.5    8.5
         1 拿铁    30   20.2   9.8   9.8    9.8
         2 摩卡    35   26.8   8.2   8.2    8.2
```

2) 在指定位置插入列

Pandas默认将添加的列数据置于最后，如果需要在指定位置插入列，需要使用insert()函数。

【跟我练3-29】

在df"产品"列后加入"规格"列，值均为"大杯"。

【模拟上机】

```
In [29]: 1  spec = ['大杯', '大杯', '大杯', '大杯']
         2  df.insert(1, '规格', spec)
         3  print(df)

           产品  规格   售价   成本
         0 美式   大杯   27   18.5
         1 拿铁   大杯   30   20.2
         2 摩卡   大杯   35   26.8
         3 蓝山   大杯   32   25.6
```

3. 修改数据

1) 利用loc属性或iloc属性修改某处数据

【跟我练3-30】

修改df"拿铁"售价为"32"。

【模拟上机】

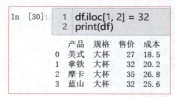

2) 修改列标题

【跟我练3-31】

修改df"售价"为"单价"。

【模拟上机】

```
[31]: 1  df.columns = ['产品', '规格', '单价', '成本']
      2  print(df)
         产品  规格  单价  成本
      0  美式  大杯  27  18.5
      1  拿铁  大杯  32  20.2
      2  摩卡  大杯  35  26.8
      3  蓝山  大杯  32  25.6
```

4. 删除数据

通常，可以通过函数drop()和del()删除数据。

语法：

drop(lables = None, axis=0, index=None, columns=None, inplace=False)

参数说明如下。

- labels：表示行标签或列标签。
- axis：axis=0表示按行删除；axis=1表示按列删除。
- index：删除行。
- columns：删除列。
- inplace：为False时不修改原数据，返回一个新数据；为True时直接修改原数据。

【跟我练3-32】

使用drop()函数删除数据。

【模拟上机】

```
In [32]:  1  import pandas as pd
          2  data = [['美式', 27, 18.5], ['拿铁', 30, 20.2], ['摩卡', 35, 26.8]]
          3  columns = ['产品', '售价', '成本']
          4  index = [11, 12, 13]           # 自行设置行索引
          5  df = pd.DataFrame(data=data, columns=columns, index=index)
          6  print(df)                      # 查看df
          7  print('\n----删除第13行数据之后返回的数据----')
          8  print(df.drop(13))             # 查看删除索引为13的行数据之后返回的数据
          9  print('\n----df的内容--------------------')
         10  print(df)                      # 查看df是否被修改
```

```
    产品  售价   成本
11  美式   27  18.5
12  拿铁   30  20.2
13  摩卡   35  26.8

----删除第13行数据之后返回的数据----
    产品  售价   成本
11  美式   27  18.5
12  拿铁   30  20.2

----df的内容--------------------
    产品  售价   成本
11  美式   27  18.5
12  拿铁   30  20.2
13  摩卡   35  26.8
```

❖ **提示：**

◇ 使用drop()函数删除数据时，默认删除行数据，返回删除数据后的DataFrame，不改变原数据。

◇ drop()函数也可以用来删除列数据，需要设置参数，可以自行查询。

◇ 如果参数inplace=True，则在原数据中删除。

```
1  print(df)
2  print('--------------------------------')
3  print(df.drop(13, inplace=True))
4  print(df)
```

```
    产品  售价   成本
11  美式   27  18.5
12  拿铁   30  20.2
13  摩卡   35  26.8
--------------------------------
    产品  售价   成本
11  美式   27  18.5
12  拿铁   30  20.2
```

【跟我练3-33】

使用del删除数据。

【模拟上机】

```
In [33]:  1  import pandas as pd
          2  data = [['美式', 27, 18.5, 8.5], ['拿铁', 30, 20.2, 9.8], ['摩卡', 35, 26.8, 8.2]]
          3  columns = ['产品', '售价', '成本', '毛利']
          4  df = pd.DataFrame(data=data, columns=columns)
          5  print(df)
          6  print('--------------------------')
          7  del df['毛利']
          8  print(df)
```

```
   产品  售价   成本   毛利
0  美式   27  18.5  8.5
1  拿铁   30  20.2  9.8
2  摩卡   35  26.8  8.2

   产品  售价   成本
0  美式   27  18.5
1  拿铁   30  20.2
2  摩卡   35  26.8
```

> ❖ 提示：
> del后如果直接跟变量名，则删除整个DataFrame。

3.4 将数据保存为Excel文件

Pandas中提供to_excel()函数，用于将DataFrame数据写入Excel文件。Pandas支持将数据写入单个或多个Excel工作表。

3.4.1 写入单个工作表

语法：

`df.to_excel(io,sheet_name,columns=None,index=True)`

参数说明如下。
- io：Excel文件的文件路径与文件名。
- sheet_name：字符串。写入的sheet页名称，默认为0，即Sheet1。
- columns：数组。要写入的列。
- index=True：是否输出索引。默认输出索引，若不输出索引，则设置index=False。

1. 写入全部数据

【跟我练3-34】

将【跟我练3-13】df中的数据写入"d:\python\coffee.xlsx" Sheet1中。

【模拟上机】

```
df.to_excel('d:\\python\coffee.xlsx')
```

或者

```
df.to_excel(r'd:\python\coffee.xlsx')
```

在指定目录下找到coffee.xlsx，打开后如下图所示，保存了索引列。

	A	B	C	D
1		产品	售价	成本
2	0	美式	27	18.5
3	1	拿铁	30	20.2
4	2	摩卡	35	26.8

> ❖ 提示：
> 　　如果指定路径下已存在同名文件，写入时会覆盖原文件。如果写入时该文件为打开状态，系统会报错。保存路径必须存在，即d:盘必须存在一个名为python的文件夹。

划重点：

写入文件时，如果不指定路径，那么系统自动将文件保存在代码所在文件夹中。否则，就要写明文件的绝对路径。绝对路径要从驱动器符号开始写，如"d:\python"。但因为在python中，反斜杠"\"有特殊含义，如"\n"表示换行，所以表示绝对路径时通常有两种做法：一是将绝对路径中的"\"用"\\"取代，表示为'd:\\python\coffee.xlsx'；另一种是在文件路径前加"r"，即r'd:\python\项目3'。

2. 写入部分数据

【跟我练3-35】

将【跟我练3-13】df中的"产品""售价"两列数据写入"d:\python\coffee.xlsx"的Sheet1中，忽略行索引。

【模拟上机】

```
df.to_excel(r'd:\python\coffee_new.xlsx', columns=['产品','售价'], index=False)
```

在指定目录下找到coffee_new.xlsx，打开后如下图所示，没有保存索引列。

3.4.2 写入多个工作表

语法：

with pd.ExcelWriter(io,mode='a',engine='openpyxl') as writer:
  df.to_excel(writer,sheet_name,index=False)

参数说明如下。

- mode：取值为w或a。当mode='w'时，写入的内容会覆盖当前文件内容；当mode='a'时，写入的内容会追加在原文件之后。
- engine：取值为openpyxl时写入扩展名为".xlsx"的文件，取值为xlrd时写入扩展名为".xls"的文件。

【跟我练3-36】

将【跟我练3-13】df中的数据写入"d:\python\coffee.xlsx"中。

【模拟上机】

```
with pd.ExcelWriter('d:\\python\coffee.xlsx', mode = 'a', engine='openpyxl') as writer:
    df.to_excel(writer, sheet_name = '表1', index = False)
```

打开coffee.xlsx，单击"表1"，如下图所示。

项目 3　初识 Pandas 模块

> ❖ **提示：**
> 　　如果mode='w'，文件存在或不存在都可以，存在则覆盖原文件，不存在则新建一个文件。如果mode='a'，表示在原有文件中追加内容，要求文件必须存在，否则系统会报错。

随堂测

一、判断题

1. DataFrame是二维数据结构，并且该结构具有行索引和列索引。　　　　（　　）
2. 创建Series时，如果不设置索引，默认索引从1开始。　　　　（　　）
3. df.iloc[1::]表示从索引值1起，步长为1的所有行数据。　　　　（　　）

二、单选题

1. 写入Excel文件时，通常在文件的绝对路径前加(　　)。
   A. n　　　　　　　　　　　　B. e
   C. r　　　　　　　　　　　　D. /

2. 已知df如下，以下哪种方式能筛选出只有拿铁的数据？(　　)

产品	单价	成本
美式	27	18.5
拿铁	30	20.2
摩卡	35	26.8

   A. df.iloc[1]　　　　　　　　B. df.loc['拿铁']
   C. df.iloc[2]　　　　　　　　D. df.iloc[1, 2]

3. 阅读程序，下列选项中的值与其他三项不同的是(　　)。

   ```
   import pandas as pd
   df = pd.Series([1,2,3,4,5],index=list('ABCDE'))
   ```

   A. df[2]　　　　　　　　　　B. df['B']
   C. df.iloc[1]　　　　　　　　D. df.loc['B']

三、多选题

1. 关于使用drop()函数删除数据，以下说法中正确的是(　　)。
    A. 默认是删除行数据
    B. 默认是删除列数据
    C. 返回删除数据后的DataFrame，不改变源数据
    D. 在DataFrame中直接删除，改变源数据

2. 下列中可以用来创建DataFrame的方式有(　　)。
    A. 利用列表创建DataFrame　　　　B. 利用字典创建DataFrame
    C. 读取Excel文件创建DataFrame　　D. 使用Series数据创建

3. 假设当前工作文件夹是d:\myfile文件夹，如果要在Python中访问d:\myfile\txt\score.txt文件，则以下表述中正确的是(　　)。
    A. "d:\\myfile\\txt\\score.txt"　　　　B. "d:\myfile\txt\score.txt"
    C. "\\txt\\score.txt"　　　　　　　　D. r"d:\myfile\txt\score.txt"

四、实训题

1. 阅读程序，写出结果。

```
import pandas as pd
fruits_list = ['Apple','Banana','Cherry','Dates','Eggfruit']
df = pd.DataFrame(fruits_list,
          columns = ['Fruits'],
          index = ['a','b','c','d','e'])
df
```

2. 已知货币资金表如表3-7所示。

表3-7　货币资金表

会计科目	期初余额/元	本期借方发生额/元	本期贷方发生额/元
库存现金	22 000	8 800	15 000
银行存款	630 000	170 000	240 000

要求：

(1) 创建DataFrame对象df用于存储货币资金表的数据。

(2) 输出货币资金表，格式对齐。

(3) 向货币资金表中增加"外埠存款,310 000,260 000,490 000"。

(4) 查询df中银行存款相关的数据记录。

(5) 查询df中会计科目和期初余额。

(6) 将df写入Excel文件"货币资金表"中。

项目 4

财务数据获取

学习目标
- 掌握Pandas读取与上载Excel文件、文本文件、PDF文件的方法。
- 掌握从网络爬取财务数据的方法。
- 掌握通过财务数据接口证券宝、TuShare获取财务数据的方法。

思政目标

增强法律意识，坚守职业道德

大数据财务分析中难以避免地需要获取大量的财务数据，从网络上收集数据时必须要做到合法合规，使用数据信息时要避免泄露敏感信息，不能影响他人生活、不能侵犯公民隐私。经被采集人同意后进行采集，并按照被采集人授权个人信息的使用目的、方式和范围进行使用和处理。个人信息需脱敏处理后再使用，如以编号代替个人标识，针对住址等敏感属性信息进行省略或简化处理，在传送和保存过程中采用加密机制等，都可以有效降低数据来源层面的合规风险。坚守职业道德，不得利用职务便利贩卖用户数据从中渔利。

Python财务数据分析首先要获取数据，Python能够从多个数据源获取数据。对智能分析工具来说，能获取到的数据集的类型和数据量决定了数据分析的宽度和深度。

4.1 财务大数据

4.1.1 大数据与财务数据

1. 大数据

大数据(big data)，也称巨量数据，指的是其数据规模巨大到无法通过人工或常规工具在合理时间内完成捕获、管理和处理的数据集合。

2015年,国务院印发的《促进大数据发展行动纲要》中指出:大数据是以容量大、类型多、存取速度快、应用价值高为主要特征的数据集合。

大数据有4个基本特征,可以用4V来表述,即规模性(volume)、高速性(velocity)、多样性(variety)、价值性(value)。

2. 财务数据

财务数据是在对企业生产经营过程中涉及价值变动的部分进行记录、计算、汇总而产生,主要包括以下两方面内容。

1) 财务账簿数据及报表数据

该类财务数据是根据真实的企业经营财务信息统计核算,然后进行登记的数据,报表数据主要包括资产负债表、利润表、现金流量表等,属于企业的基础财务数据。

2) 企业的各项指标分析数据

该类数据是通过数学模型或对应的公式计算得出的数据,如用于企业各部门的考核数据、用于分析企业各项指标的财务管理数据,以及用于投资决策的决策分析数据等。

4.1.2 财务大数据来源

财务大数据是利用大数据技术,不仅可以从自身企业管理信息系统中获取企业经营数据,还可以从各种数据库、政府网站、上下游合作伙伴、Web上获取外部数据,从而形成的海量数据集。针对该数据集合,必须使用相应的数据分析工具才能从中挖掘出对企业管理决策有用的信息。

常见财务数据来源如表4-1所示。

表4-1 常见财务数据来源

数据分类	数据来源	网站及网址
宏观经济数据	国家统计局 中国经济信息网	http://data.stats.gov.cn https://www.cei.cn
金融统计数据	中国人民银行	http://www.pbc.gov.cn
财政数据	财政部	http://www.mof.gov.cn
税务政策	国家税务总局	http://www.chinatax.gov.cn
证券市场交易信息 上市公司相关信息	证券交易所官网	上海证券交易所:www.sse.com.cn 深圳证券交易所:www.szse.cn 北京证券交易所:www.bse.cn
	财经网站	新浪财经:https://finance.sina.com.cn 网易财经:https://money.163.com 巨潮资讯:https://cninfo.com.cn
	商业数据库	国泰安数据库Csmar 锐思数据库Resset 万得数据库Wind
	上市公司官网	
	数据服务公司	Tushare 证券宝 Akshare

另外，还有以网页新闻、论坛发言、发帖、评论等形式存在的碎片化信息。本项目将介绍常用的获取数据的方法。

4.2 从文件中获取数据

财务大数据广泛存在于各类文件载体中，常见的文件类型有Excel文件、文本文件、PDF文件、HTML文件，Pandas提供了相对应的read()函数用于从不同类型的文件中读取数据，并将其存储到DataFrame中。

4.2.1 上载数据文件

由于数据文件的存放目录与Anaconda安装路径可能不一致，调用数据文件时需要指定文件的绝对路径，影响数据处理效率。为了方便后续数据文件的处理，可以采用以下两种方法。

1. 将数据文件上载到Jupyter Notebook

【跟我练4-1】

将"主板活跃股排名top20.xlsx"上载到Jupyter Notebook。

【操作指导】

① 打开Jupyter Notebook。

② 单击右侧的Upload按钮，在"打开"文件夹中找到要上传的文件，单击"打开"按钮，文件出现在Jupyter Notebook列表中。

③ 单击文件名右侧的"上传"按钮，如图4-1所示。完成数据文件的上载。

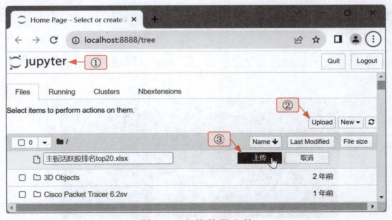

图 4-1　上载数据文件

2. 在数据文件所在的文件夹中打开Jupyter Notebook

【跟我练4-2】

在"D:\python"文件夹中打开Jupyter Notebook。

【操作指导】

① 打开"D:\python"文件夹，如图4-2所示。该文件夹中存放着相关的数据文件。

图 4-2　"D:\python"文件夹

② 在路径框内输入cmd，如图4-3所示。

图 4-3　在路径框内输入 cmd

③ 按Enter键后，进入cmd命令窗口，在命令提示符后输入jupyter notebook，如图4-4所示。

图 4-4　在指定路径下打开 Jupyter Notebook

④ 按Enter键后，进入Jupyter Notebook窗口。

4.2.2 从Excel文件中获取数据

Excel是获取数据使用频度最高的文件，原因有两个：一个是Excel作为一款通用的数据分析工具，已成为商务人士不可或缺的案边工具；另一个是在企业信息化全面普及的今天，企业管理信息系统中存放的企业经营数据通常能以Excel格式进行输出。

1. 导入Excel文件方法

Excel文件称为工作簿，每个工作簿中又包含若干工作表，每个工作表中有数量不等的数据行和列。本例所使用的"主板活跃股排名top20.xlsx"文件中有三张表，名称分别为"3-1""3-2""3-3"，工作表中存放着对应日期主板活跃股前20名股票基本信息。

Pandas中提供了read_excel()函数用于读取Excel文件。

语法：

pd.read_excel(io, sheet_name=0, header=0, names=None, index_col=None, usecols=None, converters=None)

参数说明如下。

- io：文件路径与文件名。
- sheet_name：工作表，取值及说明如表4-2所示。

表4-2 sheet_name取值及说明

sheet_name取值	说明
sheet_name=0, 默认取值	返回第1个sheet页中的数据
sheet_name=1	返回第2个sheet页中的数据
sheet_name='Sheet1'	返回名称为"Sheet1"的工作表中的数据
sheet_name=[0,1, 'Sheet5']	返回第1页、第2页和名称为"Sheet5"的工作表中的数据
sheet_name=None	返回所有工作表

- header：指定哪行作为列名。默认值为0，取第1行的值为列名，除列名以外为数据。如果数据不包含列名，则设置header=None。
- names：自定义列名。默认值为None，即不自行设置，直接使用导入数据的列名。如果重新定义列名，那么names中的名称个数必须与Excel表中数据列的个数保持一致。
- index_col：指定用作行索引的列。默认值为None，系统自动设置从0开始的行索引。
- usecols：指定读取哪些列。
- converters：强制指定列的数据类型。

2. 导入Excel文件实战

1) 读取整个Excel文件

【跟我练4-3】

读取"主板活跃股排名top20.xlsx"文件。

【模拟上机】

```
In [3]:  1  import pandas as pd
         2  file1 = pd.read_excel('主板活跃股排名top20.xlsx')
         3  file1
```

	名次	股票代码	股票简称	开盘价	收盘价	平均价	累计成交量	累计成交金额	累计涨跌幅(%)	期间振幅(%)	累计换手率%
0	NaN	NaN	NaN	NaN	NaN	NaN	(万股)	(万元)	NaN	NaN	NaN
1	1.0	601288.0	农业银行	3.42	3.39	3.37	67093.48	226241.82	-0.88	2.70	0.21
2	2.0	601360.0	三六零	17.90	16.77	17.08	53009.39	905367.31	-5.25	11.88	7.42
3	3.0	600083.0	四川长虹	4.23	3.97	3.98	49235.47	196158.55	-7.03	10.42	10.67
4	4.0	601398.0	工商银行	4.74	4.75	4.72	40096.11	189185.11	0.00	2.80	0.15
5	5.0	600415.0	小商品城	8.10	8.79	8.58	39156.59	335885.96	8.52	10.74	7.14
6	6.0	600105.0	永鼎股份	6.77	7.28	6.88	38504.03	264973.54	4.60	18.86	27.40
7	7.0	601868.0	中国能建	2.65	2.61	2.62	38214.64	99939.7	-2.25	3.50	1.18

❖ **提示：**

◇ 如果未事先上载Excel文件，那么读取时需要指明文件路径。

file1 = pd.read_excel(r'D:\python\数据源\主板活跃股排名top20.xlsx')

其中"r"表示不转义。

◇ 本例未设置其他参数，默认读取的是第1张工作表中的所有列，并且将第1行设置为列名，系统自动分配了从0开始的行索引。

2) 读取Excel文件中指定的工作表

用read_excel()读取Excel文件时，如果Excel文件中存在多张工作表，默认读取第1张。或者在读取Excel文件时指定工作表名读取指定的工作表。

指定工作表名时既可以指定读取的工作表的序号，也可以指定读取的工作表的名称。

【跟我练4-4】

读取"主板活跃股排名top20.xlsx"文件中第2张工作表。

【模拟上机】

```
In [4]:  1  # 按工作表序号读
         2  file2 = pd.read_excel('主板活跃股排名top20.xlsx', sheet_name=1)
         3  file2
```

3) 读取工作表中指定的行

当数据表中的数据行或数据列很多时，可以读取表中的某些行或列。

读取前几行，使用head(n)指定；读取后几行，使用tail(n)指定。

【跟我练4-5】

读取"主板活跃股排名top20.xlsx"文件中第1张工作表中的前3行和后5行。

【模拟上机】

(1) 读取前3行。

```
In [5]:  1  file1.head(3)
```

	名次	股票代码	股票简称	开盘价	收盘价	平均价	累计成交量	累计成交金额	累计涨跌幅(%)	期间振幅(%)	累计换手率%
0	NaN	NaN	NaN	NaN	NaN	NaN	(万股)	(万元)	NaN	NaN	NaN
1	1.0	601288.0	农业银行	3.42	3.39	3.37	67093.48	226241.82	-0.88	2.70	0.21
2	2.0	601360.0	三六零	17.90	16.77	17.08	53009.39	905367.31	-5.25	11.88	7.42

(2) 读取后5行。

```
In [5]:  1  file1.tail(5)
```

	名次	股票代码	股票简称	开盘价	收盘价	平均价	累计成交量	累计成交金额	累计涨跌幅(%)	期间振幅(%)	累计换手率%
16	16.0	601857.0	中国石油	7.50	7.54	7.48	25852.58	193492.39	-1.05	2.98	0.16
17	17.0	600795.0	国电电力	3.97	4.01	4.02	25295.2	101703.86	2.56	3.03	1.42
18	18.0	601138.0	工业富联	18.78	16.65	17.21	24151.48	415526.85	-10.00	13.99	1.22
19	19.0	600028.0	中国石化	6.47	6.51	6.48	23153.7	150049.67	-0.31	2.66	0.24
20	20.0	601916.0	浙商银行	2.99	3.08	3.04	21244.34	64644.35	3.01	4.71	NaN

4) 读取工作表中指定的列

【跟我练4-6】

读取"主板活跃股排名top20.xlsx"文件中第1张工作表中的"名次""股票简称""收盘价"三列数据，并显示前6行。

【模拟上机】

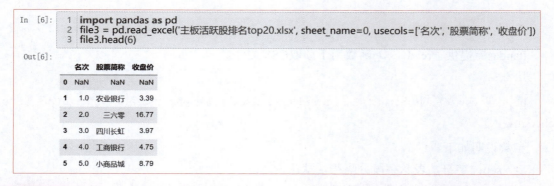

提示：

使用usecols提取多列时，需要在列表中指定数据列的名称。

4.2.3 从文本文件中获取数据

1. 认识文本文件

常用的文本文件格式有CSV、XML和JSON等，其中CSV(comma-separated values，逗号分隔值)是一种被广泛使用的通用文件格式，它只存储数据，不存储格式、公式等，所占空间很小。虽然被统称为CSV文件，但是其文件扩展名并不限于CSV，也可以是TXT或其他扩展名。CSV文件具备如下几个特点。

(1) 文件由任意数目的记录组成，记录间以某种换行符分隔。

(2) 每条记录由字段组成，字段间的分隔符是其他字符或字符串，最常见的分隔符是逗号或制表符。

(3) 每个记录行都具备相同数量的字段序列，并且排列顺序相同。

文本文件可用记事本等文本编辑程序打开，如"科目期初余额"文本文件如图4-5所示。

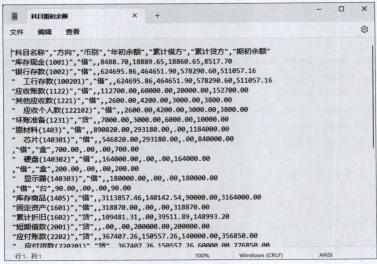

图4-5 "科目期初余额"文本文件

2. 导入文本文件方法

Pandas库提供了read_csv()函数用于读取CSV文件。

语法：

pd.read_csv(io, sep, header=0, names=None, index_col=None, usecols=None, dtype=None, encoding)

参数说明如下。

○ sep：字符，表示字段分隔符，默认为","。

○ encoding：指定文件的编码方式。

其他参数含义同read_excel()。

3. 导入文本文件实战

【跟我练4-7】

从文本文件"科目期初余额.txt"中获取数据，并显示前3行。

【模拟上机】

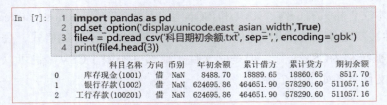

> ❖ 提示：
>
> encoding是指以何种编码解析该文件，若不写该参数则默认为utf-8，其他的可以是gbk、utf-16等。

划重点：

对于编码格式，大家熟知的有ASCII码、Unicode、UTF-8、GBK等，简单区分如下。

- ASCII码：美国信息交换标准代码(American standard code for information interchange)，共定义了128个字符。
- Unicode：也叫万国码、单一码，是计算机科学领域中的一项业界标准，包括字符集、编码方案等。其中定义了世界上所有的语言文字。
- UTF-8：是在互联网上使用广泛的一种Unicode的实现方式。它是一种变长的编码方式，可以使用1～4个字节表示一个符号，根据不同的符号而变化字节长度，是Unicode在计算机中存储时的具体体现。
- GBK：汉字国标扩展码，基本上采用了原来GB2312-80所有的汉字及码位，并涵盖了原Unicode中所有的汉字，总共收录了883个符号、21003个汉字及提供了1894个造字码位。

4.2.4 从PDF文件中获取数据

1. 认识PDF文件

PDF是除Word、Excel外最常用的一种文件类型，财政部发布的会计准则、上海证券交易所披露的上市公司定期报告、发行上市公告、电子版期刊论文等都是PDF文件格式。对PDF文件的操作大致分为页面提取、文字获取、表格获取。

2. PDF解释器pdfplumer

在Python中，PDF文件的读取需要安装PDF解释器。PDF解释器有多种，本节以pdfplumer为例介绍如何从PDF文件中获取数据。

pdfplumer是用于解析PDF的第三方模块。其中的extract-text()函数可以提取PDF中的文本，extract-table()函数可以提取PDF中的表格。

在交互模式下安装pdfplumer。

语法：

pip install pdfplumber

3. 导入PDF文件实战

提取PDF文件中的表格数据。

【跟我练4-8】

从"泉峰汽车首次公开发行限售股上市流通公告.pdf"中提取"股本变动结构表"。

【模拟上机】

```
In [8]: 1  import pandas as pd
        2  import pdfplumber                                          # 导入pdf解释器
        3  pdf = pdfplumber.open('泉峰汽车首次公开发行限售股上市流通公告.pdf')  # 打开pdf文件
        4  pages = pdf.pages                                          # 读取pdf文件中的全部页
        5  page = pages[6]                                            # 读取文件中的第7页并赋值给变量page
        6  tables = page.extract_tables()                             # 抽取第7页中的所有表格
        7  table = tables[0]                                          # 将第7页的第1张表格赋值给变量table
        8  data06 = pd.DataFrame(table[:], columns=table[0])          # 创建DataFrame保存表格的所有行，表格第一行做为列标签
        9  data06
```

Out[8]:

	变动前	变动数	变动后
0	变动前	变动数	变动后
1	有限售条件的流通股 181,703,439	-118,560,000	63,143,439
2	无限售条件的流通股 82,137,208	118,560,000	200,697,208
3	股份合计 263,840,647	0	263,840,647

❖ 提示：

pd.DataFrame(table[:],columns=table[0])中，逗号前的table[:]表示读取数据表的所有行，逗号后的columns=table[0]表示将数据表的第1行作为列标签。

4.3 网络爬虫爬取数据

随着互联网上数据量的不断增加，人工采集数据成本越来越高，效率越来越低。而使用爬虫技术可以实现自动化采集，并且可以快速地获取大量数据。

4.3.1 认识网络爬虫

1. 网络爬虫

网络爬虫是指按照一定规则，自动爬取网络数据的程序，如数据分析人员从财经网站上爬取上市公司的财务数据用于投资分析、电影发行公司从视频网站上爬取评分及观众评论用于票房分析等。

网络爬虫是大数据时代获取数据的核心工具，以智能、自动、高效而被广泛推崇，而Python正是编写网络爬虫的主流语言之一。

2. 网络爬虫的工作流程

(1) 确定目标网站。首先应确定要采集的目标网站，并分析其页面结构和内容。

(2) 编写代码。使用Python语言编写爬虫程序。

(3) 爬取数据。运行爬虫程序，自动访问目标网站并抓取网页内容。通过对网页内容的解析和处理，提取所需信息。

(4) 存储数据。将提取的数据进行存储，以备后期进行数据分析之用。

4.3.2 爬取财务数据

网页由图片、链接、文字、声音、视频等元素组成，其实就是一个html文件。

HTML(hyper text markup language,超文本标记语言)是用来制作网页的一门语言。从网页上爬取数据就是在Python中导入HTML文件。

1. 导入HTML文件的方法

语法：

pd.read_html(io, header=0, encoding)

参数说明如下。
- io：文件路径，可以是URL链接。
- Header：指定列标题所在的行。
- encoding：文件的编码格式。

2. 导入HTML网页文件实战

本小节我们就利用网络爬虫从新浪财经爬取云南白药(股票代码：000538)2022年利润表的数据。

1) 确定目标网站

【跟我练4-9】

确定新浪财经"000538云南白药"利润表的网址。

【操作指导】

① 登录新浪财经https://finance.sina.com.cn。

② 在搜索文本框中输入"云南白药"，在列表中选择"云南白药(000538)"，进入"行情"页面，如图4-6所示。网址为：https://finance.sina.com.cn/realstock/company/sz000538/nc.shtml。

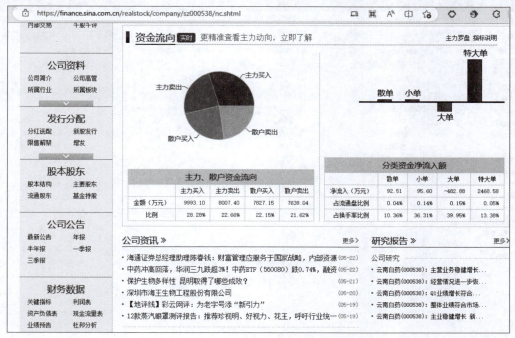

图4-6 云南白药"行情"页面

③ 在左侧导航栏中选择"投资工具"|"财务对比"选项，进入数据对比首页，如图4-7所示。

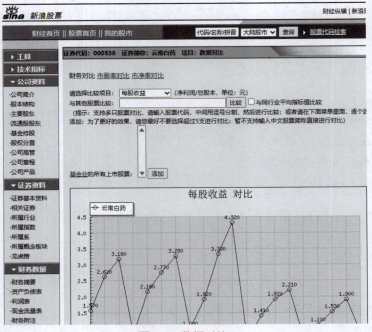

图4-7 数据对比

④ 在左侧导航栏中，找到"财务数据"，单击"利润表"，进入利润表数据展示页面，如图4-8所示。从浏览器的地址栏中可以看到网址为：http://money.finance.sina.com.cn/corp/go.php/vFD_ProfitStatement/stockid/000538/ctrl/part/displaytype/4.phtml。

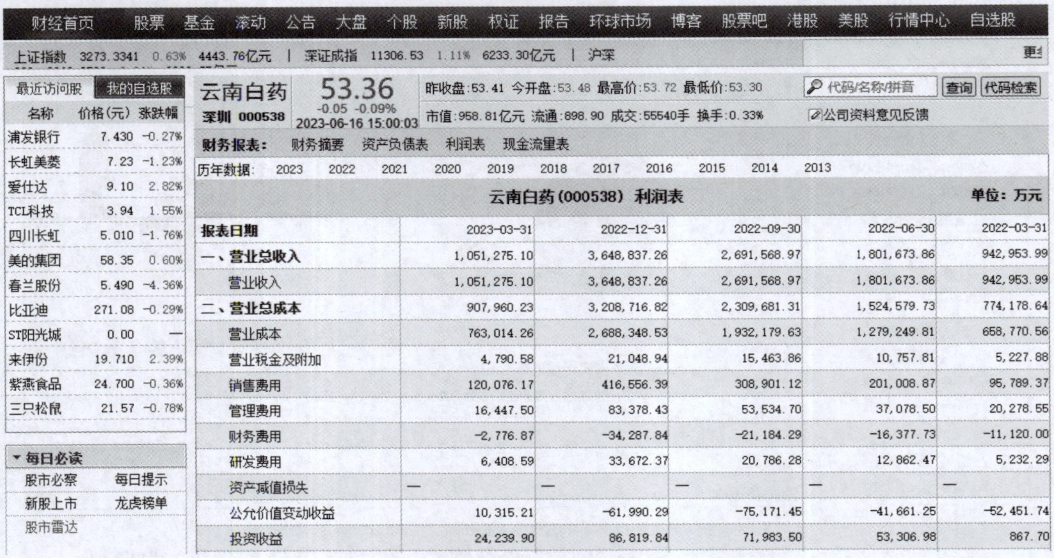

图4-8 利润表数据页面

2) 编写爬虫程序

【跟我练4-10】

从新浪财经爬取云南白药2022年利润表数据。

【模拟上机】

```
In [10]: 1  import pandas as pd
         2  io='http://money.finance.sina.com.cn/corp/go.php/vFD_ProfitStatement/stockid/000538/ctrl/part/displaytype/4.phtml'
         3  profitstatement = pd.read_html(io)
         4  profitstatement
```

【运行结果】

截取部分数据如下。

```
Out[10]: [            名称              价格(元)           涨跌幅
         0    尚未添加自选，点击进入   尚未添加自选，点击进入   尚未添加自选，点击进入
         1           NaN              NaN              NaN
         2       我的自选股>>        我的自选股>>       我的自选股>>
         3       以下为热门股票       以下为热门股票      以下为热门股票
         4           NaN              NaN             NaN,
            0          1
         0   股市必察    每日提示
         1   新股上市    龙虎榜单
         2   股市雷达    NaN,
            0          1
         0   公司简介    股本结构
         1   主要股东    流通股东
         2   基金持股    公司高管
         3   公司章程    相关资料,
            0          1
         0   分时走势    行情中心
```

对比网页信息与返回结果，可以看出read_html()读取的是网页上的所有表格数据。

3) 提取数据

返回结果中存在大量的冗余数据，我们需要从中筛选出利润表数据。

read_html()从网页中抓取的表格返回结果中都带有行索引，默认行索引都是从0开始。

【跟我练4-11】

统计返回结果中表格的数量。

【模拟上机】

```
In [11]: 1  len(profitstatement)
Out[11]: 15
```

【跟我练4-12】

为表格标上序号。

【模拟上机】

```
In [12]: 1  n = 1
         2  if n<15:
         3      for i in profitstatement:
         4          print('这是第', n, '张表')
         5          print(i)
         6          print('----------------------------')
         7          n=n+1
```

【运行结果】

部分截图如下。

```
这是第 12 张表
              0     1
0   股东大会  股东大会
1   违规记录   NaN
2   诉讼仲裁   NaN
3   对外担保   NaN

这是第 13 张表
                                      0
0   历年数据: 2023 2022 2021 2020 2019 2018 2017 2016...

这是第 14 张表
     云南白药(000538) 利润表单位: 万元  云南白药(000538) 利润表单位: 万元.1  云南白药(000538) 利润表单位: 万元.2  \
0              报表日期              2023-03-31              2022-12-31
1               NaN                     NaN                     NaN
2           一、营业总收入              1051275.10              3648837.26
3             营业收入              1051275.10              3648837.26
4           二、营业总成本               907960.23              3208716.82
5             营业成本               763014.26              2688348.53
```

由上可知，利润表是第14张表。

【跟我练4-13】

提取利润表数据。

【模拟上机】

部分截图如下。

In [13]:	1 profitstatement[13]					
Out[13]:		云南白药(000538) 利润表单位: 万元.1	云南白药(000538) 利润表单位: 万元.2	云南白药(000538) 利润表单位: 万元.3	云南白药(000538) 利润表单位: 万元.4	云南白药(000538) 利润表单位: 万元.5
	0 报表日期	2023-03-31	2022-12-31	2022-09-30	2022-06-30	2022-03-31
	1 NaN	NaN	NaN	NaN	NaN	NaN
	2 一、营业总收入	1051275.10	3648837.26	2691568.97	1801673.86	942953.99
	3 营业收入	1051275.10	3648837.26	2691568.97	1801673.86	942953.99
	4 二、营业总成本	907960.23	3208716.82	2309681.31	1524579.73	774178.64
	5 营业成本	763014.26	2688348.53	1932179.63	1279249.81	658770.56
	6 营业税金及附加	4790.58	21048.94	15463.86	10757.81	5227.88
	7 销售费用	120076.17	416556.39	308901.12	201008.87	95789.37
	8 管理费用	16447.50	83378.43	53534.70	37078.50	20278.55

4.4 通过数据接口获取数据

4.4.1 认识数据接口

数据接口指获取数据的规范和方法，它是由数据拥有者定义，目的是方便用户顺利地采集数据。对于财务大数据分析来说，常常要用到宏观经济数据、金融统计数据、股票交易数据、上市公司的财务报告等。虽然可以从表4-1所示的官方渠道、财经网站或公司官网获取，但因为来源分散，不仅需要分析多个网址规律，还要进行仔细的数据甄别和清洗，才能从中筛选出有效的数据。正是洞察到这一痛点，专业的数据接口服务商先后创设并逐渐发展起来，他们提供了从数据采集、数据清洗到数据存储的整套方法和工具，把我们从获取数据的困境中解救出来，提高了数据分析的整体效率。另外，目前这些服务都是免费且开源的。

常用的几家财务数据接口服务商基本情况如表4-3所示。

表4-3 财务数据接口服务商基本情况

序号	公司	网址	可提供的数据
1	Tushare	https://tushare.pro	股票、基金、期货、数字货币等行情数据，公司财务、基金经理等基本面数据
2	证券宝	www.baostock.com	证券历史行情数据、上市公司财务数据
3	AKshare	www.akshare.xyz	基于Python的财经数据接口库，目的是实现对股票、期货、期权、基金、外汇、债券、指数、加密货币等金融产品的基本面数据、实时和历史行情数据、衍生数据从数据采集、数据清洗到数据落地的一套工具，主要用于学术研究目的

本项目就以证券宝和Tushare为例介绍如何通过数据接口采集数据。

4.4.2 通过"证券宝"数据接口采集证券数据

证券宝是一个免费、开源的证券数据平台(无须注册)，它提供了准确、完整的证券历史行情数据、上市公司财务数据等。通过Python返回的数据格式为pandas DataFrame类型。

使用证券宝前，需要在如下交互模式下进行安装：

```
pip install baostock
```

1. 了解"证券宝"数据接口

为了方便地从"证券宝"获取数据，首先要了解其数据接口。

【跟我练4-14】

研究"证券宝"数据接口。

【操作指导】

① 登录证券宝，网址为http://baostock.com，如图4-9所示。主界面左侧列出了证券宝数据平台提供的主要功能，单击选择某项功能后，右侧窗口中可显示功能说明。

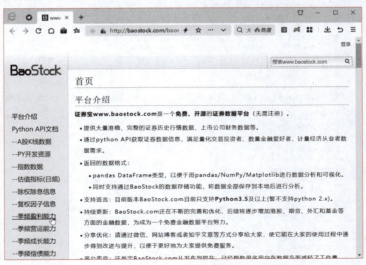

图4-9 证券宝首页

② 财务数据分析中的重要内容之一就是企业盈利能力分析。单击左侧"季频盈利能力"选项，右侧窗口中显示季频盈利能力的获取方法query_profit_data()、方法说明及使用示例代码，如图4-10所示。

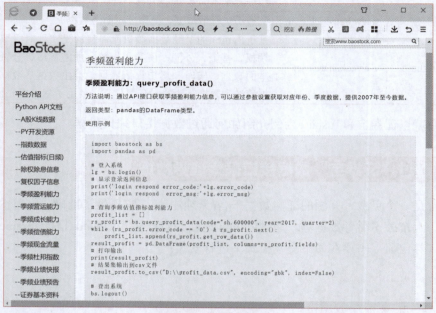

图4-10　季频盈利能力的获取方法说明

③ 复制"使用示例"程序代码并运行，如图4-11所示。

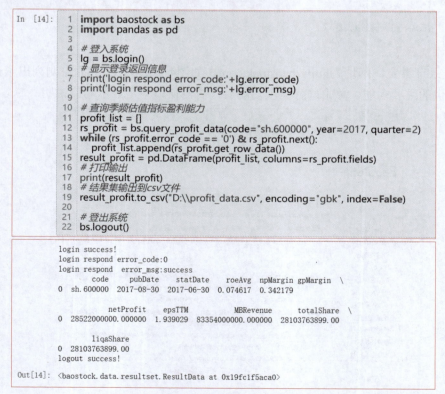

图4-11　复制程序代码并运行

运行代码后,返回上证股票代码为"600000"的上市公司2017年第2季度盈利能力数据。

> ❖ **提示:**
>
> 执行上述代码前需要安装baostock模块。
>
> Pip install baostock
>
> 安装成功后显示如下信息。
>
> ```
> Installing collected packages: baostock
> Successfully installed baostock-0.8.8
> ```

④ 通过运行示例代码理解数据获取的方法及参数运用。

从示例代码中可以看出,获取利润表是通过query_profit_data()方法。

语法:

query_profit_data(code,year,quarter)

参数说明如下。
- code:股票代码。sh.或sz.与6位证券代码的组合。sh表示上海,sz表示深圳。
- year:年份。默认当前年度。
- quarter:季度,取值只能是1、2、3、4。默认当前季度。

⑤ 对照返回示例数据和返回数据说明解读列索引的含义。返回数据说明如表4-4所示。

表4-4 返回数据说明

列索引	含义	算法说明
code	证券代码	
pubDate	公司发布财报的日期	
statDate	财报统计季度的最后一天,如2017-03-31、2017-06-30	
roeAvg	净资产收益率(%)	归属母公司股东净利润÷[(期初归属母公司股东的权益+期末归属母公司股东的权益)÷2]×100%
npMargin	销售净利率(%)	净利润÷营业收入×100%
gpMargin	销售毛利率(%)	毛利÷营业收入×100% = (营业收入-营业成本)÷营业收入×100%
netProfit	净利润(元)	
epsTTM	每股收益	归属母公司股东的净利润TTM÷最新总股本
MBRevenue	主营营业收入(元)	
totalShare	总股本	
liqaShare	流通股本	

2. 从"证券宝"采集数据实战

了解了"证券宝"数据接口之后,让我们来尝试获取不同上市公司在不同年份、季度的盈利能力数据。

【跟我练4-15】

从证券宝获取比亚迪2023年第1季度的季频盈利能力数据。

【模拟上机】

```
In [15]:  1  import baostock as bs
          2  import pandas as pd
          3
          4  lg = bs.login()     # 登入系统
          5
          6  print('login respond error_code:'+lg.error_code)    # 显示登录返回信息
          7  print('login respond  error_msg:'+lg.error_msg)
          8
          9  # 查询季频估值指标盈利能力
         10  profit_list = []
         11  rs_profit = bs.query_profit_data(code="sz.002594", year=2023, quarter=1)
         12  while (rs_profit.error_code == '0') & rs_profit.next():
         13      profit_list.append(rs_profit.get_row_data())
         14  result_profit = pd.DataFrame(profit_list, columns=rs_profit.fields)
         15
         16  print(result_profit)    # 打印输出
         17  result_profit.to_csv("D:\\profit_data.csv", encoding="gbk", index=False)    # 结果集输出到csv文件
         18
         19  bs.logout()    # 登出系统

login success!
login respond error_code:0
login respond  error_msg:success
        code     pubDate    statDate    roeAvg  npMargin  gpMargin  \
0   sz.002594  2023-04-28  2023-03-31  0.036452  0.036364  0.178633

      netProfit      epsTTM  MBRevenue    totalShare      liqaShare
0  4369995000.000000  6.850953             2911142855.00  1164764604.00
logout success!

Out[15]: <baostock.data.resultset.ResultData at 0x19fc4a3bc70>
```

从以上代码可以看出：主要修改了query_profit_data()中的code、year和quarter三项参数，其他保持不变即可。

让我们再以DataFrame格式输出一下查询结果。

	code	pubDate	statDate	roeAvg	npMargin	gpMargin	netProfit	epsTTM	MBRevenue	totalShare	liqaShare
0	sz.002594	2023-04-28	2023-03-31	0.036452	0.036364	0.178633	4369995000.000000	6.850953		2911142855.00	1164764604.00

4.4.3 通过Tushare数据接口采集财务数据

Tushare是一个免费、开放的金融财经数据平台。其主要实现对股票等金融数据从数据采集、清洗加工到数据存储的过程，能够为金融分析人员提供快速、整洁、多样的便于分析的数据，在数据获取方面极大地减轻了用户的工作量，使他们能更加专注于策略和模型的研究与实现上。

1. 安装并导入Tushare数据接口

【跟我练4-16】

安装并导入Tushare数据接口。

【操作指导】

① 按Windows+R组合键，打开"运行"对话框，输入cmd，按Enter键，进入命令行窗口。

② 输入如下安装命令后，按Enter键。

```
pip install tushare
```

③ 等待系统自动安装，完成后，显示Successfully installed bs4-0.0.1 simplejson-3.19.1 tushare-1.2.89 websocket-client-0.57.0。

④ 在Jupyter Notebook代码块中导入Tushare。命令如下。

```
import tushare as ts
```

⑤ 单击Run按钮，运行。

> ❖ 提示：
>
> 安装成功提示中的"tushare-1.2.89"为版本号。

2. 注册tushare社区

【跟我练4-17】

注册tushare社区。

【操作指导】

① 登录https://tushare.pro，进入"Tushare大数据开放社区"主界面。
② 单击"注册社区用户"选项，按提示输入各栏内容。
③ 注册完成后登录，检测是否注册成功。

> ❖ 提示：
>
> ◇ tushare社区采用积分对用户进行分级管理。不同的积分会影响数据的调取范围，如调取财务数据需要800以上的积分。关于积分的获取及积分权限可查看官网说明。
> ◇ 需要特别说明的是，对于高校老师和在校学生可以免费获得积分。

3. 获取Token

Token可以理解为是个人在tushare社区的身份证明。tushare社区通过Token识别用户，并根据用户积分赋予不同的调取数据的权限。

【跟我练4-18】

获取Token。

【操作指导】

① 在"Tushare大数据开放社区"主界面中，鼠标指向右上角个人头像处，在列表中单击"个人主页"。
② 进入个人主页后，单击"接口TOKEN"选项卡，如图4-12所示。

图 4-12 获取 Token

③ 单击"刷新"右侧的 👁 图标，刷新栏中的"*"显示为字母数字组合。单击最右侧的"复制"按钮。

> ❖ **提示：**
>
> Token是个人身份证明，应妥善保管。

4. 通过Tushare获取财务数据

我们仍以采集比亚迪2022年利润表为例来学习如何通过Tushare获取财务数据。

1) 了解Tushare财务数据的采集接口

【跟我练4-19】

熟悉Tushare中利润表数据的采集接口。

【操作指导】

① 在Tushare主界面，单击上方"数据接口"选项，再展开左侧"沪深股票"|"财务数据"|"利润表"选项，在右侧窗口中显示利润表数据接口的详细说明，如图4-13所示。

图 4-13 利润表数据接口说明

由说明可知，利润表在Tushare中对应的数据接口为income，该接口只能获取单只股票的数据，如果要获取某一季度全部上市公司数据，需要使用接口income_vip，两者参数一致。

② 找到接口使用说明和数据样例，如图4-14所示。

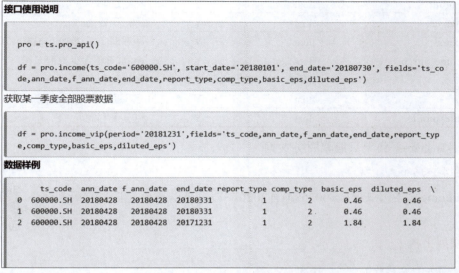

图4-14 接口使用说明和数据样例

③ 对照接口使用说明理解输入参数的含义，如图4-15所示。

名称	类型	必选	描述
ts_code	str	Y	股票代码
ann_date	str	N	公告日期（YYYYMMDD格式，下同）
f_ann_date	str	N	实际公告日期
start_date	str	N	公告开始日期
end_date	str	N	公告结束日期
period	str	N	报告期
report_type	str	N	报告类型
comp_type	str	N	公司类型（1一般工商业2银行3保险4证券）

图4-15 输入参数的含义

④ 对照数据样例理解输出参数的含义，部分常用输出参数及描述如表4-5所示。

表4-5 部分常用输出参数及描述

名称	类型	必选	描述
total_revenue	float	Y	营业总收入
oth_b_income	float	Y	其他业务收入
total_cogs	float	Y	营业总成本
other_bus_cost	float	Y	其他营业成本
operate_profit	float	Y	营业利润
non_oper_income	float	Y	加：营业外收入
non_oper_exp	float	Y	减：营业外支出

(续表)

名称	类型	必选	描述
total_profit	float	Y	利润总额
income_tax	float	Y	所得税费用
n_income	float	Y	净利润(含少数股东损益)
n_income_attr_p	float	Y	净利润(不含少数股东损益)
ebit	float	Y	息税前利润
ebitda	float	Y	息税折旧摊销前利润
distable_profit	float	Y	可分配利润

2) 用Tushare采集单只股票财务数据

【跟我练4-20】

用income采集比亚迪(sz.002594)自2020年1月1日以来所有报告期的利润表数据。

【模拟上机】

```
In [20]: 1  import tushare as ts
         2  pro = ts.pro_api('dd5adbf6265751dc8d55bc96b716eb8bad69740af5d9c4fc96d09435')
         3  df = pro.income(ts_code='002594.SZ', start_date='20200101', end_date='20230131')
         4  df
```

Out[20]:

	ts_code	ann_date	f_ann_date	end_date	report_type	comp_type	end_type	basic_eps	diluted_eps	total_revenue	...	withdra_biz_devfund	withdra_rese
0	002594.SZ	20221029	20221029	20220930	1	1	3	3.20	3.20	2.676878e+11	...	None	
1	002594.SZ	20220830	20220830	20220630	1	1	2	1.24	1.24	1.506073e+11	...	None	
2	002594.SZ	20220428	20220428	20220331	1	1	1	0.28	0.28	6.682518e+10	...	None	
3	002594.SZ	20220428	20220428	20220331	1	1	1	0.28	0.28	6.682518e+10	...	None	
4	002594.SZ	20220330	20220330	20211231	1	1	4	1.06	1.06	2.161424e+11	...	None	
5	002594.SZ	20211029	20211029	20210930	1	1	3	0.85	0.85	1.451924e+11	...	None	
6	002594.SZ	20210828	20210828	20210630	1	1	2	0.41	0.41	9.088540e+10	...	None	
7	002594.SZ	20210429	20210429	20210331	1	1	1	0.08	0.08	4.099187e+10	...	None	
8	002594.SZ	20210330	20210330	20201231	1	1	4	1.47	1.47	1.565977e+11	...	None	
9	002594.SZ	20210330	20210330	20201231	1	1	4	1.47	1.47	1.565977e+11	...	None	
10	002594.SZ	20201030	20201030	20200930	1	1	3	1.18	1.18	1.050226e+11	...	None	
11	002594.SZ	20201030	20201030	20200930	1	1	3	1.18	1.18	1.050226e+11	...	None	
12	002594.SZ	20200829	20200829	20200630	1	1	2	0.56	0.56	6.050299e+10	...	None	
13	002594.SZ	20200429	20200429	20200331	1	1	1	0.02	0.02	1.967854e+10	...	None	
14	002594.SZ	20200429	20200429	20200331	1	1	1	0.02	0.02	1.967854e+10	...	None	
15	002594.SZ	20200422	20200422	20191231	1	1	4	0.50	0.50	1.277385e+11	...	None	
16	002594.SZ	20200422	20200422	20191231	1	1	4	0.50	0.50	1.277385e+11	...	None	

17 rows × 85 columns

从运行结果可知，共采集了17行×85列数据，每行记录对应一个报告期的利润表。

❖ 提示：

ts.pro_api('dd5adbf6265751dc8d55bc96b716eb8bad69740af5d9c4fc96d09435')中的参数为本文作者Token。

【跟我练4-21】

采集比亚迪(sz.002594)自2022年1月1日以来所有报告期的营业总收入、营业总成本、营业利润、利润总额四项数据。

【模拟上机】

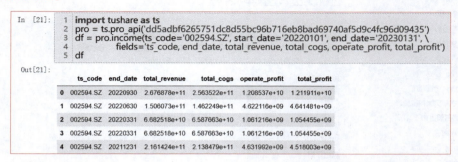

划重点：

读取数据时，通过设定时间范围筛选特定时间的数据——行数据，通过设定空间范围显示指定列的数据。

代表时间范围的参数有ann_date(公告日期)、start_data(公告开始日期)、end_data(公告结束日期)和period(报告期，一般为季度/年度的最后一天)。

设定空间范围是通过fields参数指定要显示哪几列。

3) 获取某一期全部股票数据

【跟我练4-22】

利用pro.income_vip获取2022年全部股票利润表数据。

【模拟上机】

```
In [22]: 1  df = pro.income_vip(period='20221231')
         2  df
```

Out[22]:

	ts_code	ann_date	f_ann_date	end_date	report_type	comp_type	end_type	basic_eps	diluted_eps	total_revenue	...	withdra_legal_pubfund	withdra_
0	603065.SH	20230209	20230209	20221231	1	1	4	0.6500	0.6500	1.792367e+09	...	None	
1	834770.BJ	20230208	20230208	20221231	1	1	4	0.5800	0.5800	4.328340e+08	...	None	
2	301322.SZ	20230215	20230215	20221231	1	1	4	5.9500	5.9500	1.470966e+09	...	None	
3	001278.SZ	20230210	20230210	20221231	1	1	4	1.2112	1.2112	1.861592e+09	...	None	
4	301059.SZ	20230209	20230209	20221231	1	1	4	0.5400	0.5400	2.794924e+08	...	None	
...	...	...	...	...	...	...	...	...	...	...	...	...	
8502	688693.SH	20230731	20230731	20221231	1	1	None	1.1100	1.1100	2.353819e+08	...	None	
8503	301469.SZ	20230731	20230731	20221231	1	1	None	1.4500	1.4500	9.531761e+08	...	None	
8504	600375.SH	20230331	20230802	20221231	1	1	None	-2.3400	-2.3400	3.428899e+09	...	None	
8505	301421.SZ	20230802	20230802	20221231	1	1	None	0.7000	0.7000	3.419150e+08	...	None	
8506	872953.BJ	20230803	20230803	20221231	1	1	None	0.7800	0.7800	2.005384e+08	...	None	

8507 rows × 84 columns

5. 通过Tushare获取其他相关信息

通过Tushare数据接口除了可以获取上市公司的财务报表数据，还可以获取上市公司基本信息、管理层相关信息、行情数据等。

1) 获取上市公司基本信息

在Tushare主界面"沪深股票/基础数据/上市公司基本信息"中,可以查看获取上市公司基本信息的接口stock_company,以及输入参数、输出参数和接口示例,如图4-16所示。

图4-16 上市公司基本信息

【跟我练4-23】

用stock_company获取比亚迪(002594.sz)公司基本信息,包括法人、注册资本、公司简介、经营范围、员工人数、主要业务及产品。

【模拟上机】

2) 获取管理层薪酬及持股信息

在Tushare主界面"沪深股票/基础数据/管理层薪酬和持股"中,可以查看获取上市公司管理层薪酬及持股的接口stk_rewards的输入参数和输出参数说明。

【跟我练4-24】

用stk_rewards获取比亚迪(002594.sz)公司2022年管理层薪酬及持股信息。

【模拟上机】

```
In [24]: 1  import tushare as ts
         2  pro = ts.pro_api('dd5adbf6265751dc8d55bc96b716eb8bad69740af5d9c4fc96d09435')
         3  df = pro.stk_rewards(ts_code='002594.SZ', end_date='20221231')
         4  df
```

Out[24]:

	ts_code	ann_date	end_date	name	title	reward	hold_vol
0	002594.SZ	20230329	20221231	蔡洪平	独立董事	200000.0	0.0
1	002594.SZ	20230329	20221231	董俊卿	独立监事,监事会主席	100000.0	0.0
2	002594.SZ	20230329	20221231	何龙	高级副总裁	8774000.0	2514360.0
3	002594.SZ	20230329	20221231	何志奇	高级副总裁	7397000.0	2411824.0
4	002594.SZ	20230329	20221231	黄江锋	独立监事	100000.0	0.0
...							
271	002594.SZ	20230329	20221231	张敏	独立董事	200000.0	0.0
272	002594.SZ	20230329	20221231	蔡洪平	独立董事	200000.0	0.0
273	002594.SZ	20230329	20221231	夏佐全	非执行董事	200000.0	82635607.0
274	002594.SZ	20230329	20221231	吕向阳	副董事长,非执行董事	200000.0	239228620.0
275	002594.SZ	20230329	20221231	王传福	董事长,执行董事,总裁	6147000.0	513623850.0

276 rows × 7 columns

随堂测

一、判断题

1. 大数据是以容量大、类型多、存取速度快、应用价值高为主要特征的数据集合。（   ）
2. 如果重新定义列名，那么names的长度必须与Excel列的长度保持一致。（   ）
3. 网络爬虫是指按照一定规则，自动爬取网络数据的程序。（   ）

二、单选题

1. 从Excel文件中读取数据时，如果sheet_name=None，则(   )。
   A. 默认返回第1张表中的数据　　B. 返回工作表名为None中的数据
   C. 返回所有工作表中的数据　　　D. 不返回数据
2. 下列文件导入时需要预先安装解析器的是(   )。
   A. Excel文件　　　　　　　　　B. 文本文件
   C. PDF文件　　　　　　　　　　D. HTML文件
3. 下列中关于CSV 文件的描述错误的是(   )。
   A. 文件由任意数目的记录组成，记录间以某种换行符分隔
   B. 每条记录由字段组成，字段间的分隔符通常为逗号或制表符
   C. 每个记录行都具备相同数量的字段序列，并且排列顺序相同
   D. 文件扩展名必须为.csv

三、多选题

1. 常用的文本文件的格式有(　　)。
   A. CSV　　　　　　　　　　　B. HTML
   C. JSON　　　　　　　　　　　D. PDF

2. 常用的财务数据获取接口有(　　)。
   A. Akshare　　　　　　　　　　B. baostock
   C. pdfplumer　　　　　　　　　D. TuShare

3. 关于数据接口，下列中描述正确的是(　　)。
   A. 是获取数据的规范和方法
   B. 由数据需求方定义
   C. 不同数据接口提供的输入输出参数是一致的
   D. 由数据拥有者定义

四、实训题

1. 从新浪财经爬取良品铺子(603719.SH)2022年利润表数据。

2. 从Tushare数据接口采集良品铺子(603719.SH)2021—2023年现金流量表数据。

3. 假设"d:\Python\云南白药.xlsx"文件中分别存放了资产负债表、利润表和现金流量表三张表，编写代码只读取其中的现金流量表。

项目 5

财务数据预处理

学习目标

- 掌握缺失值、重复值、异常值的检测和处理方法。
- 掌握数据增加、删除、替换的方法。
- 掌握数据计算、排序、排名、分组的方法。
- 掌握数据透视表的建立和应用。
- 掌握数据表的合并、连接方法,以及行列转换方法。

思政目标

避免违规操作,杜绝财务造假

财务数据中难免存在错误数据需要修正或增删,财务造假不仅严重破坏市场诚信基础,也影响上市公司整体形象。对企业负责人唆使、强迫会计人员进行财务造假的行为,财务人员应该及时向有关部门举证举报,确保财务工作的独立性和合法性。我国立法机关及相关主管部门先后拟定并发布了数十项相关的律例和制度,保证会计信息的质量,防止出现蓄意造假的现象,财务人员切忌知法犯法、阳奉阴违。

5.1 数据清洗

从数据源采集到的数据集通常不够规范,数据清洗就是对原始数据集进行规整,主要包括对数据的缺失值、重复值、异常值等不符合要求的数据进行处理。

5.1.1 缺失值检测及处理

1. 缺失值

缺失值是指数据集中某些属性的值不完整,如采集错漏、传输故障、存储不当等都会造成数据缺失。

在Pandas中，缺失值表示为NaN，意为Not a Number。如果是时间类型数据缺失，则显示为NaT(Not a Time)。

2. 缺失值检测

当数据集很小时，人工就可以识别是否存在缺失值。但当数据集很大时，只能依靠程序检测是否存在缺失值。

我们可以使用isnull()和notnull()两个函数来判断是否存在缺失值。当使用isnull()函数检测缺失值时，数据缺失位置显示为True，数据正常位置显示为False。notnull()函数则相反。

如果数据集比较大，可以用isnull().sum()来检查缺失值；或者用info()查看缺失值。

【跟我练5-1】

某同学在校期间相关课程成绩存储于"成绩单.xlsx"文件中。在Python中读取该文件检测是否存在缺失值。

【模拟上机】

1) 读取"成绩单.xlsx"查看生成的DataFrame数据

```
In [1]: 1  import pandas as pd         # 导入模块
        2  df = pd.read_excel('成绩单.xlsx')  # 读取Excel文件
        3  df
```

Out[1]:

	课程编号	课程名称	学时	学分	课程类型	开设学期	成绩	考试时间
0	A01	Python程序设计基础	36.0	2.0	基础课	2	72	2021-06-26
1	A02	大学英语	NaN	3.0	基础课	1	88	2020-12-29
2	A03	基础会计	54.0	3.0	NaN	2	85	2021-06-27
3	A04	办公自动化	36.0	NaN	基础课	1	90	2020-12-28
4	B01	财务大数据智能分析	36.0	2.0	专业课	5	75	2022-12-29
5	B02	Python财务应用	54.0	NaN	专业课	6	70	2023-06-28
6	B03	RPA机器人应用与开发	36.0	NaN	专业课	6	65	NaT
7	B04	会计信息系统	NaN	3.0	NaN	4	80	2022-06-30
8	B04	会计信息系统	54.0	3.0	NaN	5	82	2022-12-29

可以看到，成绩单中的缺失值显示为NaN或NaT。

2) 利用isnull()函数检测缺失值

```
In [2]: 1  df.isnull()          # 检测是否存在缺失值
```

Out[2]:

	课程编号	课程名称	学时	学分	课程类型	开设学期	成绩	考试时间
0	False	False	False	False	False	False	False	False
1	False	False	True	False	False	False	False	False
2	False	False	False	False	True	False	False	False
3	False	False	False	True	False	False	False	False
4	False	False	False	False	False	False	False	False
5	False	False	False	True	False	False	False	False
6	False	False	False	True	False	False	False	True
7	False	False	True	False	True	False	False	False
8	False	False	False	False	True	False	False	False

可以看到，存在缺失值的位置显示True，不存在缺失值的位置显示False。

3) 用isnull().sum()检测哪些列存在缺失值

当数据量非常大时，可以用isnull().sum()检测哪些属性列中存在缺失值。

```
In [3]:  1  df.isnull().sum()    # 检测哪些列存在缺失值
Out[3]:     课程编号      0
            课程名称      0
            学时        2
            学分        3
            课程类型      3
            开设学期      0
            成绩        0
            考试时间      1
            dtype: int64
```

可见，在8个属性列中，"学时"列存在2个缺失值，"学分"列存在3个缺失值，"课程类型"列存在3个缺失值，"考试时间"列存在1个缺失值。

4) 用info()函数查看数据集整体情况

```
In [4]:  1  df.info()
<class 'pandas.core.frame.DataFrame'>
RangeIndex: 9 entries, 0 to 8
Data columns (total 8 columns):
 #   Column    Non-Null Count  Dtype
0   课程编号      9 non-null      object
1   课程名称      9 non-null      object
2   学时        7 non-null      float64
3   学分        6 non-null      float64
4   课程类型      6 non-null      object
5   开设学期      9 non-null      int64
6   成绩        9 non-null      int64
7   考试时间      8 non-null      datetime64[ns]
dtypes: datetime64[ns](1), float64(2), int64(2), object(3)
memory usage: 704.0+ bytes
```

从图示可知，数据集共9行8列，"学时"列、"学分"列、"课程类型"列和"考试时间"列的非空值都不到9行，说明这些列中存在缺失值。

5) 筛选出含有缺失值的行

如果需要从大数据中筛选出有缺失值的行，可以用isnull().T.any()。

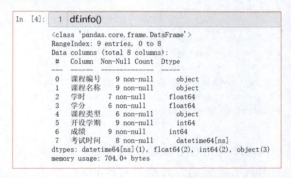

3. 缺失值处理

根据分析的具体问题，缺失值处理方式也有所不同。缺失值处理的方法大致包括以下几种。

- 删除有缺失值的行或列。
- 填充或替换缺失值。
- 不处理。如果缺失值对后期的数据分析没有影响，那么可以选择不做处理。

1) 删除有缺失值的行或列

当数据集很大，缺失值很少，对数据集的影响可以忽略不计，或者数据缺失值非常大，某列几乎80%以上数据缺失，或者无论用何种方法填充均无合理性时，可直接删除缺失值。

Pandas提供了dropna()函数用于删除具有缺失值的行或列，设置为dropna(axis=1)，即删除缺失值所在的列；设置为dropna(axis=0)或缺省，则删除缺失值所在的行。

【跟我练5-2】

删除含有缺失值的列。

【模拟上机】

```
In [6]:  1  df1 = df.dropna(axis=1)   #删除缺失值所在的列，注意，df的内容不会改变
         2  df1
```

Out[6]:

	课程编号	课程名称	开设学期	成绩
0	A01	Python程序设计基础	2	72
1	A02	大学英语	1	88
2	A03	基础会计	2	85
3	A04	办公自动化	1	90
4	B01	财务大数据智能分析	5	75
5	B02	Python财务应用	6	70
6	B03	RPA机器人应用与开发	6	65
7	B04	会计信息系统	4	80
8	B04	会计信息系统	5	82

2) 填充缺失值

可以采用人工填充和自动填充两种方法填充缺失值。

如果数据集不大，采用人工填充的方式是最有效的。

自动填充只能以某个值进行填充，通常有用固定值填充、用临近值填充、用平均值填充等方法。可以使用fillna()方法对缺失值进行自动填充。

语法：

fillna(填充值, inplace=True)

参数说明如下。
- 填充值：可以是数字或字符。
- inplace=True：使填充生效。

(1) 用固定值填充全表。

【跟我练5-3】

利用fillna()方法用固定值0对全表的缺失值进行填充。

【模拟上机】

```
In [5]:  1  df2 = pd.read_excel('成绩单.xlsx')
         2  df2.fillna(0, inplace=True);    # 使用固定值0对全表的缺失值进行填充
         3  df2
```

Out[5]:

	课程编号	课程名称	学时	学分	课程类型	开设学期	成绩	考试时间
0	A01	Python程序设计基础	36.0	2.0	基础课	2	72	2021-06-26 00:00:00
1	A02	大学英语	0.0	3.0	基础课	1	88	2020-12-29 00:00:00
2	A03	基础会计	54.0	3.0	0	2	85	2021-06-27 00:00:00
3	A04	办公自动化	36.0	0.0	基础课	1	90	2020-12-28 00:00:00
4	B01	财务大数据智能分析	36.0	2.0	专业课	5	75	2022-12-29 00:00:00
5	B02	Python财务应用	54.0	0.0	专业课	6	70	2023-06-28 00:00:00
6	B03	RPA机器人应用与开发	36.0	0.0	专业课	6	65	0
7	B04	会计信息系统	0.0	3.0	0	4	80	2022-06-30 00:00:00
8	B04	会计信息系统	54.0	3.0	0	5	82	2022-12-29 00:00:00

(2) 用固定值填充指定列。

如果使用一个固定值填充全表不合理,那么可以用固定值填充指定的一列。

【跟我练5-4】

将课程类型中的缺失值填充为"基础课"。

【模拟上机】

```
In [9]:  1  df3 = pd.read_excel('成绩单.xlsx')
         2  df3['课程类型'].fillna('基础课', inplace=True);
         3  df3
```

	课程编号	课程名称	学时	学分	课程类型	开设学期	成绩	考试时间
0	A01	Python程序设计基础	36.0	2.0	基础课	2	72	2021-06-26
1	A02	大学英语	NaN	3.0	基础课	1	88	2020-12-29
2	A03	基础会计	54.0	3.0	基础课	2	85	2021-06-27
3	A04	办公自动化	36.0	NaN	基础课	1	90	2020-12-28
4	B01	财务大数据智能分析	36.0	2.0	专业课	5	75	2022-12-29
5	B02	Python财务应用	54.0	NaN	专业课	6	70	2023-06-28
6	B03	RPA机器人应用与开发	36.0	NaN	专业课	6	65	NaT
7	B04	会计信息系统	NaN	3.0	基础课	4	80	2022-06-30
8	B04	会计信息系统	54.0	3.0	基础课	5	82	2022-12-29

(3) 用临近值填充。

利用method参数可以指定用前面的临近值填充缺失值还是用后面的临近值填充缺失值。

- method='ffill':用前面的临近值填充缺失值。
- method='bfill':用后面的临近值填充缺失值。

【跟我练5-5】

分别使用前面的临近值和后面的临近值填充缺失值。

【模拟上机】

```
In [6]:  1  df4 = pd.read_excel('成绩单.xlsx')
         2  df4.fillna(method='ffill',inplace=True)  #使用前一个临近值填充
         3  df4
```

	课程编号	课程名称	学时	学分	课程类型	开设学期	成绩	考试时间
0	A01	Python程序设计基础	36.0	2.0	基础课	2	72	2021-06-26
1	A02	大学英语	36.0	3.0	基础课	1	88	2020-12-29
2	A03	基础会计	54.0	3.0	基础课	2	85	2021-06-27
3	A04	办公自动化	36.0	3.0	基础课	1	90	2020-12-28
4	B01	财务大数据智能分析	36.0	2.0	专业课	5	75	2022-12-29
5	B02	Python财务应用	54.0	2.0	专业课	6	70	2023-06-28
6	B03	RPA机器人应用与开发	36.0	2.0	专业课	6	65	2023-06-28
7	B04	会计信息系统	36.0	3.0	专业课	4	80	2022-06-30
8	B04	会计信息系统	54.0	3.0	专业课	5	82	2022-12-29

```
In [7]:  1  df5 = pd.read_excel('成绩单.xlsx')
         2  df5.fillna(method='bfill', inplace=True)   #使用后一个临近值填充
         3  df5
```

Out[7]:

	课程编号	课程名称	学时	学分	课程类型	开设学期	成绩	考试时间
0	A01	Python程序设计基础	36.0	2.0	基础课	2	72	2021-06-26
1	A02	大学英语	54.0	3.0	基础课	1	88	2020-12-29
2	A03	基础会计	54.0	3.0	基础课	2	85	2021-06-27
3	A04	办公自动化	36.0	2.0	基础课	1	90	2020-12-28
4	B01	财务大数据智能分析	36.0	2.0	专业课	5	75	2022-12-29
5	B02	Python财务应用	54.0	3.0	专业课	6	70	2023-06-28
6	B03	RPA机器人应用与开发	36.0	3.0	专业课	6	65	2022-06-30
7	B04	会计信息系统	54.0	3.0	NaN	4	80	2022-06-30
8	B04	会计信息系统	54.0	3.0	NaN	5	82	2022-12-29

❖ 提示：

由于课程类型列最后两个缺失值的后面没有临近值，所以无法完成自动填充，这时就需要进行人工填充。

(4) 用均值填充。

计算缺失值所在列的数据均值，将均值填充到缺失值所在的单元格。

【跟我练5-6】

计算学分一列的均值，并用均值填充该列的缺失值。

【模拟上机】

```
In [8]:  1  df6 = pd.read_excel('成绩单.xlsx')
         2  df6['学分']=df6['学分'].fillna(df6['学分'].mean())   #使用'学分'列的平均值填充该列的缺失值
         3  df6
```

Out[8]:

	课程编号	课程名称	学时	学分	课程类型	开设学期	成绩	考试时间
0	A01	Python程序设计基础	36.0	2.000000	基础课	2	72	2021-06-26
1	A02	大学英语	NaN	3.000000	基础课	1	88	2020-12-29
2	A03	基础会计	54.0	3.000000	NaN	2	85	2021-06-27
3	A04	办公自动化	36.0	2.666667	基础课	1	90	2020-12-28
4	B01	财务大数据智能分析	36.0	2.000000	专业课	5	75	2022-12-29
5	B02	Python财务应用	54.0	2.666667	专业课	6	70	2023-06-28
6	B03	RPA机器人应用与开发	36.0	2.666667	专业课	6	65	NaT
7	B04	会计信息系统	NaN	3.000000	NaN	4	80	2022-06-30
8	B04	会计信息系统	54.0	3.000000	NaN	5	82	2022-12-29

❖ 提示：

mean()是计算均值的函数。

5.1.2 重复值检测及处理

重复值是指数据集中存在全部或部分属性值相同的情况。

1. 重复值的检测

检测DataFrame中是否含有重复值时，通常采用pandas库中的duplicated()函数，该函数的返回值是布尔类型，True表示有重复值，False表示没有重复值。默认情况下使用duplicated()函数检测DataFrame中的重复行时，只有两行的所有数据都相等，才会判断为重复值。

语法：

duplicated(subset=None, keep='first')

功能：

查找数据集中的重复值，并显示重复值所在的位置。

参数说明如下。

- subset：指定特定列。默认为None，即对表中所有列进行重复值检测。
- keep：first指从前向后查找，第一次出现的是唯一值，之后相同的值视为重复值；last指从后向前查找，最后一次出现的是唯一值，其余相同的值视为重复值；False指所有相同的值都视为重复值。默认为first。

【跟我练5-7】

检测数据集中是否存在重复行。

【模拟上机】

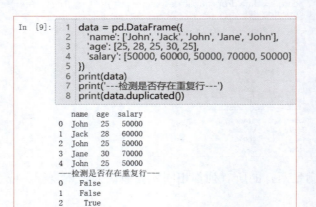

由图示可知，第0、2、4这三行是相同的，由于第0行之前没有与其重复的值，所以标识为False，而第2行和第4行与之前的第0行重复，所以这两行标识为True。

2. 重复值的处理

数据去重是数据清洗的关键步骤之一，消除冗余数据有利于提升数据质量。Python中对于重复值主要的处理方式就是删除。按照某些列对DataFrame进行去重时，可采用drop_duplicates()函数。

语法：

drop_duplicates(subset=None, keep='first', inplace=False)

功能：

从数据集中删除重复的行。

参数说明如下。

- subset：指定特定列。默认为None，即表中所有列。
- keep：first指保留第一条重复数据，删除其余的重复数据；last指保留最后一条重复数据，删除其余的重复数据；False指删除全部重复数据。默认为first。
- inplace：默认为False，即在原始数据的副本上进行删除操作，不影响原始数据；值为True时则直接在原始数据上去重。

【跟我练5-8】

接【跟我练5-7】。显示重复行，并利用drop_duplicates()函数删除重复行。

【模拟上机】

```
In [10]: 1  duplicates = data.duplicated()
         2  print(data[duplicates])              # 显示重复行
         3  print('-------------------------')
         4  data1 = data.drop_duplicates()       # 删除重复值，默认保留第一个重复值
         5  print(data1)
         6  print('-------------------------')
         7  data2 = data.drop_duplicates(keep='last')  # 删除重复值，保留最后一个重复值
         8  print(data2)

           name  age  salary
         2 John   25   50000
         4 John   25   50000
         -------------------------
           name  age  salary
         0 John   25   50000
         1 Jack   28   60000
         3 Jane   30   70000
         -------------------------
           name  age  salary
         1 Jack   28   60000
         3 Jane   30   70000
         4 John   25   50000
```

以上方法必须满足两行的所有列都相同才会被认为是重复行。或者指定两列的值相同就认为是重复行。

【跟我练5-9】

只要"年龄"列相同就视为重复。删除"年龄"列有重复值的行并重置索引。

【模拟上机】

```
[11]:  1  data = pd.DataFrame({ 'name': ['John', 'Jack', 'Jenny', 'Jane', 'John'],
        2                        'age': [25, 28, 25, 30, 25],
        3                        'salary': [50000, 60000, 50000, 70000, 50000]
        4  })
        5  print(data)
        6  print('\n-------所有列值都相同才算重复行------------')
        7  data1 = data.drop_duplicates()   # 删除重复值后保存到data1，data无变化
        8  print(data1)
        9  print('\n-------age列值相同就被认为是重复行-----------')
       10  data2 = data.drop_duplicates(['age'])
       11  print(data2)
       12  print('\n-------重置索引观察结果------------')
       13  data2.reset_index(drop=True)
```

```
            name  age  salary
        0   John   25   50000
        1   Jack   28   60000
        2   Jenny  25   50000
        3   Jane   30   70000
        4   John   25   50000
        ------所有列值都相同才算重复行------
            name  age  salary
        0   John   25   50000
        1   Jack   28   60000
        2   Jenny  25   50000
        3   Jane   30   70000
        ------age列值相同就被认为是重复行------
            name  age  salary
        0   John   25   50000
        1   Jack   28   60000
        3   Jane   30   70000
        ------重置索引观察结果------
Out[11]:
            name  age  salary
        0   John   25   50000
        1   Jack   28   60000
        2   Jane   30   70000
```

5.1.3 异常值检测及处理

1. 异常值

异常值是指在数据集中存在的不合理的值。需要注意的是，异常值是偏离正常范围的值，不是错误值，如学生的年龄为2、人的体重为1吨等，都属于异常值的范围。

异常值分为数值型异常值、时间型异常值、空间型异常值、类型非法异常值等不同类型，其中数值型异常值最为常见。

2. 异常值的检测

常用的异常值检测方法有简单统计法、经验值法、3σ法和图形法等。

1) 简单统计法

简单统计法是对属性值进行描述性统计，查看哪些值是不合理的。最常用的统计量是最大值和最小值，用来判断这个变量的取值是否超出合理的范围。例如，对年龄属性进行规约：年龄的区间在[0:130]，如果样本中的年龄值不在该区间范围内，则表示该样本的年龄属性属于异常值。

使用describe()函数统计数据的个数、均值、标准差、最小值、下四分位数、中位数、上四分位数和最大值。

【跟我练5-10】

读取"会员登记表.xlsx"，使用describe()函数检测其中的异常值。

【模拟上机】

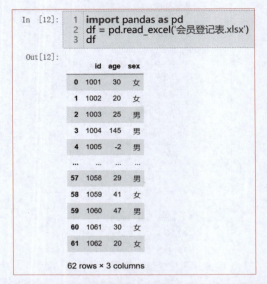

2) 经验值法

依据实际经验人工设定正常数据的阈值，不在阈值范围内则认为是异常值。

年龄不能是负数，也不太可能超过130，因此将这两个经验值作为判断异常数据的依据。

【跟我练5-11】

使用经验值法检测"会员登记表.xlsx"中的异常值。

【模拟上机】

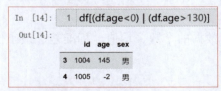

如果只显示id和age两列，则结果如下。

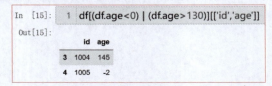

3) 3σ法

在正态分布(如图5-1所示)中σ代表标准差，μ代表均值，x=μ即为图像的对称轴。当数据服从正态分布时，数值分布在(μ-σ,μ+σ)中的概率为0.6826，数值分布在(μ-2σ,μ+2σ)中的概率为0.9544，数值分布在(μ-3σ,μ+3σ)中的概率为0.9974。也就是说，取值几乎全部集中在(μ-3σ,μ+3σ)区间内，距离平均值3σ之外的概率为P(|x-μ|>3σ)≤0.003，属于极小概率事件，在默认情况下可以认定，距离超过平均值3σ的样本是不存在的。因此，当样本距离平均值大于3σ时，则认定该样本为异常值。

当数据不服从正态分布时，可以通过远离平均距离多少倍的标准差来判定，多少倍的取值需要根据经验和实际情况来决定。

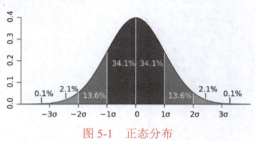

图5-1　正态分布

【跟我练5-12】

使用3σ法检测"会员登记表.xlsx"中的异常值。

【模拟上机】

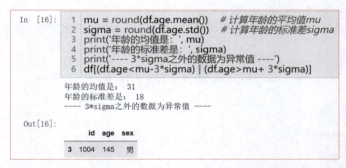

本例中，均值为31，标准差为18，范围在31-3×18到31+3×18，即-23～85是正常值，不在此区间的是异常值。因此，异常值145被检测出来，但是-2未被检出。如果数据量较小，而异常值偏离过大，就会造成异常值不被检出。

4) 图形法

用于检测异常值的常用图形有散点图和箱形图。具体实例参见项目6。

以上哪种异常值检测算法更好呢？事实上，没有"最佳"的异常值检测算法，需要根据具体问题具体分析。

3. 异常值的处理

对于异常值，可以考虑以下处理方式。

1) 删除异常值

最简单和常用的方法是直接删除包含异常值的观测数据。这种方法适用于异常值对整体分析结果影响较大且不符合数据分布特征的情况。

2) 用平均值代替异常值

通过将异常值替换为合理的值，以减少其对分析结果的影响，替换的方法可以是使用平均值来替换异常值。

【跟我练5-13】

使用平均值代替"会员登记表.xlsx"中的异常值。

【模拟上机】

```
In [17]: 1  import pandas as pd
         2  df=pd.read_excel('会员登记表.xlsx')
         3  mu = round(df.age.mean())      # 计算年龄的平均值mu
         4  sigma = round(df.age.std())    # 计算年龄的标准差sigma
         5  data = df['age']
         6  i = 0
         7  for x in data:
         8      if(abs(x-mu))<3*sigma:
         9          i+=1
        10      else:
        11          df['age'][i]=mu
        12          i+=1
        13  df.head(4)
```

Out[17]:

	id	age	sex
0	1001	30	女
1	1002	20	女
2	1003	25	男
3	1004	31	男

3) 视为缺失值

通过将异常值标记为缺失值，可以使用缺失值处理的方法来处理这些异常值。

5.2 数据加工

5.2.1 数据计算

常用的数据计算包括非空值计数、求和、求均值、求最大值、求最小值等。数据计算的常用功能、函数及说明如表5-1所示。

表5-1 数据计算的常用功能、函数及说明

功能	函数	说明
求和	sum([axis, skipna])	axis=1按行；axis=0按列(默认)
求均值	mean([axis, skipna])	skipna=1表示将NaN转0
最大值	max([axis, skipna])	skipna=0 表示不转
最小值	min([axis, skipna])	
中位数	media(axis=None, skipna=None)	
众数	mode(axis=0, dropna=True)	dropna是否删除缺失值，默认True
方差	var(axis=None, skipna=None)	

(续表)

功能	函数	说明
标准差	std(axis=None, skipna=None)	
分位数	Quantile(q=0.5, axis=0, numeric_only=True)	numeric_only的值为False将计算日期、时间和时间增量数据的分位数

我们创建一个数据集来练习数据计算。

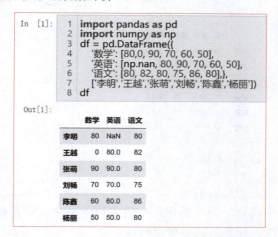

在上述代码中，使用了numpy的nan()函数产生一个空值，numpy是Python中用于科学计算的函数库，提供多维数组对象，以及用于数组快速操作的各种API，包括数学、逻辑、形状操作、排序、选择、输入输出、基本线性代数、基本统计运算和随机模拟等。

1. 非空值计数

【跟我练5-14】

分别对数据集各列、各行和"英语"列的非空值进行计数统计。

【模拟上机】

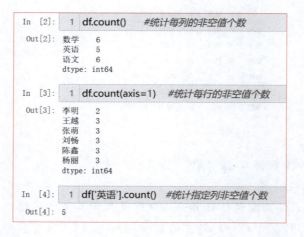

2. 求和

求和在财务工作中是最常用的一项计算。

【跟我练5-15】

在数据表最右侧增加"总成绩"列,用于展示对每个同学各科成绩的求和结果。

【模拟上机】

3. 求平均值、最大值、最小值

【跟我练5-16】

在数据集中增加"平均分"列,展示每个同学的平均分。计算每门课的平均值、最大值和最小值。计算结果均保留两位小数。

【模拟上机】

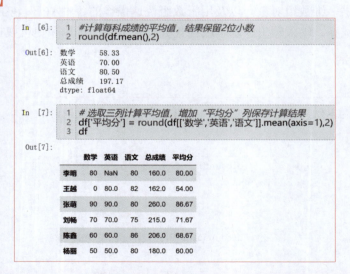

> ❖ 提示:
> ◇ 平均分不能将数据表df中的"总成绩"列计算在内。因此不能简单地使用df.mean(axis=1)。
> ◇ 李明的英语成绩为空值,计算平均分时是数学和语文成绩相加除以2;王越的数学成绩为0,计算平均分时是三门成绩相加除以3。注意区分空值和取值为0在计算平均值时的不同。

如果希望将每门课程的平均分、最高分、最低分列示在数据集最后几行,需要将计算结果分别保存到3个新建的DataFrame中，然后追加到原有数据表后面，如下。

```
In [8]: 1  # 计算每门课程的最高分，最低分，平均分
        2  df_mean = round(pd.DataFrame([df.mean()], ['平均分']), 2)
        3  df_max = round(pd.DataFrame([df.max()], ['最高分']), 2)
        4  df_min = round(pd.DataFrame([df.min()], ['最低分']), 2)
        5
        6  #将年级最高分，最低分，平均分添加到原始数据表df后面
        7  df1=pd.concat([df, df_mean, df_max, df_min])
        8  df1
```

Out[8]:

	数学	英语	语文	总成绩	平均分
李明	80.00	NaN	80.0	160.00	80.00
王越	0.00	80.0	82.0	162.00	54.00
张萌	90.00	90.0	80.0	260.00	86.67
刘畅	70.00	70.0	75.0	215.00	71.67
陈鑫	60.00	60.0	86.0	206.00	68.67
杨丽	50.00	50.0	80.0	180.00	60.00
平均分	58.33	70.0	80.5	197.17	70.17
最高分	90.00	90.0	86.0	260.00	86.67
最低分	0.00	50.0	75.0	160.00	54.00

5.2.2 排序与排名

1. 排序

为了方便查找数据，往往需要按照某列或多个列值的升序或降序对数据集进行排列，称为排序。

1) 学习sort_values()函数

Pandas提供了按值排序sort_values()和按索引排序sort_index()对Series和DataFrame数据进行排序。sort_values()按照行/列的值进行排序，sort_index()按照行标签或列标签排序。DataFrame排序时主要使用sort_values()函数。

语法：

sort_values(by, axis=0, ascending=True, inplace=False, kind='quicksort', na_position='last', ignore_index=False, key=None)

参数说明如下。

- by：指明排序的行/列名(或行/列名列表)。当axis=0或axis='index'时，by='列名'；当axis=1或axis='columns'时，by='行名'。或者通过by指定多个列名实现多列排序。
- axis：指明要排序的坐标轴。如果axis=0或'index'，则按照指定列中数据大小排序；如果axis=1或'columns'，则按照指定索引中数据大小排序，默认axis=0。
- ascending：指明排序方式。默认值True表示升序排序。如果by=['列名1','列名2']，同时ascending=[True, False]，则先按照"列名1"升序排序；如果该列取值相同，则按"列名2"降序排序。
- inplace：排序是否替换原始数据。默认为False，即不替换原始数据。
- kind：指定排序算法。默认使用快速排序法quicksort。
- na_position：缺失值的排序位置。first表示缺失值排在最前，last表示缺失值排在最后。

- ignore_index：如果为True，则结果轴将被标记为0,1,…,n-1。默认值为False，即采用原数据的索引。

2) 按单列排序

已知商品进货记录表，如表5-2所示。

表5-2 商品进货记录表

商品名称	型号	进货厂商	单价	采购数量	采购费用	进货日期
沙发	S－023	宏达家具公司	1 200	6	7 200	2022-3-25
餐桌	Z－018	恒久家具城	480	9	4 320	2022-5-15
沙发	S－089	宏达家具公司	800	4	3 200	2022-6-6
椅子	Y－056	蓝天家具城	630	8	5 040	2022-8-12
餐桌	Z－036	明源家具厂	450	10	4 500	2022-9-6
凳子	D－025	宏达家具公司	400	5	2 000	2022-11-23
凳子	D－058	恒久家具城	340	7	2 380	2022-12-16
沙发	S－021	蓝天家具城	1 100	6	6 600	2022-12-16
沙发	S－076	宏达家具公司	1 000	3	3 000	2023-2-27
椅子	Y－067	明源家具厂	600	12	7 200	2023-3-12
沙发	S－089	明源家具厂	1 200	10	12 000	2023-3-25
凳子	D－026	宏达家具公司	450	9	4 050	2023-4-7
凳子	D－058	蓝天家具城	380	8	3 040	2023-4-20
餐桌	Z－046	明源家具厂	460	6	2 760	2023-5-3
椅子	Y－088	宏达家具公司	610	4	2 440	2023-5-16
椅子	Y－067	恒久家具城	650	6	3 900	2023-5-29
沙发	S－089	恒久家具城	1 100	8	8 800	2023-6-11
沙发	S－021	蓝天家具城	900	3	2 700	2023-6-24
椅子	Y－088	宏达家具公司	600	9	5 400	2023-7-7
凳子	D－026	明源家具厂	400	12	4 800	2021-7-20
餐桌	Z－046	明源家具厂	480	5	2 400	2023-8-2
凳子	D－025	宏达家具公司	380	7	2 660	2023-8-15
凳子	D－058	恒久家具城	410	8	3 280	2023-8-28

【跟我练5-17】

在商品进货记录表中，按"进货日期"进行降序排序。

【模拟上机】

```
In [9]: 1  import pandas as pd
        2  df = pd.read_excel('商品进货记录表.xlsx')   # 读取Excel文件
        3  # 按进货日期降序排序
        4  df1 = df.sort_values( by=['进货日期'], ascending=False )  #通过赋值语句将排序结果保存到df1
        5  df1.heac(4)
```

Out[9]:

	商品名称	型号	进货厂商	单价	采购数量	采购费用	进货日期
22	凳子	D－058	恒久家具城	410	8	3280	2023-08-28
21	凳子	D－025	宏达家具公司	380	7	2660	2023-08-15
20	餐桌	Z－046	明源家具厂	480	5	2400	2023-08-02
18	椅子	Y－088	宏达家具公司	600	9	5400	2023-07-07

> ❖ **提示：**
> 排序列取值相同时，仍保持原来的顺序。

3) 按多列排序

【跟我练5-18】

在商品进货记录表中，先按"商品名称"进行降序排序，如果商品名称一致，再按"型号"进行降序排序，如果型号还一样，再按"进货日期"升序排序。

【模拟上机】

```
In [10]:  1  # 按多列排序
          2  df2 = df.sort_values(by=['商品名称', '型号', '进货日期'], ascending=[False, False, True])
          3  df2.head(6)
```

Out[10]:

	商品名称	型号	进货厂商	单价	采购数量	采购费用	进货日期
13	餐桌	Z-046	明源家具厂	460	6	2760	2023-05-03
20	餐桌	Z-046	明源家具厂	480	5	2400	2023-08-02
4	餐桌	Z-036	明源家具厂	450	10	4500	2022-09-06
1	餐桌	Z-018	恒久家具城	480	9	4320	2022-05-15
2	沙发	S-089	宏达家具公司	800	4	3200	2022-06-06
10	沙发	S-089	明源家具厂	1200	10	12000	2023-03-25

2. 排名

rank()函数是Python中最常用的排名函数之一。它根据Series或DataFrame对象的某几列的值进行排名，如果有多个相同的值，则分配相同的排名，并跳过下一个排名。

语法：

rank(axis=0, method='average', numeric_only=NoDefault.no_default, na_option='keep', ascending=True, pct=False)

参数说明如下。

- axis：排名方式。取值为0按行排名，值为1按列排名，默认按行排名。
- method：指明相同值如何排名。
  - method='average'为默认值，表示取平均值作为排名。
  - method='min' 取最小值作为排名。
  - method='max' 取最大值作为排名。
  - method='first' 相同的值按出现顺序排名，先出现的值排名靠前，不允许并列排名。
  - method='dense' 类似于"min"，但组间排名总是增加1。
- numeric_only：对于DataFrame对象，如果设置为True，则只对数字列排序。
- na_option：如何对NaN值进行排名。
  - na_option ='top'：给NaN值分配最小排名。
  - na_option ='bottom'：给NaN值分配最大排名。
  - na_option ='keep'：NaN值仍保持NaN，默认值。
- ascending：是否按升序排列，默认以升序排名。
- pct：是否以百分比形式显示排名，默认值为False，不以百分比形式显示排名。

【跟我练5-19】

在商品进货记录表中，按"采购数量"列，分别以取平均值排名、取最小值排名和取最大值排名。

【模拟上机】

```
In [11]: 1  df11 = df['采购数量'].rank()              # 按"采购数量"列，以默认方式-取平均值排名
         2  print(df11.head(3))
         3  print('----------------------')
         4  df12 = df['采购数量'].rank(method='max')   # 按"采购数量"列，取最大值排名
         5  print(df12.head(3))
         6  print('----------------------')
         7  df13 = df['采购数量'].rank(method='min')   # 按"采购数量"列，取最小值排名
         8  print(df13.head(3))
         9
```

```
0     8.5
1    18.0
2     3.5
Name: 采购数量, dtype: float64
----------------------
0    10.0
1    19.0
2     4.0
Name: 采购数量, dtype: float64
----------------------
0     7.0
1    17.0
2     3.0
Name: 采购数量, dtype: float64
```

为了方便大家理解，我们先对商品进货记录表按照"采购数量"进行排名，并以行索引为0的第1条记录解析排名数据。

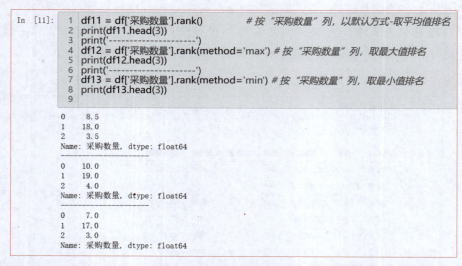

从以上排序结果可以看到，采购数量为6的记录共有四条，索引分别为0、7、15、13，排在第7～10位。如果排名取平均值，平均值为8.5=(7+8+9+10)÷4，那么这四条记录的"采购数量"列的排名就都是8.5。如果取排名最大值，则最大值为10；如果取排名最小值，则最小值为7。

验证如下。

```
In [13]:  1  # 每列都按照升序排名，相同排名默认取平均值
          2  df_rank = df.rank()
          3  df_rank
```

Out[13]:

	商品名称	型号	进货厂商	单价	采购数量	采购费用	进货日期
0	16.0	10.0	4.5	22.5	8.5	20.5	2.0
1	21.5	20.0	11.0	10.5	18.0	14.0	3.0
2	16.0	13.0	4.5	17.0	3.5	10.0	4.0
3	10.0	15.0	21.5	15.0	14.5	17.0	5.0
4	21.5	21.0	16.5	7.5	20.5	15.0	6.0
5	4.0	1.5	4.5	4.5	5.5	1.0	7.0
6	4.0	6.0	11.0	1.0	11.5	2.0	8.5
7	16.0	8.5	21.5	20.5	8.5	19.0	8.5
8	16.0	11.0	4.5	19.0	1.5	8.0	10.0
9	10.0	16.5	16.5	12.5	22.5	20.5	11.0
10	16.0	13.0	16.5	22.5	20.5	23.0	12.0
11	4.0	3.5	4.5	7.5	18.0	13.0	13.0
12	4.0	6.0	21.5	2.5	14.5	9.0	14.0
13	21.5	22.5	16.5	9.0	8.5	7.0	15.0
14	10.0	18.5	4.5	16.0	3.5	4.0	16.0
15	10.0	16.5	11.0	16.0	8.5	12.0	17.0

❖ 提示：

◇ 行索引为0、7、13、15的四条记录，采购数量排名为平均值8.5。
◇ 如果按最大值排名，可设置df8 = df.rank(method = 'max')。

5.2.3 分组聚合

在财务工作中，很多场景要用到分组处理，如按会计科目汇总本期借方发生额和贷方发生额、按部门汇总职工工资等，这个过程称为"分组聚合"。分组聚合的过程可分为3个步骤：首先利用groupby()函数按照某个字段对数据集进行分组；其次对各组应用指定的操作；最后汇总各组操作结果。分组聚合过程如图5-2所示。

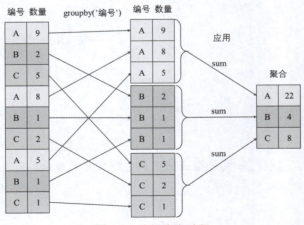

图 5-2　分组聚合过程

groupby()函数根据给定条件将DataFrame分组，每个组可以独立应用函数，将结果合并到一个数据结构中。

语法：

DataFrame.groupby(by=None, axis=0, as_index=True, sort=True)

主要参数说明如下。

- by：用于确定怎样分组。
- axis：按行(0)或列(1)拆分，默认按行。

例如，现有如下数据集df。

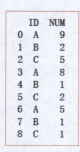

根据ID分组，分组后得到的是一个DataFrameGroupBy对象，直接打印该对象显示的是其内存地址。

```
1  g=df.groupby('ID')
2  print(g)
<pandas.core.groupby.generic.DataFrameGroupBy object at 0x0000027FB54A4410>
```

为观察数据，使用list()方法转换一下，发现这是一个元组列表。列表中共有3个元组，每个元组中的第1个元素是分组的关键字的值(分别是"A""B""C")，元组中的第2个元素是其组别下的整个DataFrame。

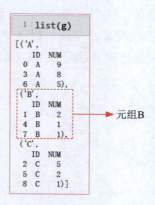

1. 分组

当数据集较大时，可以按单列分组或按多列分组展示数据集。

1) 按单列分组展示

【跟我练5-20】

在商品进货记录表中，按"商品名称"分组展示数据集。

【模拟上机】

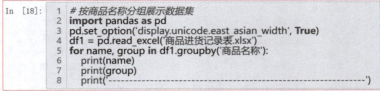

```
# 按商品名称分组展示数据集
import pandas as pd
pd.set_option('display.unicode.east_asian_width', True)
df1 = pd.read_excel('商品进货记录表.xlsx')
for name, group in df1.groupby('商品名称'):
    print(name)
    print(group)
    print('------------------------------------------------------------')
```

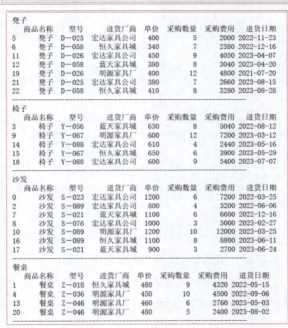

2) 按多列分组展示

【跟我练5-21】

在商品进货记录表中，按"商品名称"和"进货厂商"分组列示数据集。

【模拟上机】

```
# 按"商品名称"和"进货厂商"分组列示数据集
import pandas as pd
df2 = pd.read_excel('商品进货记录表.xlsx')
for (name, supplier), group in df2.groupby(['商品名称', '进货厂商']):
    print(name, supplier)
    print(group)
    print('------------------------------------------------------------')
```

下面是分组后的部分数据截图。

```
凳子 宏达家具公司
   商品名称  型号   进货厂商    单价  采购数量  采购费用  进货日期
5    凳子   D-025  宏达家具公司  400    5     2000   2022-11-23
11   凳子   D-026  宏达家具公司  450    9     4050   2023-04-07
21   凳子   D-025  宏达家具公司  380    7     2660   2023-08-15
─────────────────────────────────────────────────
凳子 恒久家具城
   商品名称  型号   进货厂商    单价  采购数量  采购费用  进货日期
6    凳子   D-058  恒久家具城   340    7     2380   2022-12-16
22   凳子   D-058  恒久家具城   410    8     3280   2023-08-28
─────────────────────────────────────────────────
凳子 明源家具厂
   商品名称  型号   进货厂商    单价  采购数量  采购费用  进货日期
19   凳子   D-026  明源家具厂   400   12     4800   2021-07-20
─────────────────────────────────────────────────
凳子 蓝天家具城
   商品名称  型号   进货厂商    单价  采购数量  采购费用  进货日期
12   凳子   D-058  蓝天家具城   380    8     3040   2023-04-20
─────────────────────────────────────────────────
椅子 宏达家具公司
   商品名称  型号   进货厂商    单价  采购数量  采购费用  进货日期
14   椅子   Y-088  宏达家具公司  610    4     2440   2023-05-16
18   椅子   Y-088  宏达家具公司  600    9     5400   2023-07-07
─────────────────────────────────────────────────
椅子 恒久家具城
   商品名称  型号   进货厂商    单价  采购数量  采购费用  进货日期
15   椅子   Y-067  恒久家具城   650    6     3900   2023-05-29
─────────────────────────────────────────────────
椅子 明源家具厂
   商品名称  型号   进货厂商    单价  采购数量  采购费用  进货日期
9    椅子   Y-067  明源家具厂   600   12     7200   2023-03-12
```

2. 分组聚合

利用groupby()函数将数据分组之后可以执行不同的聚合函数,Pandas提供了多个聚合函数,可以快速、简洁地将多个函数的执行结果聚合到一起。

分组聚合有以下两种方式。

- 直接调用聚合函数,如mean()、sum()、min()、max()等。注意,一次只能执行一个聚合函数。
- 向agg()函数中传入聚合函数名,可以一次执行多个聚合函数。

1)按单列分组统计

【跟我练5-22】

在商品进货记录表中,按"商品名称"汇总"采购数量"和"采购费用"。

【模拟上机】

```
In [20]: 1  # 按"商品名称"汇总"采购数量"和"采购费用"  ——方法1
         2  import pandas as pd
         3  df = pd.read_excel('商品进货记录表.xlsx')
         4  pd.set_option('display.unicode.east_asian_width', True)
         5  print(df.groupby('商品名称', as_index=False)[['采购数量', '采购费用']].sum())

   商品名称  采购数量  采购费用
0   凳子    56    22210
1   椅子    39    23980
2   沙发    40    43500
3   餐桌    30    13980
```

或者

```
In [21]: 1  # 按 "商品名称" 汇总 "采购数量" 和 "采购费用" ——方法2
         2  import pandas as pd
         3  df = pd.read_excel('商品进货记录表.xlsx')
         4  pd.set_option('display.unicode.east_asian_width', True)
         5  df1 = df[['商品名称', '采购数量', '采购费用']]
         6  print(df1.groupby('商品名称', as_index=False).sum())

   商品名称  采购数量  采购费用
0   凳子     56   22210
1   椅子     39   23980
2   沙发     40   43500
3   餐桌     30   13980
```

2) 按多列分组统计

【跟我练5-23】

在商品进货记录表中，按"商品名称"和"型号"汇总"采购费用"。

【模拟上机】

```
In [22]: 1  # 按 "商品名称" 和 "型号" 汇总 "采购费用"
         2  import pandas as pd
         3  df = pd.read_excel('商品进货记录表.xlsx')
         4  pd.set_option('display.unicode.east_asian_width', True)
         5  df2 = df[['商品名称', '型号', '采购费用']]
         6  print(df2.groupby(['商品名称', '型号'], as_index=False).sum())

    商品名称  型号     采购费用
0    凳子   D-025    4660
1    凳子   D-026    8850
2    凳子   D-058    8700
3    椅子   Y-056    5040
4    椅子   Y-067   11100
5    椅子   Y-088    7840
6    沙发   S-021    9300
7    沙发   S-023    7200
8    沙发   S-076    3000
9    沙发   S-089   24000
10   餐桌   Z-018    4320
11   餐桌   Z-036    4500
12   餐桌   Z-046    5160
```

3) 对同一列采用不同的聚合函数

通过groupby()与agg()函数可以对不同的列采用不同的聚合函数。agg是aggregate的别名，aggregate()和agg()是同一个函数。

语法：

agg(func=None, axis=0, *args, **kwargs)

参数说明如下。

○ func：用于聚合数据的函数。

○ axis：设置按列还是按行聚合。设置为0或index，表示对每列应用聚合函数；设置为1或columns，表示对每行应用聚合函数。

○ *args：传递给函数func()的位置参数。

○ **kwargs：传递给函数func()的关键字参数。

agg()函数的返回值分为3种：scalar(标量)、Series或DataFrame。

○ scalar：当Series.agg()聚合单个函数时返回标量。

○ Series：当DataFrame.agg()聚合单个函数时或Series.agg()聚合多个函数时返回Series。

○ DataFrame：当DataFrame.agg()聚合多个函数时返回DataFrame。

【跟我练5-24】

在商品进货记录表中，按照"商品名称"对"采购费用"求和、求均值。

【模拟上机】

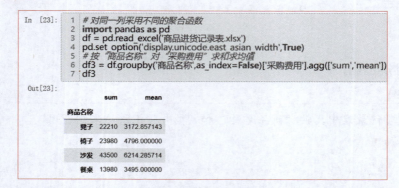

agg()传入的是字符串类型的函数名，同时传入两个聚合函数名'sum'和'mean'，这样就可以同时执行两种运算。这两个聚合函数名以列表形式传入，即agg(['sum', 'mean'])。

分组聚合后出现层级索引上移的问题，如上图所示，sum和mean与商品名称不在一行。可以使用reset_index()函数重置索引。

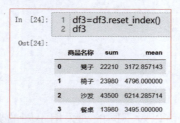

4) 对不同的列采用不同的聚合函数

【跟我练5-25】

在商品进货记录表中，按"商品名称"对"采购数量"求最大值和最小值，对"采购费用"求和、求均值。

【模拟上机】

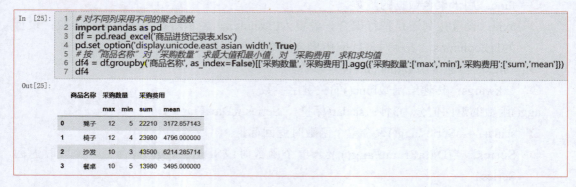

不同的列采用不同的聚合函数，聚合函数名以字典形式传入agg()，字典的键是列名，对应的值是针对该列进行的聚合函数名，如agg({'采购数量':['max','min'],'采购费用':['sum','mean']})。

如果只进行一种聚合，以字符串形式给出函数名即可；如果对某列进行多种聚合，需要以列表形式传入多个函数。

例如，对"采购数量"执行取最大值，对"采购费用"执行求和、求均值：agg({'采购数量': 'max', '采购费用': ['sum','mean']})。

	商品名称	采购数量	采购费用	
		max	sum	mean
0	凳子	12	22210	3172.857143
1	椅子	12	23980	4796.000000
2	沙发	10	43500	6214.285714
3	餐桌	10	13980	3495.000000

5.2.4 数据透视

数据透视表是一种对大量数据进行快速汇总和交叉列示的交互性表格，可以通过转化行和列来查看源数据的不同汇总结果，是进行多维数据分析的利器。

1. 学习pivot.table()

在Python中，提供了数据透视函数pivot_table()。

语法：

pivot_table(data, values=None, index=None, columns=None, aggfunc='mean', fill_value=None, margins=False, dropna=True, margins_name='All', observed=False, sort=True)

参数说明如下。

- data：要进行数据透视的数据。
- values：要做计算的数据，对谁求和/求均值/计算个数等。
- index：确定行参数，可以是多个。
- columns：确定列参数，可以是多个。
- aggfunc：聚合函数，指明对DataFrame进行何种运算，如求均值(mean)、求和(sum)、统计个数(size)等，默认为求均值。
- fill_value：如何填充缺失值，默认不填充。
- margins：是否添加行列的总计，默认为False不显示。
- margins_name：当margins=True时，设定margins行/列的名称，默认设为all。
- dropna：表示是否计算全为NaN的数据。bool类型，默认True不计算。
- sort：对values结果进行排序。bool类型默认False升序。

以上参数中，最重要的是index、columns、values和aggfunc四项，这四项决定了数据透视表的布局，如图5-3所示。

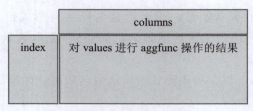

图 5-3　数据透视表的布局

【跟我练5-26】

构造一个DataFrame，练习pivot_table()各参数的用途。

【模拟上机】

```
In [26]: 1  import pandas as pd
         2  df = pd.DataFrame ( {
         3      "A": ["foo", "foo", "foo", "foo", "foo", "bar", "bar", "bar", "bar"],
         4      "B": ["one", "one", "one", "two", "two", "one", "one", "two", "two"],
         5      "C": ["small", "large", "large", "small", "small", "large", "small", "small", "large"],
         6      "D": [1, 2, 2, 3, 3, 4, 5, 6, 7],
         7      "E": [2, 4, 5, 5, 6, 6, 8, 9, 9] } )
         8  df
```

```
Out[26]:    A    B    C      D  E
         0  foo  one  small  1  2
         1  foo  one  large  2  4
         2  foo  one  large  2  5
         3  foo  two  small  3  5
         4  foo  two  small  3  6
         5  bar  one  large  4  6
         6  bar  one  small  5  8
         7  bar  two  small  6  9
         8  bar  two  large  7  9
```

1) index参数(必选)

```
In [27]: 1  #(1)index: 列名"A"作为行索引, aggfunc默认按平均值聚合
         2  table1 = pd.pivot_table(df, index = ['A'])
         3  table1
```

```
Out[27]:      D    E
         A
         bar  5.5  8.0
         foo  2.2  4.4
```

这里只给出了index =['A']，即按照列名A进行聚合，其他参数均采用默认值。列A当中出现的bar和foo两个值，作为透视表的行索引。从聚合结果可以看到，透视表不显示非数值型的数据，只对所有数值型的列计算均值。B、C两列都不是数值类型，无法进行求平均值的运算，不出现在透视表中。D、E两列为数值型，对这两列分别计算平均值。

我们可以通过dtypes查看每列的数据类型。

```
In [28]: 1  df.dtypes    # 查看每列的数据类型
Out[28]:  A    object
          B    object
          C    object
          D    int64
          E    int64
          dtype: object
```

2) values参数

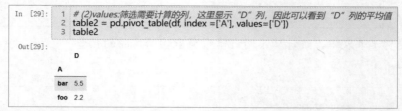

注意，因为默认的聚合方式是计算均值，所以values指定的列必须是数值型数据。

3) columns参数

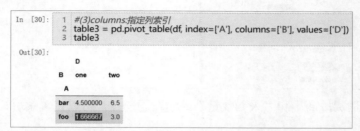

行索引是A，列索引是B，对D计算均值。因为B列出现过的值为"one""two"，所以透视表的列名为"one""two"。

透视表中行索引为foo、列名为one的位置保存的值是如何计算出来的？

计算方法：df的A列中值为foo且B列中值为one的数据，计算这些数据对应的D列中的数据均值，即(1+2+2)÷3 = 1.666667。

4) aggfunc参数

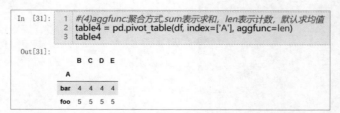

常用聚合方式有求均值(默认)、求和(sum)、求最小值(min)、求最大值(max)、计数(len)。可以对所有列进行计数，只能对数值型进行其他运算。

2. 对商品进货记录表进行数据透视

【跟我练5-27】

在商品进货记录表中，统计从不同进货厂商采购的商品的数量。

【模拟上机】

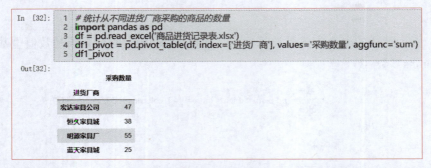

如果要将"进货厂商"和"采购数量"显示在同一行，可以重置索引，如下。

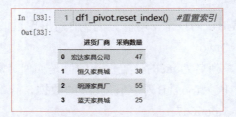

【跟我练5-28】

在商品进货记录表中，统计从不同进货厂商采购的不同型号商品的采购数量和采购费用。

【模拟上机】

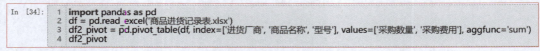

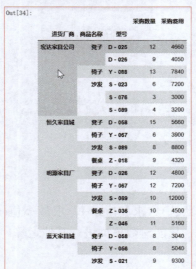

项目5 财务数据预处理

> ❖ **提示：**
> index就是层次字段，要通过透视表获取什么信息就按照相应的顺序设置字段。

【跟我练5-29】

统计从不同进货厂商采购的不同型号商品的采购数量和采购费用。

【模拟上机】

```
In [35]:  1  import pandas as pd
          2  df = pd.read_excel('商品进货记录表.xlsx')
          3  df3_pivot = pd.pivot_table(df, index=['商品名称', '型号'], columns='进货厂商', values=['采购数量','采购费用'], aggfunc='sum')
          4  df3_pivot
```

Out[35]:

		采购数量				采购费用			
	进货厂商	宏达家具公司	恒久家具城	明源家具厂	蓝天家具城	宏达家具公司	恒久家具城	明源家具厂	蓝天家具城
商品名称	型号								
凳子	D-025	12.0	NaN	NaN	NaN	4660.0	NaN	NaN	NaN
	D-026	9.0	NaN	12.0	NaN	4050.0	NaN	4800.0	NaN
	D-058	NaN	15.0	NaN	8.0	NaN	5660.0	NaN	3040.0
椅子	Y-056	NaN	NaN	NaN	8.0	NaN	NaN	NaN	5040.0
	Y-067	NaN	6.0	12.0	NaN	NaN	3900.0	7200.0	NaN
	Y-088	13.0	NaN	NaN	NaN	7840.0	NaN	NaN	NaN
沙发	S-021	NaN	NaN	NaN	9.0	NaN	NaN	NaN	9300.0
	S-023	6.0	NaN	NaN	NaN	7200.0	NaN	NaN	NaN
	S-076	3.0	NaN	NaN	NaN	3000.0	NaN	NaN	NaN
	S-089	4.0	8.0	10.0	NaN	3200.0	8800.0	12000.0	NaN
餐桌	Z-018	NaN	9.0	NaN	NaN	NaN	4320.0	NaN	NaN
	Z-036	NaN	NaN	10.0	NaN	NaN	NaN	4500.0	NaN
	Z-046	NaN	NaN	11.0	NaN	NaN	NaN	5160.0	NaN

【跟我练5-30】

将上述数据透视表中的NaN用0填充。

【模拟上机】

```
In [36]:  1  df4_pivot = pd.pivot_table(df, index=['商品名称', '型号'], columns='进货厂商', \
          2              values = ['采购数量', '采购费用'], aggfunc='sum', fill_value=0)
          3  df4_pivot
```

Out[36]:

		采购数量				采购费用			
	进货厂商	宏达家具公司	恒久家具城	明源家具厂	蓝天家具城	宏达家具公司	恒久家具城	明源家具厂	蓝天家具城
商品名称	型号								
凳子	D-025	12	0	0	0	4660	0	0	0
	D-026	9	0	12	0	4050	0	4800	0
	D-058	0	15	0	8	0	5660	0	3040
椅子	Y-056	0	0	0	8	0	0	0	5040
	Y-067	0	6	12	0	0	3900	7200	0
	Y-088	13	0	0	0	7840	0	0	0
沙发	S-021	0	0	0	9	0	0	0	9300
	S-023	6	0	0	0	7200	0	0	0
	S-076	3	0	0	0	3000	0	0	0
	S-089	4	8	10	0	3200	8800	12000	0
餐桌	Z-018	0	9	0	0	0	4320	0	0
	Z-036	0	0	10	0	0	0	4500	0
	Z-046	0	0	11	0	0	0	5160	0

5.3 数据连接与合并

实务工作中，数据源很多情况下来自多张表，如集团下属分公司上报的报表、同一家公司12个月的产品月报等。为了便于数据分析，需要将多张报表按照一定规则整合为一张大表。Pandas中提供了merge()和concat()函数用于完成数据表的连接与合并。

5.3.1 数据连接

merge()函数根据两张表中的公共列连接两张数据表。被连接的两张表可以结构完全相同，也可以不完全相同，但必须拥有一个公共列。

语法：

merge(left, right, how='inner', on=None, left_on=None, right_on=None, sort=False, suffixes=('_x', '_y'))

参数说明如下。
- left：参与合并的左侧DataFrame。
- rght：参与合并的右侧DataFrame。
- how：连接方式包括内连接inner、左连接left、右连接right和外连接outer，默认为inner。
- on：用于连接的列名。
- left_on：左侧DataFrame中用于连接键的列。
- right_on：右侧DataFrame中用于连接键的列。
- left_index：左侧DataFrame中行索引作为连接键。
- right_index：右侧DataFrame中行索引作为连接键。
- sort：合并后会对数据排序，默认为True。
- suffixes：修改重复名。

merge()函数提供了4种连接数据的方式，分别是内连接、外连接、左连接和右连接，理解连接方式的用法才能在实务工作中选择正确的连接方式。

现有简化"会计科目表.xlsx"和"科目余额表.xlsx"，两张表拥有公共列"科目编码"，在Python中读取两张表并查看。详情如下。

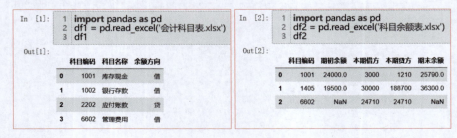

1. 内连接

内连接inner是merge()函数默认的连接方式，是取两张数据表的公共列的交集进行连接。

【跟我练5-31】

对"会计科目表"和"科目余额表"进行内连接。

【模拟上机】

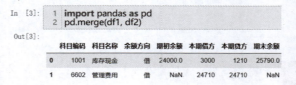

2. 外连接

外连接是取两张数据表的并集进行连接。

【跟我练5-32】

对"会计科目表"和"科目余额表"进行外连接。

【模拟上机】

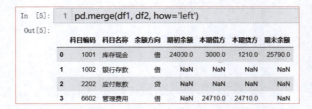

3. 左连接

左连接是以左表中公共列的值为依据进行连接。

【跟我练5-33】

对"会计科目表"和"科目余额表"进行左连接。

【模拟上机】

```
In [5]:  1  pd.merge(df1, df2, how='left')
```

Out[5]:

	科目编码	科目名称	余额方向	期初余额	本期借方	本期贷方	期末余额
0	1001	库存现金	借	24000.0	3000.0	1210.0	25790.0
1	1002	银行存款	借	NaN	NaN	NaN	NaN
2	2202	应付账款	贷	NaN	NaN	NaN	NaN
3	6602	管理费用	借	NaN	24710.0	24710.0	NaN

4. 右连接

右连接是以右表中公共列的值为依据进行连接。

【跟我练5-34】

对"会计科目表"和"科目余额表"进行右连接。

【模拟上机】

```
In [6]:  1  pd.merge(df1, df2, how='right')
Out[6]:
       科目编码  科目名称  余额方向  期初余额   本期借方  本期贷方   期末余额
   0   1001   库存现金    借   24000.0  3000   1210   25790.0
   1   1405    NaN    NaN  19500.0  30000  188700  36300.0
   2   6602   管理费用    借     NaN   24710  24710    NaN
```

5.3.2 数据合并

merge()函数是基于两个Dataframe的共同列进行合并，concat()是对多个Series或多个Dataframe进行拼接，可以横向行拼接，也可以纵向列拼接，默认为行拼接。

语法：

pd.concat(objs, axis=0, join='outer', join_axes=None, ignore_index=False, keys=None, levels=None, names=None, verify_integrity=False, sort=None, copy=True)

功能：

沿着指定的轴将多个DataFrame或Series拼接到一起。

参数说明如下。

- objs：需要合并的数据集，一般用列表传入，如[df1, df2, df3]。
- axis：默认axis=0，实现上下拼接。若希望左右拼接，则设置axis=1。
- join：拼接的方式有inner或outer。

1. 纵向连接

concat()函数常用于财务工作中集团公司对下属分公司报表汇总场景中。

【跟我练5-35】

昆泰集团下属北京、上海、广州3个分公司，分公司每月都需要向总部提交销售月报，分别存放于"北京分公司.xlsx""上海分公司.xlsx"和"广州分公司.xlsx"中，读取数据并做报表的汇总处理。

【模拟上机】

1）查看数据

```
In [7]:  1  import pandas as pd
         2  pd.set_option('display.unicode.east_asian_width', True)
         3  bj=pd.read_excel('北京分公司.xlsx')
         4  sh=pd.read_excel('上海分公司.xlsx')
         5  gz=pd.read_excel('广州分公司.xlsx')
         6  print(bj)
         7  print('------------------')
         8  print(sh)
         9  print('------------------')
        10  print(gz)
        11  print('------------------')
```

```
    产品   数量    金额
0  A产品   500   60000
1  B产品   680  102000
2  C产品    87   17400

    产品   数量    金额
0  A产品   660   79200
1  C产品   470   94000
2  D产品   120   33600

    产品   数量    金额
0  A产品   260   31200
1  B产品   830  124500
2  C产品   123   24600
3  D产品   276   77280
4  E产品   350  112000
```

2) 利用concat()函数连接三张月报

```
In [8]:  1  import pandas as pd
         2  bsg=pd.concat([bj, sh, gz])
         3  bsg
```

```
Out[8]:
    产品   数量    金额
0  A产品   500   60000
1  B产品   680  102000
2  C产品    87   17400
0  A产品   660   79200
1  C产品   470   94000
2  D产品   120   33600
0  A产品   260   31200
1  B产品   830  124500
2  C产品   123   24600
3  D产品   276   77280
4  E产品   350  112000
```

3) 利用分组统计汇总月报

```
In [9]:  1  # 利用分组统计汇总月报
         2  import pandas as pd
         3  bsg.groupby('产品', as_index=False)[['数量', '金额']].sum()
```

```
Out[9]:
    产品    数量    金额
0  A产品   1420  170400
1  B产品   1510  226500
2  C产品    680  136000
3  D产品    396  110880
4  E产品    350  112000
```

4) 利用数据透视汇总销售月报

```
In [10]:  1  # 利用数据透视来汇总分公司销售月报
          2  import pandas as pd
          3  df_pivot = pd.pivot_table(bsg, index=['产品'], values=['数量', '金额'], aggfunc='sum')
          4  df_pivot
```

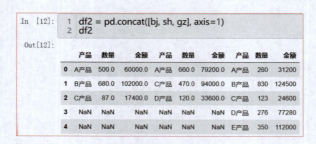

2. 横向连接

【跟我练5-36】

利用concat()函数将北京分公司、上海分公司和广州分公司的月报合并为一张表。

【模拟上机】

随堂测

一、判断题

1. 填充缺失值fillna()函数中method参数可以设置填充方向。（　　）
2. concat()函数既可以实现横向连接，又可以实现纵向连接。（　　）
3. 执行groupby()函数之前必须先进行排序。（　　）

二、单选题

1. NaN表示(　　)。
   A. 空值　　　　　　　　　　B. 缺失值
   C. 重复值　　　　　　　　　D. 异常值
2. 以下能实现排序功能的函数是(　　)。
   A. groupby()　　　　　　　　B. merge()
   C. concat()　　　　　　　　 D. sort()
3. 使用pivot_table进行数据透视时用(　　)设置行。
   A. index　　　　　　　　　　B. raw
   C. values　　　　　　　　　 D. data

三、多选题

1. 缺失值的检测方法包括( )。
   A. isnull　　　　　　　　　B. na
   C. info　　　　　　　　　　D. dropna

2. merge()函数支持的连接合并方式有( )。
   A. inner　　　　　　　　　B. left
   C. right　　　　　　　　　D. outer

3. 关于rank()函数排名，以下说法正确的是( )。
   A. 排名前需要先排序
   B. 既可以按行排名，也可以按列排名
   C. 排名字段值相同时默认按平均值排名
   D. 可以以百分比形式显示排名

四、实训题

已知某学院会计专业本学期成绩单如图5-4所示。

学号	班级	姓名	性别	大学英语	财务会计	计量经济	Excel财务应用
20200101	会计1班	王腾	男	82	78	75	90
20200102	会计1班	胡星	女	85	89	82	92
20200103	会计1班	张一山	男	68	75	70	85
20200104	会计1班	严鹏	男	72	82	77	87
20200105	会计1班	毕依晨	女	93	96	90	95
20200106	会计1班	黄桂芳	女	86	89	92	76
20200107	会计1班	沈萍	女	54	68	70	80
20200108	会计1班	李嘉欣	女	78	80	75	66
20200109	会计1班	梁天	女	90	95	88	86
20200201	会计2班	刘毅	男	91	92	95	98
20200202	会计2班	宋宇宁	男	66	75	77	82
20200203	会计2班	潘虹	女	84	87	80	90
20200204	会计2班	王丽	女	87	90	92	87
20200205	会计2班	许晴	女	72	76	85	66
20200206	会计2班	杜雪	女	69	72	78	55
20200207	会计2班	张冰冰	女	77	82	84	70
20200208	会计2班	黄旭	男	81	85	72	68
20200209	会计2班	杨超	女	85	90	88	85
20200210	会计2班	陈怡	女	74	85	90	84

图 5-4　会计专业学生成绩单

按要求完成以下任务。

1. 计算每个同学四门课程的总成绩和平均成绩，并添加到数据表中。
2. 先按照总分降序排序，总分如果相同再按照大学英语得分的降序排序。
3. 按照班级对各科成绩进行汇总，以汇总方式求平均分。
4. 按班级和性别统计"计量经济"课程的最高分、最低分和平均分。

项目 6

财务数据可视化

学习目标

- 了解Matplotlib和Pyecharts两种绘图方式的特点。
- 掌握用不同方式绘制折线图、柱状图、饼图、散点图、组合图的方法。
- 掌握常用绘图参数的设置方法。
- 具备根据不同目的选择合适图表进行数据可视化的能力。

思政目标

勇于探索实践，坚持精益求精

数据可视化通过绘制图表直观地展现财务数据，使数据更加客观、更具说服力，帮助人们快速理解和掌握财务数据，让使用者更清晰明了，决策者做决策更加快捷。学习数据可视化涉及的参数比较多，需要把数据转换为便于绘图的形式。由于图形多样使得学习相对困难，这就需要发扬勇于钻研、探索实践的学习精神，不断提高自己的能力，从中获得成长的快乐。图形的绘制既可粗略简陋，亦可精细美观，精益求精的态度是工作和学习中不可或缺的品质，这样才能不断提高自己的能力和技能。

经过数据获取、数据清洗和加工后，最终要选择以某种方式展现数据分析的结果。借助图形来清晰有效地表达信息的方式称为可视化。通过可视化展现能够让用户快速获取我们要传达的信息。数据可视化要根据数据本身的特性(如时间数据、空间数据等)和数据分析的目的(如比较、关联、分类等)来选择合适的图表。

Python中提供了多个模块用于创建可视化图表，包括matplotlib、seaborn、pyecharts、plotly、turtle等。本项目选择最常用的matplotlib和pyecharts两个模块。

6.1 学习用matplotlib绘图

6.1.1 认识matplotlib

Python中，matplotlib是广泛使用的可视化工具之一，其支持的图形种类非常多，通过matplotlib可以很方便地设计和输出二维及三维图形。官网的示例陈列馆给出了matplotlib能够绘制的图形及其代码，网址为：https://www.matplotlib.org.cn/gallery/。

matplotlib也存在不足之处，主要如下。

(1) 不支持中文，需要经过设置才能显示中文。

(2) 在绘图时，pyecharts大多是在写好的代码中添加数据、配置，而matplotlib大多数需要自行写代码，因此代码量稍多一些。

(3) 不支持交互式点击查看等操作。

6.1.2 使用matplotlib绘图入门

1. 导入模块

使用matplotlib绘图之前，需要先导入相关模块。matplotlib中包含很多子模块，其中pyplot是一个非常核心的子模块，能绘制所有的常用图形。导入命令：

```
import matplotlib.pyplot as plt
```

绘制图形时，调用plt对应函数即可。plt常用图形包括折线图plt.plot()、柱状图plt.bar()、饼图plt.pie()、散点图plt.scatter()、直方图plt.hist()、箱形图plt.boxplot()。

2. 绘制单个图形

折线图通常用来表示业务量随时间的变动趋势。折线图使用plt.plot()绘制。

语法：

plt.plot(x, y, linewidth, linestyle, color, label, marker, alpha,…)

必需参数说明如下。

- x：x轴数据。
- y：y轴数据。

可选参数说明如下。

- linewidth：线型宽度，即线条的粗细。
- linestyle：线型样式。常用的有实线(-)、虚线(--)、间断线(-.)和点状线(:)。
- color：线型颜色。常用颜色及英文对照如表6-1所示。
- label：线型标签。
- marker：标记点样式。常用样式有点(.)、圆(o)、星号(*)、左三角(<)和右三角(>)。
- alpha：线型透明度。取值范围为0~1。

表6-1 常用颜色及英文对照

颜色	英文	颜色	英文	颜色	英文
红色	red(r)	蓝色	blue(b)	暗红色	darkred
橙色	orange	紫色	purple	浅绿色	lightgreen
黄色	yellow(y)	灰色	grey	淡黄色	lightyellow
绿色	green(g)	白色	white(w)	粉红色	pink
青色	cyan(c)	黑色	black(k)	烟灰色	whitesmoke

❖ 提示：
- ◇ 英文括号中的字母是颜色简写。
- ◇ 除了可以用英文表示颜色，还可以用"#"开头的6位十六进制符号表示，如#FF0000表示红色、#5959AB表示艳蓝色、#238E68表示海绿色。

1) 绘制指定样式的折线图

【跟我练6-1】

已知北京分公司各季度销售数据如表6-2所示。绘制折线图展示销售额随时间变化的趋势。

表6-2 北京分公司各季度销售数据

季度	销售额
1	2200
2	3200
3	2800
4	3500

要求：
线型样式为间断线、线宽为2，标记点样式为圆，线型透明度为0.6。

【模拟上机】

```
In [1]: 1  import matplotlib.pyplot as plt          # 导入模块
        2  x = ['1', '2', '3', '4']                  # 设置X轴
        3  y = [2200, 3200, 2800, 3500]              # 设置Y轴
        4  plt.plot(x, y, linestyle='-.', linewidth=2, marker='o', alpha=0.6)  # 绘制折线图
        5  plt.show()                                # 显示图形
```

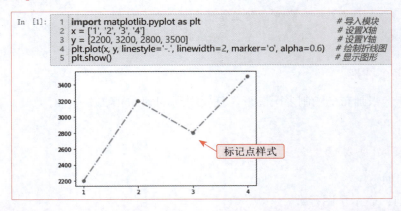

❖ 提示：
- ◇ 导入模块也可以使用from matplotlib import pyplot as plt。
- ◇ 如果设置"x = [1, 2, 3, 4]"，那么图形中x轴显示"1.0、2.0、3.0、4.0"。

2) 通过运算生成绘图的基本数据

上例中使用列表为x和y赋值，但列表不方便进行数学运算。如果x和y存在数学关系，可以通过numpy库引入一维数组进行数学运算。

【跟我练6-2】

绘制图形反映y和x的关系：y1=x+2、y2=x*2。

【模拟上机】

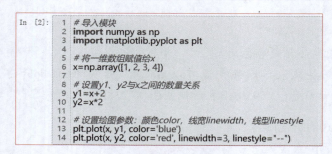

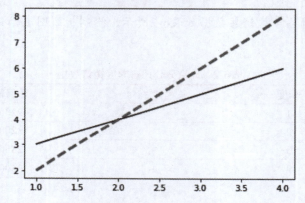

❖ 提示：
- 在pycharm中绘图，必须要加plt.show()才能显示图形。在Jupyter Notebook中绘图，可以不加这句，系统自动显示图形。
- "blue"可简写为"b"，"red"可简写为"r"。

3. 绘制多个图形

如果要在一张画布上绘制多个图形，就要用到subplot()函数。
语法：

subplot(参数1参数2参数3)

参数说明如下。
- 参数1：表示子图行数。
- 参数2：表示子图列数。
- 参数3：表示当前子图的序号。

例如，subplot(221)表示子图有2行2列(即4个子图)，当前子图为第1个。

【跟我练6-3】

练习多图的绘制方法。

【模拟上机】

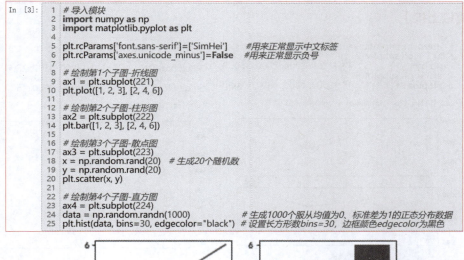

```
1  # 导入模块
2  import numpy as np
3  import matplotlib.pyplot as plt
4
5  plt.rcParams['font.sans-serif']=['SimHei']      #用来正常显示中文标签
6  plt.rcParams['axes.unicode_minus']=False        #用来正常显示负号
7
8  # 绘制第1个子图-折线图
9  ax1 = plt.subplot(221)
10 plt.plot([1, 2, 3], [2, 4, 6])
11
12 # 绘制第2个子图-柱形图
13 ax2 = plt.subplot(222)
14 plt.bar([1, 2, 3], [2, 4, 6])
15
16 # 绘制第3个子图-散点图
17 ax3 = plt.subplot(223)
18 x = np.random.rand(20)     # 生成20个随机数
19 y = np.random.rand(20)
20 plt.scatter(x, y)
21
22 # 绘制第4个子图-直方图
23 ax4 = plt.subplot(224)
24 data = np.random.randn(1000)                          # 生成1000个服从均值为0、标准差为1的正态分布数据
25 plt.hist(data, bins=30, edgecolor="black")            # 设置长方形数bins=30, 边框颜色edgecolor为黑色
```

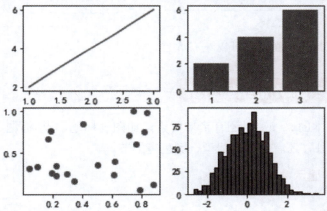

❖ 提示：
◇ randn()函数返回一个或一组样本，具有标准正态分布。
◇ 散点图和直方图的数据都是随机生成的，因此多次执行代码产生的数据不同，画出的图形也不同。
◇ 为了使图形正常显示中文和负号，需要添加第5、6行代码。

【跟我练6-4】

已知北京分公司和上海分公司各季度销售数据如表6-3所示。分别绘制折线图展现销售额随时间变化的趋势。

表6-3　各分公司销售数据

季度	北京	上海
1	2200	3000
2	3200	4800

(续表)

季度	北京	上海
3	2800	4500
4	3500	5200

【模拟上机】

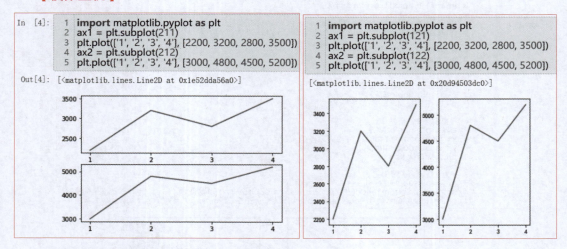

两个子图可以上下放置，也可以左右放置。

6.1.3 使用matplotlib绘图进阶

图表上除了基本的 x、y 轴，还有诸多要素，如图表标题、x 轴标题、y 轴标题、图例、刻度、背景等。另外，还有字体、线型、颜色等细节。

1. 设置标题并显示中文

1) 设置标题

标题包括图表标题(title)、x 轴标题(xlabel)和 y 轴标题(ylabel)。添加标题需要使用如下语句。

(1) 添加图表标题。

plt.title()

(2) 添加 x 轴标题。

plt.xlabel()

(3) 添加 y 轴标题。

plt.ylabel()

2) 显示中文

使用matplotlib画图时，默认不支持中文显示。若要显示中文，则需要添加如下语句。

plt.rcParams['font.sans-serif']=['字体']

常用中文字体及对应标识符如表6-4所示。

表6-4 常用中文字体及对应标识符

中文字体	标识符	中文字体	标识符
黑体	SimHei	楷体	KaiTi
宋体	SimSun	华文行楷	STXingKai
仿宋	FangSong	隶书	LiSu
华文彩云	STCaiyun	微软雅黑	Microsoft YaHei

【跟我练6-5】

使用图形法的散点图和箱形图检测"会员登记表.xlsx"中年龄的异常值。

设置标题为"检测异常值"，x轴标题为"会员号"，y轴标题为"年龄"。

【模拟上机】

1）利用散点图检测

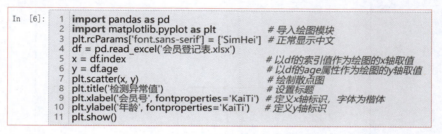

```
In [6]:  1  import pandas as pd
         2  import matplotlib.pyplot as plt              # 导入绘图模块
         3  plt.rcParams['font.sans-serif'] = ['SimHei'] # 正常显示中文
         4  df = pd.read_excel('会员登记表.xlsx')
         5  x = df.index                                  # 以df的索引值作为绘图的x轴取值
         6  y = df.age                                    # 以df的age属性作为绘图的y轴取值
         7  plt.scatter(x, y)                             # 绘制散点图
         8  plt.title('检测异常值')                         # 设置标题
         9  plt.xlabel('会员号', fontproperties='KaiTi')   # 定义x轴标识，字体为楷体
        10  plt.ylabel('年龄', fontproperties='KaiTi')     # 定义y轴标识
        11  plt.show()
```

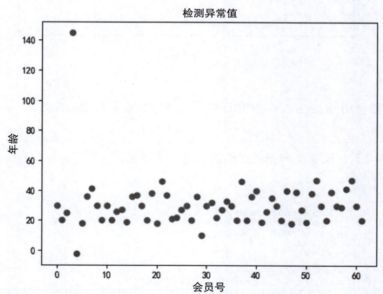

通过散点图上散点的分布能非常直观地发现异常数据。从图中可以直观地看到存在两个离群点，这两个离群点对应的数据是异常值。

2）利用箱形图检测异常值

在箱形图中，利用四分位距(IQR，上四分位与下四分位的差值)对异常值进行检测，可以直观地查看数据是否具有对称性、分布的分散程度等情况。

> ❖ 提示：
> 　　上限为"上四分位数+1.5×IQR"，下限为"下四分位数-1.5×IQR"，在上限与下限范围内的是正常值，不在该范围内的检测是异常值。

```
1  plt.boxplot(df.age)                              # 绘制箱形图
2  plt.title('检测异常值')                           # 设置标题
3  plt.xlabel('会员号',fontproperties='KaiTi')       # 定义x轴标识，字体为楷体
4  plt.ylabel('年龄',fontproperties='KaiTi')        # 定义y轴标识
5  plt.show()
```

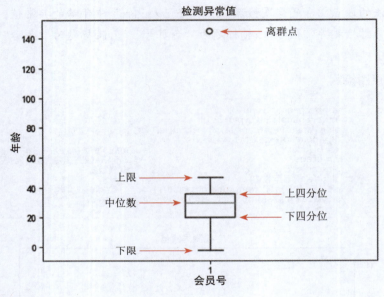

2. 添加图例

添加图例需要使用plt.legend()，添加图例前需要事先设置好label参数。

【跟我练6-6】

接【跟我练6-2】，设置图例并放置于图表左上角位置。

【模拟上机】

```
In [7]: 1  import numpy as np
        2  import matplotlib.pyplot as plt
        3  x = np.array([1, 2, 3, 4])
        4  y1 = x+2
        5  y2 = x*2
        6
        7  # 设置图例标签 label
        8  plt.plot(x, y1, color='blue', label='y1=x+2')
        9  plt.plot(x, y2, color='red', linewidth=3, linestyle="--", label='y1=x*2')
        10
        11 # 设置图例位置
        12 plt.legend(loc='upper left')
```

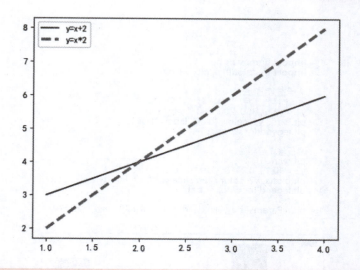

> **提示：**
> - ◆ 第12行代码的loc参数由两个单词组成：第一个单词为upper/center/lower，用于描述图例摆放位置的上/中/下；第二个单词为left/center/right，用于描述摆放位置的左/中/右，如右上，即为upper right。
> - ◆ 或者使用数字表示图例位置，如loc=2。数字与图例位置对应如下。
>
> | 2-左上upper left | 9-中央偏上upper center | 1-右上upper right |
> |---|---|---|
> | 6-中央偏左center left | 10-正中央center | 5-正右right |
> | | | 7-中央偏右center right |
> | 3-左下lower left | 8-中央偏下lower center | 4-右下lower right |

3. 设置双坐标轴

如果图表中需要呈现两组数据，即：一组代表收入变化的数据；另一组代表环比增长或占比的数据，那么这两组数据之间的数值差异就会很大，不适合在同一坐标轴上展现，这时就需要用到双坐标轴。

【跟我练6-7】

某公司6个月营业收入及占比数据如表6-5所示，制作图形展示收入变动及占比，收入用柱形图展示，占比用折线图展示。

表6-5 收入及占比

月份	收入	占比
1月	300	0.19
2月	380	0.24
3月	200	0.13
4月	150	0.10
5月	180	0.12
6月	350	0.22

【模拟上机】

```
In [8]:  1  import numpy as np
         2  import matplotlib.pyplot as plt
         3
         4  # 绘制第1个图形
         5  x = ['1月', '2月', '3月', '4月', '5月', '6月']
         6  y1 = [300, 380, 200, 150, 180, 350]
         7  plt.bar(x, y1, color='blue', label='收入')
         8  plt.legend(loc='upper left')
         9
        10  # 设置双坐标轴
        11  plt.twinx()
        12  y2 = [0.19, 0.24, 0.13, 0.10, 0.12, 0.22]
        13  plt.plot(x, y2, color='red', linewidth=3, linestyle="--", label='占比')
        14  plt.legend(loc='upper right')
        15
        16  plt.rcParams['font.sans-serif']=['SimHei']   # 正常显示中文
```

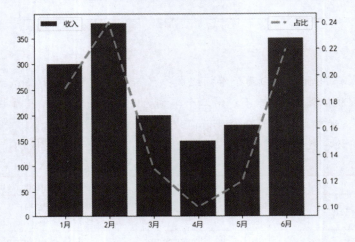

❖ 提示：

　　如果设置了双坐标轴，那么添加图例时，每画一个图就要添加一次图例，不能在最后统一添加。

4. 绘制堆叠柱状图

　　与并排显示分类的分组柱状图不同，堆叠柱状图将每个柱条进行分割以显示相同类型下各个数据的大小情况。堆叠柱状图常用来对比分类数据的数值大小。

【跟我练6-8】

　　绘制堆叠柱状图，用来显示各公司业务完成对比。各公司业务完成情况存储在"目标及实际完成情况统计.xlsx"中。

【模拟上机】

1) 读取数据表

```
1  import pandas as pd
2  data = pd.read_excel('目标及实际完成情况统计.xlsx')
3  data
```

	公司名称	目标	完成
0	A公司	2417	1183
1	B公司	2419	1375
2	C公司	2331	605
3	D公司	2371	966
4	E公司	2291	2685
5	F公司	2711	875

2) 绘制堆叠柱状图

```
1  from matplotlib import pyplot as plt
2  import pandas as pd
3  plt.rcParams['font.sans-serif']=['SimHei']    # 设置字体,避免中文乱码
4  data = pd.read_excel('目标及实际完成情况统计.xlsx')
5  x = data['公司名称']        # "公司名称"列作X轴的数据
6  y1 = data['目标']            # "目标"列数据系列1的数据
7  y2 = data['完成']            # "完成"列数据系列2的数据
8  plt.bar(x, y1,width=0.4, label='目标', edgecolor='darkblue', color='green')
9  plt.bar(x, y2,width=0.4, label='完成', edgecolor='darkblue', color='yellow', alpha=0.6)
10 for x,y in enumerate(y1):
11     plt.text(x, y, '%s'%y, ha='center', va='bottom')
12 for x,y in enumerate(y2):
13     plt.text(x, y, '%s'%y, ha='center', va='bottom')
14 plt.title('目标与完成情况')
15 plt.legend(loc=2, ncol=2)
16 plt.show()
```

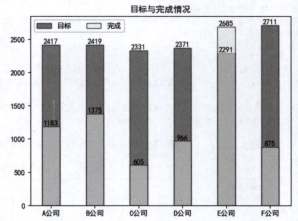

先绘制的"目标"系列位于下层,后绘制的"完成"系列位于上层。第9行代码的参数alpha是透明度,取值范围在0~1,取值为0表示完全透明(不显示),取值为1表示不透明(默认值),遮盖下层的图形。如果"目标"系列是不透明的,E公司的"目标"值就完全被遮挡了,看不到两者的对比情况。因此,这里将alpha的值设为0.6,能够显示出下层的"目标"系列。

绘制柱状图时,默认柱体的底部都是与Y=0的位置对齐。因此,"目标"和"完成"的柱体有一部分是重叠的。如果想要第二个数据系列y2的柱体底部与第一个数据系列y1的

柱体顶部对齐，需要把y2的bottom参数设置为第一个数据系列的列表名称y1。

```
plt.bar(x, y1,width=0.4, label='目标', edgecolor='darkblue', color='green')
plt.bar(x, y2,width=0.4, label='完成', edgecolor='darkblue', color='yellow', bottom=y1)
```

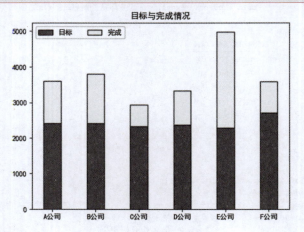

5. 绘制并列柱状图

在绘制并列的柱状图中，要控制好每个柱体的位置和大小，可以使用width属性设置柱体的宽度。

【跟我练6-9】

绘制并列柱状图，对比显示产品1和产品2近五年的销量。

【模拟上机】

```
In [9]: 1  from matplotlib import pyplot as plt
        2  plt.rcParams['font.sans-serif']=['SimHei']     # 设置字体，避免中文乱码
        3  x = ["2018年","2019年","2020年","2021年","2022年"]
        4  y1 = [173, 200, 218, 230, 258]
        5  y2 = [118, 158, 198, 226, 286]
        6  x1_width = range(0,len(x))                     # 第1个系列的柱体位置
        7  x2_width = [i+0.4 for i in x1_width]           # 第2个系列的柱体位置=第1个系列柱体位置+柱体宽度
        8
        9  plt.bar(x1_width, y1, fc="green", width=0.4, label="商品1")   # width是柱体宽度
       10  plt.bar(x2_width, y2, fc="yellow", width=0.4, label="商品2")
       11  plt.legend()
       12  plt.xticks(range(0,5),x)  # 设置x轴的刻度标签，用列表x取代原有的数字0~4
       13  plt.show()
```

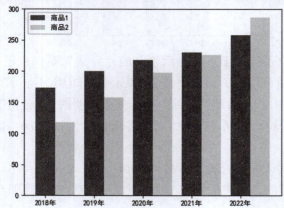

> **❖ 提示:**
> 第9、10行的柱体宽度参数width的取值不能大于0.5，否则相邻柱体会发生重叠。

6. 绘制饼图

饼图(pie plot)或称饼状图，是日常工作、商业活动、数据分析等领域中应用广泛的数据展示方式之一，用于表示不同分类的占比情况。饼图通过将一个圆饼按照分类的占比划分为多个扇形区块，整个圆饼代表数据的总量，每个扇区表示该分类占总体的比例大小，所有区块的加和等于100%。

函数：

matplotlib.pyplot.pie(x, explode=None, labels=None, colors=None, autopct=None, pctdistance=0.6, shadow=False, labeldistance=1.1, startangle=0, radius=1, counterclock=True, wedgeprops=None, textprops=None, center=(0, 0), frame=False, rotatelabels=False, *, normalize=True, data=None)

常用参数说明如下。
- x：指定绘图的数据，每份数据会按照x/sum(x)的比例进行划分。
- explode：指定饼图某些部分的突出显示，即呈现爆炸式。
- labels：为饼图添加标签说明，类似于图例说明。
- colors：指定饼图的填充色。
- autopct：设置各个扇形百分比显示格式，如%d%%为整数百分比、%0.1f为一位小数、%0.1f%%为一位小数百分比、%0.2f%%为两位小数百分比。
- pctdistance：设置百分比标签与圆心的距离。
- shadow：是否添加饼图的阴影效果。
- labeldistance：设置各扇形标签(图例)与圆心的距离。
- startangle：设置饼图的初始摆放角度。
- radius：设置饼图的半径大小。
- counterclock：是否让饼图按逆时针顺序呈现。
- wedgeprops：设置饼图内外边界的属性，如边界线的粗细、颜色等。
- textprops：设置饼图中文本的属性，如字体大小、颜色等。
- center：指定饼图的中心点位置，默认为原点。
- frame：是否要显示饼图背后的图框，如果设置为True，需要同时控制图框x、y轴的范围和饼图的中心位置。

关于饼图的详细内容请见官网，网址为：https://matplotlib.org/stable/api/_as_gen/matplotlib.pyplot.pie.html。

【跟我练6-10】

绘制饼图，对比商品销量。

【模拟上机】

```
In [10]:  1  import matplotlib.pyplot as plt
          2  plt.rcParams['font.sans-serif'] = ['SimHei']    # 指定字体，正确显示中文
          3  goods = ['洗衣机', '冰箱', '空调', '电扇']
          4  rates = [150, 300, 450, 100]
          5  ex = (0, 0.1, 0, 0)    # 第二个区块（'冰箱'）向外突出
          6  plt.pie(rates, explode=ex, labels=goods, autopct='%0.1f%%', shadow=True)
          7  plt.show()
```

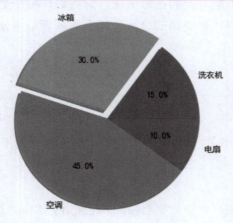

6.2 学习用pyecharts绘图

6.2.1 认识pyecharts

pyecharts是基于Echarts开发的，Echarts是一个由百度开源的数据可视化工具。pyecharts实际上就是Echarts与Python的对接，支持30+种图表，凭借着良好的交互性，精巧的图表设计，得到了众多开发者的认可。

相比于matplotlib，该模块的文档全部由中文撰写，对英文弱的开发者友好。

缺点是不支持使用Pandas中的Series数据，需要转换为list才可以使用。

6.2.2 使用pyecharts绘图入门

与matplotlib相比，pyecharts生成的图表是html格式，可以动态显示鼠标指向位置的文字和数据。

1. 安装并导入模块

因为Anaconda中没有集成pyecharts库，所以需要自行安装。在交互模式或Jupyter Notebook中都可以安装模块。

1）在交互模式下安装

在交互模式下安装pyecharts的命令如下。

```
pip install pyecharts
```

2) 在Jupyter Notebook中直接安装

在Jupyter Notebook中直接安装pyecharts命令如下。

```
!pip install pyecharts
```

使用pyecharts绘图之前，需要先导入相关子模块。pyecharts中包含很多子模块，其中charts子模块中包含了各种各样的图类。

2. 使用pyecharts绘制基本图形

pyecharts是一个全新的可视化绘图工具，它的绘图逻辑完全不同于matplotlib。使用pyecharts绘图的基本步骤如下。

1) 选择图表类型

根据题意，选择适合的图表类型作图，从charts模块中直接导入该图表类型，命令如下。

```
from pyecharts.charts import 函数名
```

以折线图为列，导入如下语句。

```
from pyecharts.charts import Line
```

pyecharts中的常用图形如表6-6所示。

表6-6 pyecharts中的常用图形

函数	图形	函数	图形
Bar	柱形图/条形图	Gauge	仪表盘
Line	折线图/面积图	Tree	树图
Scatter	散点图	Sankey	桑基图
Pie	饼图	Funnel	漏斗图
Radar	雷达图	Heatmap	热力图
Kline	K线图	Polar	极坐标图
Map	地图	WordCloud	词云图
3DBar	3D柱形图	Liquid	水球图

2) 声明图形类

每个图形库都被封装为一个类，这就是所谓的面向对象，在使用一个类时，需要实例化该类。声明类之后，相当于初始化了一个画布。

通常，第1步选择了什么图形，就要实例化该图形的类，例如，第1步选择了折线图，则实例化折线图类的命令如下。

```
Line()
```

3) 添加数据

实例化类后，接下来就是添加数据。

折线图、散点图等既有x轴也有y轴，因此需要给x轴和y轴添加数据。命令如下。

```
.add_xaxis(xaxis_data=x)
.add_yaxis(series_name='', yaxis_data=y)
```

参数说明如下。

- series_name：指定数据系列的名称。该参数必须有，可以是一个空字符串(即两个连续的英文单引号)，不写会报错。
- x：为x轴添加的数据。
- y：为y轴添加的数据。

4) 设置配置项

设置配置项在绘图进阶中介绍。

5) 显示及保存图表

在Jupyter Notebook中调用.render_notebook()可直接显示图表，调用.render()可保存图表。render()默认在当前工作目录下生成一个html文件，支持path参数，进行自定义文件保存位置，如render("d:\\my_chart.html")。注意，html文件可以直接使用浏览器打开。

【跟我练6-11】

华泰公司2018—2023年销售数据如表6-7所示。

表6-7 华泰公司2018—2023年销售数据

单位：万元

年份	2018	2019	2020	2021	2022	2023
销售额	180	200	190	160	220	260

用pyecharts绘制折线图展示发展趋势。

【模拟上机】

```
In [1]: 1  # 选择图表类型：折线图，直接从charts模块中导入Line图表类型
        2  from pyecharts.charts import Line
        3  line = Line()    # 实例化一个折线图类
        4
        5  # 根据已知条件设置数据
        6  x = ['2018','2019','2020','2021','2022','2023']
        7  y = [180,200,190,160,220,260]
        8
        9  # 分别给x轴和y轴添加数据
       10  line.add_xaxis(x)
       11  line.add_yaxis('销量',y)
       12
       13  line.render('d:\\6-8.html')  # 保存折线图
```

划重点：

pyecharts的所有方法支持链式调用。链式调用的作用是简化同一对象多次访问的代码量。例如，上题代码用链式调用可改写如下。

```
In [2]: 1  # 选择图表类型：折线图，直接从charts模块中导入Line图表类型
        2  from pyecharts.charts import Line
        3
        4  # 根据已知条件设置数据
        5  x = ['2018','2019','2020','2021','2022','2023']
        6  y = [180,200,190,160,220,260]
        7
        8  # 添加x轴、y轴及折线图数据
        9  Line().add_xaxis(x).add_yaxis('销量',y).render('d:\\6-8.html')
```

像饼图、地图这样没有x、y轴区分的图形，直接使用add()方法添加即可。

【跟我练6-12】

已知各分公司销售额如表6-8所示，制作饼图展示销售收入构成情况。

表6-8 各分公司销售额

分公司	北京	上海	广州	天津	成都
销售额/万元	12 714	18 585	10 410	6258	8210

【模拟上机】

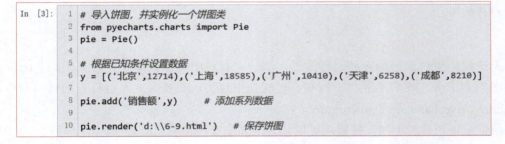

```
In [3]:  1  # 导入饼图，并实例化一个饼图类
         2  from pyecharts.charts import Pie
         3  pie = Pie()
         4
         5  # 根据已知条件设置数据
         6  y = [('北京',12714),('上海',18585),('广州',10410),('天津',6258),('成都',8210)]
         7
         8  pie.add('销售额',y)      # 添加系列数据
         9
        10  pie.render('d:\\6-9.html')    # 保存饼图
```

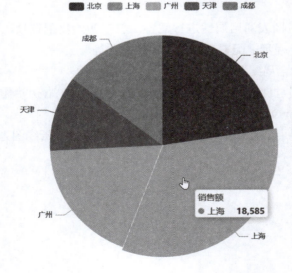

> ❖ **提示：**
> ◇ pyecharts支持动态交互，将鼠标移动到上海所在饼块，系统自动显示上海销售额，如上图所示。
> ◇ pyecharts只支持列表、元组等原生数据类型，不支持DataFrame等数据形式。

6.2.3 使用pyecharts绘图进阶

pyecharts提供了灵活的配置项和多种图表类型，满足用户多方面的绘图需求。

1. 理解配置项

设置配置项的作用是让图形更具个性化、更生动直观，常用的有标题配置项、图例配置项、工具箱配置项、视觉映射配置项、提示框配置项、区域缩放配置项等。总的来说，设置配置项就是调节各种各样的参数，让图形变得更好看。

默认情况下只有图例配置项和提示框配置项是显示的，其他配置项需要我们自己设置。

2. 导入配置项子模块

所有配置项的使用，都是在options子模块下。因此，设置配置项之前，需要导入该模块，命令如下：

```python
import pyecharts.options as opts
```

无论我们想对图形的哪处进行改进，都一定有对应的参数进行处理。因此，options配置项参数非常多，我们不能一一列举，只能管中窥豹，需要时大家自行查询官网即可，网址为https://pyecharts.org/#/zh-cn/intro。

根据配置内容的不同，配置项可以分为全局配置项和系列配置项。

3. 学用全局配置项

全局配置项用来对图表通用属性进行配置，包括初始化配置项、标题配置项、图例配置项、坐标轴配置项、提示框配置项、工具箱配置项等。

pyecharts中的常用全局配置项如图6-1所示。

全局配置项可以通过调用set_global_options()方法进行设置(初始化配置项设置除外)。

1) 初始化配置项InitOpts

初始化配置项主要用于设置画布的大小、图表主题等。以折线图为例，配置语句如下：

```python
Line(init_opts=opts.InitOpts())
```

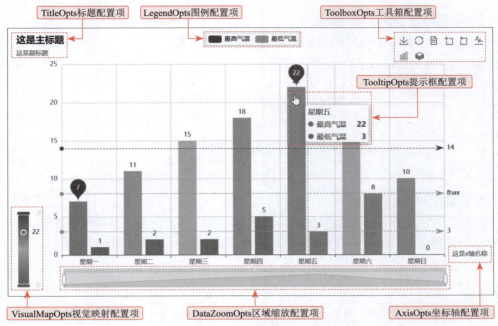

图 6-1 pyecharts 中的常用全局配置项

初始化配置项常用参数如表6-9所示。

表6-9 初始化配置项常用参数

配置项	说明
width	设置画布宽度
height	设置画布高度
theme	设置图表主题
bg_color	设置图表背景颜色
chart_id	图表ID是图表的唯一标识，用于区分多图表

例如，设置画布宽为1700px、高为750px，图表主题为暗黑风。语句如下。

```
Line(init_opts=opts.InitOpts(width="1700px", height="750px",
theme=ThemeType.DARK)
```

2) 标题配置项TitleOpts

TitleOpts配置项主要用于设置图表的标题位置、标题文本等。

标题配置项TitleOpts常用参数如表6-10所示。

表6-10 标题配置项TitleOpts常用参数

配置项	说明
title	主标题文本，支持"\n"换行
subtitle	副标题文本，支持"\n"换行
item_gap	主副标题之间的间距
title_textstyle_opts	主标题字体样式
subtitle_textstyle_opts	副标题字体样式

3) 图例配置项LegendOpts

图例配置项主要用于设置图例是否显示、图例的位置。

图例配置项LegendOpts常用参数如表6-11所示。

表6-11　图例配置项LegendOpts常用参数

配置项	说明
is_show	是否显示图例
orient	图例的布局，可选horizontal或vertical
type_	图例类型。plain为普通图例，scroll为滚动图例

4) 坐标轴配置项AxisOpts

坐标轴配置项主要用于设置坐标轴是否显示、坐标轴的位置、坐标轴类型等。

坐标轴配置项AxisOpts常用参数如表6-12所示。

表6-12　坐标轴配置项AxisOpts常用参数

配置项	说明
type_	坐标轴类型。可选value(默认)、category、time、log
name	坐标轴名称
name_location	坐标轴名称显示位置。可选start、middle(或center)、end(默认)
name_gap	坐标轴名称与轴线之间的距离
is_show	是否显示x轴
position	第一个x轴的位置。可选top、bottom(默认，即在下方)。如果有第二个x轴，位置在第一个x轴的另一侧

5) 提示框配置项TooltipOpts

提示框配置项主要用于设置提示框是否显示、提示框的位置。

提示框配置项TooltipOpts常用参数如表6-13所示。

表6-13　提示框配置项TooltipOpts常用参数

配置项	说明
is_show	是否显示提示框
axis_pointer_type	指示器类型。line：直线指示器；shadow：阴影指示器；cross：十字准星指示器；none：无指示器
trigger	触发类型。item：数据项图形触发；axis：坐标轴触发；none：不触发

6) 工具箱配置项ToolboxOpts

工具箱配置项主要用于设置工具箱是否显示、工具箱的位置。

工具箱配置项ToolboxOpts常用参数如表6-14所示。

表6-14　工具箱配置项ToolboxOpts常用参数

配置项	说明
is_show	是否显示工具箱
orient	工具箱的布局，可选horizontal或vertical
pos_left/right	工具箱离容器左侧/右侧的距离

(续表)

配置项	说明
pos_top/middle/bottom	工具箱离容器上端/中间/底端的距离。参数值可以是绝对数值，也可以是相对数值

【跟我练6-13】

已知华泰公司2018—2023年管理费用数据如表6-15所示。绘制折线图反映费用变化趋势。

表6-15　华泰公司2018—2023年管理费用

年份	2018	2019	2020	2021	2022	2023
管理费用	66	70	80	75	90	110

要求：

- 设置画布宽为20cm、高为12cm。
- 主标题设置为"管理费用变化趋势"，副标题设置为"2018—2023年"。
- 显示图例，图例距离上端的相对位置5%。
- 显示x轴，x轴标题为"年份"。
- 显示提示框，指示器类型——line；数据项图形触发。
- 显示工具箱，工具箱距离右侧的相对位置80%。

【模拟上机】

```python
# 导入折线图类和options模块
from pyecharts.charts import Line
from pyecharts import options as opts

# 根据已知条件设置数据
x = ['2018', '2019', '2020', '2021', '2022', '2023']
y = [66, 70, 80, 75, 90, 110]

# 实例化一个折线图类并设置画布大小
line = Line(init_opts=opts.InitOpts(width='20cm', height='12cm'))

# 分别给x轴和y轴添加数据
line.add_xaxis(x)
line.add_yaxis('管理费用', y, color='red')

# 设置全局配置项
line.set_global_opts(
    title_opts = opts.TitleOpts(title='管理费用变化趋势', subtitle='2018年-2023年'),          # 设置主、副标题
    tooltip_opts = opts.TooltipOpts(is_show=True,axis_pointer_type="line",trigger="axis"), # 显示提示框
    toolbox_opts = opts.ToolboxOpts(is_show=True, pos_left='80%'),      # 显示工具箱，工具箱距离右侧的相对位置80%
    xaxis_opts = opts.AxisOpts(is_show=True, name='年份'),               # 设置坐标轴：显示x轴，x轴标题为"年份"
    legend_opts = opts.LegendOpts(is_show=True, pos_top='5%')           # 设置图例：显示图例，图例距离上端的相对位置5%
)
line.render_notebook()    # 显示折线图
```

4. 学用系列配置项

系列配置项是针对图表中的数据系列的属性进行配置，包括图元样式配置项、标签配置项、线型配置项、标记点配置项等。

系列配置项可以通过调用set_series_opts()方法进行设置。

1) 图元样式配置项ItemStyleOpts

ItemStyleOpts图元样式配置项主要用于设置图元的颜色、边线的颜色、宽度、图形透明度等。

2) 标签配置项LabelOpts

LabelOpts配置项主要用于设置是否显示图表标签、设置标签字体、字号等。

标签配置项LabelOpts常用参数如表6-16所示。

表6-16　标签配置项LabelOpts常用参数

配置项	说明
is_show	是否显示标签
color	设置标签颜色
font_size	设置标签文字大小
font_family	设置标签文字的字体

3) 线样式配置项LineStyleOpts

LineStyleOpts线样式配置项主要用于设置线的颜色、宽度、线型等外观样式。

线样式配置项LineStyleOpts常用参数如表6-17所示。

表6-17　线样式配置项LineStyleOpts常用参数

配置项	说明
is_show	是否显示标签
color	设置线型颜色
width	设置线型宽度

(续表)

配置项	说明
type_	线的类型，实线-solid、虚线-dashed、点线-dotted
opacity	图形透明度，取值范围在0～1

4) 标记点配置项MarkPointOpts

MarkPointOpts标记点配置项主要用于设置标记点样式。

标记点配置项MarkPointOpts常用参数如表6-18所示。

表6-18　标记点配置项MarkPointOpts常用参数

配置项	说明
name	标注点名称
type_	标注类型。可选最大值-max、最小值-min、平均值-average

【跟我练6-14】

接【跟我练6-13】，进行以下系列配置项的设置。

- 标签配置项：显示标签，设置标签字体为黑体，字号20。
- 线型配置项：线型为虚线，线宽为6。
- 标记点配置项：显示最大值，标记点名称为最大值。

【模拟上机】

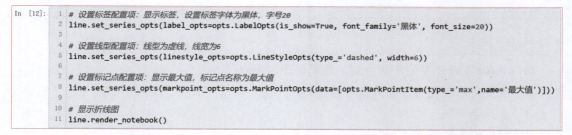

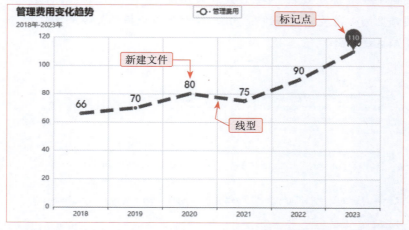

上述代码中，line.set_series_opts是可以省略的。以下代码能达成同样效果。

```
1   # 设置标签配置项: 显示标签, 设置标签字体为黑体, 字号20
2   label_opts=opts.LabelOpts(is_show=True,font_family='黑体',font_size=20)
3
4   # 设置线型配置项: 线型为虚线, 线宽为6
5   linestyle_opts=opts.LineStyleOpts(type_='dashed',width=6)
6
7   # 设置标记点配置项: 显示最大值, 标记点名称为最大值
8   markpoint_opts=opts.MarkPointOpts(data=[opts.MarkPointItem(type_='max',name='最大值')])
9
10  line.render_notebook()      # 显示折线图
```

5. 学用图表配置项

除了全局配置项和系列配置项,对不同的图表也可以进行个性化设置。以饼图为例,可以设置饼图的半径、饼图的中心坐标、系列标签的颜色等。

饼图的常用配置项如表6-19所示。

表6-19　饼图的常用配置项

配置项	说明
color	系列标签颜色
radius	饼图的半径。数组的第1项是内半径,第2项是外半径,默认设置成百分比
center	饼图的中心坐标。数组的第1项是横坐标,第2项是纵坐标,默认设置成百分比
rosetype	是否展现为南丁格尔玫瑰图。 • radius模式: 扇区圆心角展现数据的百分比,半径展现数据的大小; • area模式: 所有扇区圆心角相同,仅通过半径展现数据的大小
is_clockwise	饼图的扇区是否按顺时针排布,参数值为True时,扇区顺时针排布

【跟我练6-15】

仍以表6-8各分公司销售额为例,绘制饼图。要求:

- 设置饼图标题为"各分公司销售占比一览",居中显示。
- 不显示图例。
- 饼图内半径设置为30%,外半径设置为70%。
- 饼图扇区圆心角展现数据的百分比,半径展现数据的大小。
- 饼图扇区逆时针排布。

【模拟上机】

```
In [12]:
1   # 导入饼图类和options模块, 并实例化一个饼图对象
2   from pyecharts.charts import Pie
3   from pyecharts import options as opts
4   pie = Pie()
5
6   # 根据已知条件设置饼图系列数据
7   y = [('北京',12714),('上海',18585),('广州',10410),('天津',6258),('成都',8210)]
8
9   # 添加系列数据
10  pie.add('销售额',y,radius=['30%','70%'],rosetype='radius',is_clockwise=False)
11
12  # 设置饼图主标题
13  pie.set_global_opts(title_opts=opts.TitleOpts(title='各分公司销售占比一览',pos_left='center'),
14                      legend_opts=opts.LegendOpts(is_show=False))
15
16  pie.render_notebook()
```

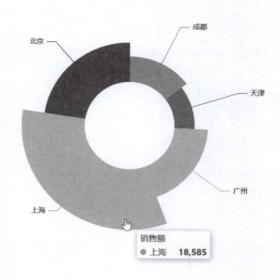

6. 绘制层叠图

层叠图是指在同一个视觉区叠加多个图形。在 pyecharts 中绘制层叠图时，可以先分别绘制需叠加的图形，然后使用 overlap() 方法将各个图形叠加在一起。例如，柱形图与折线图叠加，命令如下。

```
bar.overlap(line)
```

进行层叠图绘制时，通常要设置双坐标轴，设置双坐标轴的作用有时是为了图形美观，有时是因为要表达的两组数据的取值差异过大不宜用一个坐标轴表达。

【跟我练6-16】

已知某家电直播平台2021—2022年家电销量及增长率存储在"家电销售统计.xlsx"中，如表6-20所示。

表6-20　2021—2022年家电销量及增长率

产品	2021年销量	2022年销量	增长率/%
电视	8400	10 110	20.36
冰箱	3950	4500	13.92
空调	1390	2888	107.77
洗衣机	1560	1680	7.69
热水器	780	2000	156.41
洗地机	10 530	12 920	22.70

分别绘制家电销量的柱形图和增长率的折线图，并使用 overlap() 方法将图形叠加起来。具体绘图要求见【模拟上机】。

【模拟上机】

1) 绘图准备(导入相关模块，读取Excel文件)

```python
1  # 导入模块
2  import pandas as pd
3  from pyecharts import options as opts
4  from pyecharts.charts import Bar,Line
5
6  data = pd.read_excel('家电销售统计.xlsx')    # 从Excel文件中读取数据
7  data
```

	产品	2021年销量	2022年销量	增长率%
0	电视	8400	10110	20.36
1	冰箱	3950	4500	13.92
2	空调	1390	2888	107.77
3	洗衣机	1560	1680	7.69
4	热水器	780	2000	156.41
5	洗地机	10530	12920	22.70

2) 绘制柱形图

```python
1  bar = ( Bar(init_opts=opts.InitOpts(width="1000px", height="500px"))      # 设置画布大小
2         .add_xaxis(data['产品'].tolist())                                   # 设置柱形图的X轴,必须写.tolist()
3         .add_yaxis(series_name="2021年销量",                                 # 图例中系列1显示的文字
4                    y_axis=data['2021年销量'].tolist(),                       # 系列1的数据来源
5                    label_opts=opts.LabelOpts(is_show=True,position='top')) # 数字标签1显示位置: 柱子上方
6         .add_yaxis(series_name="2022年销量",                                 # 图例中系列2显示的文字
7                    y_axis=data['2022年销量'].tolist(),                       # 系列2的数据来源
8                    label_opts=opts.LabelOpts(is_show=True,position='top'), # 数字标签2显示位置: 柱子上方
9                    itemstyle_opts=opts.ItemStyleOpts(color="black"))       # 系列2的柱子颜色(系列1为默认颜色)
10        .extend_axis(                                                       # 设置副坐标轴(即右侧Y轴)
11            yaxis=opts.AxisOpts(name="增长率(%)", type_="value",
12                                min_=-200, max_=200,                        # Y轴取值的最大值、最小值
13                                axistick_opts=opts.AxisTickOpts(is_show=True),   # 坐标轴的刻度是否显示
14                                axisline_opts=opts.AxisLineOpts(is_show=True),   # 显示轴线
15            ))
16        .set_global_opts(title_opts=opts.TitleOpts(title="2022年家电销量及增长率",  # 主标题
17                                                   title_textstyle_opts=opts.TextStyleOpts(font_size=20),  # 主标题字号
18                                                   pos_left='center'),       # 位置居中
19                         tooltip_opts=opts.TooltipOpts(trigger="axis",axis_pointer_type="cross"),  # 鼠标交叉十字显示
20                         legend_opts=opts.LegendOpts(pos_left="15%",          # 图例位置: 离容器左侧的距离是是容器高宽的15%
21                                                     orient='vertical'),     # 图例布局: 垂直排列(默认是水平排列)
22                         yaxis_opts=opts.AxisOpts(name="销量",                # Y轴名称 (左侧纵坐标轴)
23                                                  max_=41000,                # 最大取值,如果不设置则自动根据数据确定y轴最大值
24                                                  type_="value",             # 类别是数值轴,用来显示数值
25                                                  axistick_opts=opts.AxisTickOpts(is_show=True),   # 坐标轴商的刻度是否显示
26                                                  axisline_opts=opts.AxisLineOpts(is_show=True),   # 显示Y轴线
27                                                  splitline_opts=opts.SplitLineOpts(is_show=True), # Y轴网格线是否显示
28        )))
```

3) 绘制折线图并组合图表

```python
35  # 绘制折线图
36  line = (
37      Line(init_opts=opts.InitOpts(width="1000px", height="500px"))                    # 设置图表大小
38      .add_xaxis(data['产品'].tolist())                                                  # 设置线形图的x轴
39      .add_yaxis("2022年增长率",                                                          # 折线的图例显示的文字
40                 data['增长率%'],                                                         # 系列数据
41                 symbol_size=10,                                                       # 标识的大小
42                 is_smooth=True,                                                        # 光滑曲线
43                 yaxis_index=1,              # 使用的Y轴的index, 左侧Y轴index为0, 右侧Y轴的index为1
44                 label_opts=opts.LabelOpts(position='bottom',formatter="{c}%",color='#28527a'), # 数据标签
45                 linestyle_opts=opts.LineStyleOpts(width=3,color='red'),                # 线宽度和颜色
46                 itemstyle_opts=opts.ItemStyleOpts(border_width=3, border_color='red', color='red'), # 标识的颜色
47      )
48  )
49
50  # 组合并展示图表
51  bar.overlap(line)
52  bar.render_notebook()
```

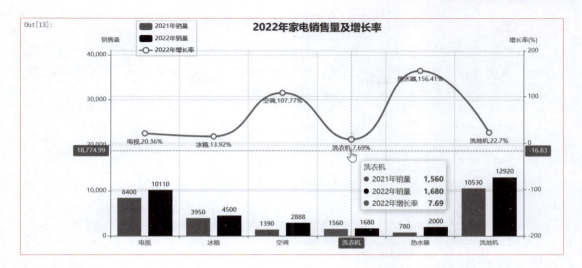

划重点：

第2、4、7、38行代码的数据来源于DataFrame的某一列，这样得到的数据类型为series。pyecharts不支持series数据，需要转换为list才可以使用。

本例中销售量和增长率的取值范围有较大差异，所以采用双坐标轴(两个y轴)绘图。柱状图对应的是左侧的y轴，折线图对应的是右侧的y轴(副坐标轴)。对左侧的y轴设置了最大取值，右侧的y轴设置最大和最小值，这样可以调整柱状图和曲线图的相对位置。

4) 副坐标轴的作用

【跟我练6-17】

不设置右侧y轴的最小值，观察显示效果。

【模拟上机】

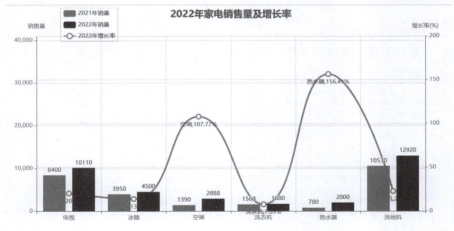

> **提示：**
> 注释第12行代码。如果不设置右侧y轴的最小值，就会自动设置最小值为0，柱状图和折线图重叠在一起，折线图被遮挡，影响显示效果，不够美观。如果的确需要这样做，可以把折线图显示在柱状图的上层，设置z=2即可。

```python
# 绘制折线图
line = (
    Line(init_opts=opts.InitOpts(width="1000px", height="500px"))      # 设置图表大小
    .add_xaxis(data['产品'].tolist())                                   # 设置线形图的x轴
    .add_yaxis("2022年增长率",                                          # 折线的图例显示的文字
               data['增长率%'],                                         # 系列数据
               symbol_size=10,                                         # 标识的大小
               is_smooth=True,                                         # 光滑曲线
               yaxis_index=1,            # 使用的Y轴的index，左侧Y轴index为0，右侧Y轴的index为1
               label_opts=opts.LabelOpts(position='bottom',formatter="{c}%",color='#28527a'), # 数据标签
               linestyle_opts=opts.LineStyleOpts(width=3,color='red'),  # 线宽度和颜色
               itemstyle_opts=opts.ItemStyleOpts(border_width=3, border_color='red', color='red'), # 标识的颜色
               z=2       ################ 将折线图显示在柱状图上层
)
```

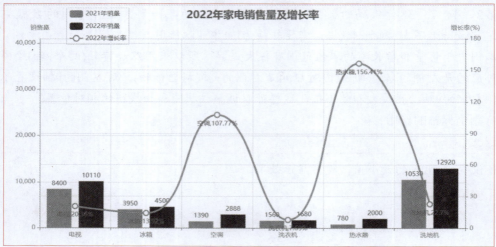

7. 绘制条形图

【跟我练6-18】

读取"家电销售统计.xlsx"文件，绘制条形图，比较各产品2021年和2022年的销量。

【模拟上机】

```python
In [17]: 1  from pyecharts import options as opts
         2  from pyecharts.charts import Bar
         3
         4  data = pd.read_excel('家电销售统计.xlsx')
         5  c = (
         6      Bar()
         7      .add_xaxis(data['产品'].tolist())
         8      .add_yaxis('2021年销量', data['2021年销量'].tolist())
         9      .add_yaxis('2022年销量', data['2022年销量'].tolist())
        10      .reversal_axis()          # 条形图就是将柱状图的坐标轴反转
        11      .set_series_opts(label_opts=opts.LabelOpts(position="right"))   # 数据标签放在条形图右侧
        12  )
        13  c.render_notebook()
```

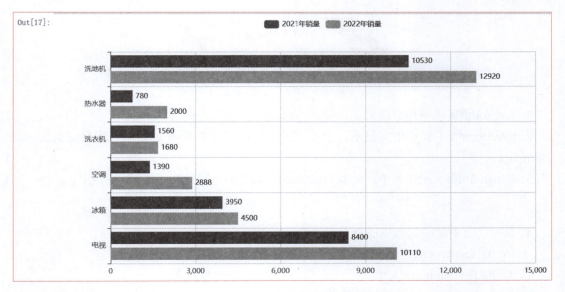

划重点:

绘制图形时,同学们不要被各种参数、选项配置所困扰,Python的优势之一就是强大的外援,只要明确自己的业务需求,总能找到最强辅助,让我们万事无忧。各种复杂的代码无须亲自动手,从官网上找到合适的图形,将代码复制下来,稍加个性化改进即可,如登录pyecharts官网"https://pyecharts.org/#/zh-cn/basic_charts"。

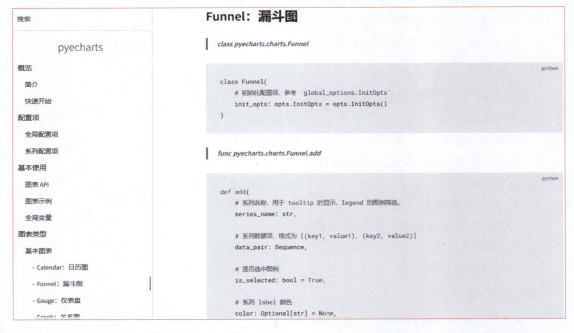

上图示中,左侧为使用导航,列示了配置项和所有的图表类型,选择某种图表,如漏斗图,可在右侧窗口中绘制漏斗图的代码示例、配置项示例、图形预览等。

"拿来就用"在学习Python中是大力提倡的。

随堂测

一、判断题

1. matplotlib支持多种数据展示，使用pyplot子库即可。（　　）
2. pyecharts既不支持中文显示，也不支持使用Pandas中的series数据，需要转换为list才可以使用。（　　）
3. 在matplotlib子图绘制中，若执行plt.subplot(3,2,4)，则绘图子区域共有8个。（　　）

二、单选题

1. 下列代码中是绘制散点图的是(　　)。
   A. plt.scatter(x,y)　　　　　　B. plt.plot(x,y)
   C. plt.legend('upper left')　　D. plt.xlabel("散点图')
2. 在pyecharts中，用于绘制柱形图的函数是(　　)。
   A. plot()　　　　　　　　　　B. bar()
   C. line()　　　　　　　　　　D. pie()
3. 以下关于Matplotlib绘图标准流程的说法错误的是(　　)。
   A. 绘制最简单的图形可以不用创建画布
   B. 添加图例可以在绘制图形之前
   C. 添加x、y轴的标签可以在绘制图形之前
   D. 修改x、y轴标签和绘制图形没有先后

三、多选题

1. Python中常用的绘图模块包括(　　)。
   A. pandas　　　　　　　　　　B. numpy
   C. matplotlib　　　　　　　　D. pyecharts
2. 下列中属于pyecharts全局配置项的是(　　)。
   A. 标题配置项　　　　　　　　B. 标签配置项
   C. 坐标轴配置项　　　　　　　D. 图例配置项
3. 下列中是Matplotlib默认显示的配置项是(　　)。
   A. 标题配置项　　　　　　　　B. 图例配置项
   C. 坐标轴配置项　　　　　　　D. 提示框配置项

四、实训题

1. 试着用matplotlib柱形图表达【跟我练6-1】。
2. 据相关专业机构统计，某产品2022年全年及2023年上半年交易规模及环比增长如表6-21所示，存储在"交易规模与环比增长.xlsx"中。请利用pyecharts中合适的图表直观展示数据。(可参照样图)

表6-21 交易规模及环比增长

年度	季度	交易规模	环比增长率/%
2022	1季度	1802	16.9
	2季度	2098	16.4
	3季度	2668	27.2
	4季度	3537	32.6
2023	1季度	3650	3.2
	2季度	4517	23.75

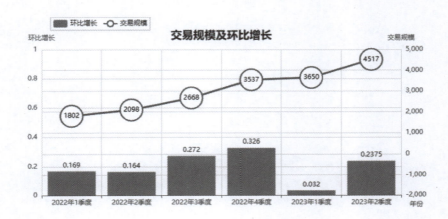

项目 7

薪资核算与分析

学习目标
- 了解职工薪资计算的运算逻辑。
- 掌握薪资核算与分析中用到的Python相关函数。
- 掌握不同需求的薪资分类统计和薪资结构分析方法。

思政目标

向往美好生活，提倡多劳多得

通过学习薪资计算，加深对按劳分配、多劳多得、公平公正的体会。通过劳动获得合理薪酬，不断提高生活水平是每个人的追求和理想，也是社会公正性的体现。在当今职场竞争激烈的时代，不断提升个人能力和在行业中的竞争力，是获得更高薪酬的途径。平时要注重有效时间管理，合理规划自己的时间；学会控制自己的情绪，不让情绪影响自己的工作和决策；自我激励，不断学习新知识、新技能，这些都是提升能力的方法。

7.1 业务分析与设计

职工工资核算是企业工作量比较大的一项任务，利用Python进行薪资核算与分析，可以减轻核算工作量，提高工资计算的及时性和准确性，并为企业提供多维度的薪资分析。

7.1.1 薪资业务分析

1. 薪资核算与分析的任务

薪资核算与分析的主要任务如下。

以职工个人的薪资原始数据为基础，结合国家相关政策及企业管理制度，计算各项扣款、应发工资、代扣税、实发工资等，生成工资结算单。

按照财务核算的要求，按人员类别进行工资数据汇总，以便财务部门生成工资费用分配凭证。

按照预算部门的要求，提供按部门工资数据汇总，以对照预算控制人员费用。

按照人力资源部门的需求，提供工资项目占比分析、部门工资占比分析等。

2. 与业务相关的政策及规定

职工薪资核算要满足国家制定的相关政策及企业劳动管理制度。

1) 社保与住房公积金(五险一金)

社保，是国家通过立法，在参保公民遭遇年老、疾病、生育、工伤、失业等风险时，能够依法从国家和社会获得物质帮助、减少经济损失、保障基本生活的社会保障制度。社保即我们常说的五险一金，"五险"指养老保险、医疗保险、生育保险、工伤保险、失业保险，而"一金"，指的是住房公积金。

社保缴费比例由个人缴费和单位缴费组成，社保缴纳额度每个地区的规定不同，以工资总额为基数。养老、工伤、医疗、生育、失业5大社保险种的缴费基数与待遇补偿基数均与上年度在岗职工平均工资挂钩。劳动法明确规定，公司必须为员工缴纳社保。

综合各地政策，假设五险一金缴纳比例如表7-1所示。

表7-1　单位和个人五险一金缴纳比例

分类	种类	单位缴纳	个人缴纳
社保	养老保险	20%	8%
	医疗保险(合并生育保险)	10%	2%
	失业保险	1%	0.5%
	工伤保险	1%	/
公积金	住房公积金	10%	10%
合计		42%	20.5%

❖ 提示：

自2019年，生育保险和职工基本医疗保险已合并实施。

2) 代扣代缴个人所得税

职工个人工资达到一定标准，法律规定需缴纳个人所得税，由发薪单位负责从员工工资中扣除税金(代扣)，并交给税务局(代缴)，这就是代扣代缴。

(1) 个人所得税税率。

2019年调整后的个人所得税税率表如表7-2所示。

表7-2　个人所得税税率表

级别	全年应纳税所得额	税率/%	速算扣除数
1	不超过36 000元	3	0
2	超过36 000元不超过144 000元的部分	10	2520
3	超过144 000元不超过300 000元的部分	20	16 920
4	超过300 000元不超过420 000元的部分	25	31 920
5	超过420 000元不超过660 000元的部分	30	52 920
6	超过660 000元不超过960 000元的部分	35	85 920
7	超过960 000元的部分	45	181 920

本表所称全年应纳税所得额是职工纳税年度收入额减除费用6万元及专项扣除、专项附加扣除和依法确定的其他扣除后的余额。

税收是调节贫富的重要手段，如果职工年度收入不超过6万元，则无须缴纳个人所得税。

专项扣除指个人缴纳的三险一金部分。

专项附加扣除包括子女教育、继续教育、大病医疗、住房贷款利息、住房租金、赡养老人、3岁以下婴幼儿照护、个人养老金八项。

(2) 个人所得税预扣预缴。

新个税法规定，工资收入每个月按照预扣预缴法计算缴纳个税。

本期应预扣预缴税额=(累计预扣预缴应纳税所得额×预扣率-速算扣除数)-累计减免税额-累计已预扣预缴税额

累计预扣预缴应纳税所得额=累计收入-累计免税收入-累计减除费用-累计专项扣除-累计专项附加扣除-累计依法确定的其他扣除

其中：累计减除费用，按照5000元/月乘以纳税人当年截至本月在本单位的任职受雇月份数计算。

3) 月平均计薪天数

按照《中华人民共和国劳动法》第五十一条的规定，法定节假日用人单位应当依法支付工资，即折算日工资、小时工资时不剔除国家规定的11天法定节假日。据此，日工资、小时工资的折算如下。

日工资=月工资收入÷月计薪天数
月计薪天数=(365天-104天)÷12月=21.75天

7.1.2 运算逻辑

1. 工资核算项目设置

工资核算项目分为基本项目和计算项目。计算项目是通过基本项目计算得出的项目。

1) 基本项目

基本项目包括基本工资、绩效工资、奖金、社保基数、专项附加扣除、上期累计应纳税所得额、缺勤天数。职工基本工资数据如表7-3所示。

表7-3 职工基本工资数据

人员编号	人员姓名	部门名称	人员类别	基本工资	绩效工资	奖金	社保基数	缺勤天数	专项附加扣除	上期累计应纳税所得额
001	马强	企管部	企业管理人员	18 000	800		20 000			0
002	李一	企管部	企业管理人员	12 000	600		15 000	3	2000	0
003	宋淼	财务部	企业管理人员	18 000	600		18 000			0
004	郝爽	财务部	企业管理人员	10 000	500		12 000	1		0
005	杜雪	财务部	企业管理人员	5000	400		6000			0
006	高亚萍	采购部	企业管理人员	8000	600		7800		1000	0
007	古茂	采购部	企业管理人员	6000	500		6600			0
008	陈媛	销售部	销售人员	7000	500		8000		3000	0
009	闫杰	销售部	销售人员	5000	500		6000			0
010	周涛	销售部	销售人员	4000	500		5000			0
011	李文	生产部	车间管理人员	10 000	500		8000		2000	0
012	齐天	生产部	生产工人	6000	500		7500	2		0
013	高文庆	生产部	生产工人	5000	500		7000			0
014	李素梅	生产部	生产工人	4000	500		6000		2000	0

2) 计算项目

计算项目包括缺勤扣款、应发工资、三险一金、本期应纳税所得额、累计应纳税所得额、实发工资、本期代扣税。

2. 工资核算计算公式

日工资=基本工资÷21.75

缺勤扣款=缺勤天数×日工资

应发工资=基本工资+绩效工资+奖金-缺勤扣款

三险一金=社保基数×20.5%

本期应纳税所得额=应发工资-减除费用(5000元)-三险一金-专项附加扣除

累计应纳税所得额=上期累计应纳税所得额+本期应纳税所得额

上期累计应纳税额=上期累计应纳税所得额×超额累进税率-速算扣除数

累计应纳税额=累计应纳税所得额×超额累进税率-速算扣除数

本期代扣税=累计应纳税额-上期累计应纳税额

实发工资=应发工资-缺勤扣款-三险一金-本期代扣税

7.1.3 知识准备

薪资核算与分析中要用到以下基本知识。

1. 学习lambda()函数

lambda()函数又称匿名函数,也就是没有名字的函数。如果一个函数的函数体仅有一行表达式,则该函数就可以用lambda表达式来代替。

语法：

lambda [arg1 [, arg2, ... argn]]:expression

参数说明如下。

- args：函数参数。
- expression：结果为函数返回值的表达式。

lambda()函数没有名字，是一种简单的、在同一行中定义函数的方法。

例如，自定义3个数相加的函数add()用lambda表达效果是一样的。

```
def add(x, y, z):
    return x + y + z
```
等同于
```
lambda x, y, z:x+y+z
```

2. 学习map()、apply()和applymap()函数

map()函数是数据处理最常用的函数之一，与apply()、applymap()函数并称数据处理"三板斧"。

在日常数据处理中，经常需要对一个DataFrame进行逐行、逐列和逐元素地操作，Pandas中的map()、apply()和applymap()函数可以解决绝大部分这样的数据处理需求。

1) map()函数

语法：

map(function, iterable ...)

功能：

map()函数将指定的function()函数依次作用在给定序列iterable中的每个元素上，返回一个与传入可迭代对象大小一样的 map 对象。

参数说明如下。

- function：针对每个迭代调用的函数。
- iterable：是一个可迭代对象，如字符串、列表、字典、元组、集合等。

【跟我练7-1】

计算列表[1, 3, 5, 7, 9]中各个元素的平方。

【模拟上机】

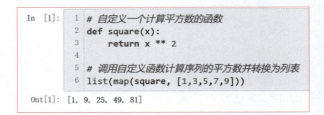

❖ 提示：

map()函数返回的是执行结果的内存地址，要看这个内存地址中保存的究竟是什么，需要转换成list形式后打印输出。

【跟我练7-2】

逐个替换DataFrame中的某列元素。

【模拟上机】

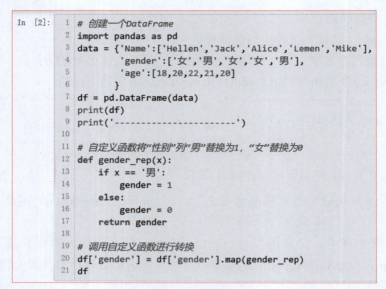

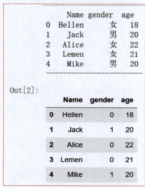

2) apply()函数

apply()函数的作用原理与map()函数类似，区别在于apply()函数能够传入功能更为复杂的函数。apply()函数可以作用于 Series 或整个DataFrame，功能也是自动遍历Series或DataFrame，对每个元素运行指定的函数。

语法：

DataFrame.apply(func, axis=0, raw=False, result_type=None, args=(), **kwargs)

参数说明如下。

- func：函数或 lambda 表达式，应用于每行或每列。
- axis：为0表示处理每列，为1表示处理每行，默认为0。
- raw：布尔类型，False 表示把每行或列作为 Series 传入函数中；True表示接受的是 ndarray 数据类型。默认为 False。
- args：func 的位置参数。

- **kwargs：传递给 func 的其他关键字参数。

返回值如下。

- Series 或 DataFrame：沿 axis 指定的方向应用 func 后返回的结果。

【跟我练7-3】

对 DataFrame 进行求平方根运算，按行、列进行求和运算。

【模拟上机】

```python
import numpy as np
import pandas as pd

df = pd.DataFrame([[4,9]]*3, columns=['A','B'])
print(df)
print('\n整体求平方根: ')
print(df.apply(np.sqrt))
print('\n按列求和: ')
print(df.apply(np.sum,axis=0))
print('\n按行求和: ')
print(df.apply(np.sum,axis=1))
```

```
   A  B
0  4  9
1  4  9
2  4  9

整体求平方根: 
     A    B
0  2.0  3.0
1  2.0  3.0
2  2.0  3.0

按列求和: 
A    12
B    27
dtype: int64

按行求和: 
0    13
1    13
2    13
dtype: int64
```

【跟我练7-4】

对指定的行、列执行自定义函数。

【模拟上机】

```python
import numpy as np
import pandas as pd
data=np.arange(0,16).reshape(4,4)
df=pd.DataFrame(data,columns=['A','B','C','D'])
print(df)
def f(x):
    return x-1
print('\n第 0、1 两行执行函数 f  ')
print(df.iloc[[0,1],:].apply(f))
print("\n'A'、'B'两列执行函数 f")
print(df.loc[:,['A','B']].apply(f))
```

```
      A   B   C   D
0     0   1   2   3
1     4   5   6   7
2     8   9  10  11
3    12  13  14  15

第 0、1 两行执行函数
   A  B  C  D
0 -1  0  1  2
1  3  4  5  6

'A'、'B' 两列执行函数
    A   B
0  -1   0
1   3   4
2   7   8
3  11  12
```

3) applymap()函数

applymap()函数对DataFrame中的每个元素执行给定的函数。

【跟我练7-5】

新建一个DataFrame，将其中每个元素的值加上50。

【模拟上机】

```
In [5]: 1  import numpy as np
        2  import pandas as pd
        3
        4  df=pd.DataFrame({"工资":[1000,2000,2500],
        5                   "奖金":[100,150,200],
        6  })
        7  print(df)
        8  df.applymap(lambda x:x+50)
           工资   奖金
        0  1000  100
        1  2000  150
        2  2500  200
Out[5]:
           工资   奖金
        0  1050  150
        1  2050  200
        2  2550  250
```

3. 数据格式设置

财务总是与各种各样的数字、表格相关联，对表格数据进行格式化，可以增加数据的可读性。最常用的格式化包括设置小数位数、设置百分比和设置千位分隔符。

1) 设置小数位数

前面我们使用过round()函数进行四舍五入，利用该函数还可以对整个DataFrame指定保留的小数位数。

【跟我练7-6】

读取"数据格式.xlsx"文件，并对该文件所有数据保留两位小数。

【模拟上机】

```
In [6]: 1  import pandas as pd
        2  df = pd.read_excel('数据格式.xlsx')
        3  print(df)
        4  print()
        5  print(df.round(2))
```

```
        N1        N2        N3
0  1.773856  5.353466  4.843584
1  5.358946  2.548735  7.435431
2  9.435563  6.545245  1.483878
3  2.543595  8.433854  3.435843

     N1    N2    N3
0  1.77  5.35  4.84
1  5.36  2.55  7.44
2  9.44  6.55  1.48
3  2.54  8.43  3.44
```

2) 设置百分比

【跟我练7-7】

读取"格式化数据.xlsx"文件，对该文件所有数据设置百分比，不保留小数位。

【模拟上机】

```
In [7]: 1  import pandas as pd
        2  df = pd.read_excel('格式化数据.xlsx')
        3  print(df)
        4  print()
        5  df = df.applymap(lambda x:format(x,'.0%'))
        6  df
```

```
         A1        A2        A3        A4        A5
0  0.527350  0.410396  0.131101  0.565818  0.322695
1  0.007817  0.663029  0.480029  0.551382  0.603932
2  0.123241  0.935813  0.052935  0.207342  0.183324
3  0.405295  0.623856  0.254652  0.368602  0.751753
4  0.195120  0.623856  0.477747  0.592885  0.751753
```

Out[7]:

	A1	A2	A3	A4	A5
0	53%	41%	13%	57%	32%
1	1%	66%	48%	55%	60%
2	12%	94%	5%	21%	18%
3	41%	62%	25%	37%	75%
4	20%	62%	48%	59%	75%

【跟我练7-8】

读取"格式化数据.xlsx"文件，并对该文件所有数据设置两位小数的百分比。

【模拟上机】

```
In [8]: 1  import pandas as pd
        2  df = pd.read_excel('格式化数据.xlsx')
        3  print(df)
        4  print()
        5  df = df.applymap(lambda x:format(x,'.2%'))
        6  df
```

```
            A1        A2        A3        A4        A5
0     0.527350  0.410396  0.131101  0.565818  0.322695
1     0.007817  0.663029  0.480029  0.551382  0.603932
2     0.123241  0.935813  0.052935  0.207342  0.183324
3     0.405295  0.623856  0.254652  0.368602  0.751753
4     0.195120  0.623856  0.477747  0.592885  0.751753
```

Out[8]:

	A1	A2	A3	A4	A5
0	52.73%	41.04%	13.11%	56.58%	32.27%
1	0.78%	66.30%	48.00%	55.14%	60.39%
2	12.32%	93.58%	5.29%	20.73%	18.33%
3	40.53%	62.39%	25.47%	36.86%	75.18%
4	19.51%	62.39%	47.77%	59.29%	75.18%

3) 设置千位分隔符

【跟我练7-9】

读取"销售业绩.xlsx"文件，并对"销售业绩"数据设置千位分隔符。

【模拟上机】

```
In [9]: 1  import pandas as pd
        2  df = pd.read_excel('销售业绩.xlsx')
        3  print(df)
        4  df['销售业绩']=df['销售业绩'].apply(lambda x:format(int(x),','))
        5  df
```

```
   员工编号  员工姓名   销售业绩
0   101    张三    35000
1   102    李原    58000
2   103    王丽    100000
```

Out[9]:

	员工编号	员工姓名	销售业绩
0	101	张三	35,000
1	102	李原	58,000
2	103	王丽	100,000

❖ 提示：

代码第3行用print(df)显示df的内容，第5行不使用print()函数而是直接输出df，可以看到显示的格式不同，后者更美观。一个单元格中可以有多个print语句，但是只能有一个直接输出且必须放在单元格最后一行。可以在Jupyter Notebook中执行如下语句以显示单元格的所有中间结果。注意，这两行语句不必在所有单元格中执行，在第一个单元格中执行一次即可。

```
from IPython.core.interactiveshell import InteractiveShell
InteractiveShell.ast_node_interactivity = "all"
```

7.2 薪酬核算

7.2.1 读取职工薪酬基本数据

【跟我练7-10】

读取创智科技2023年1月职工薪酬基本数据并查看。

【模拟上机】

```
In [10]: 1  import pandas as pd
         2  df = pd.read_excel('职工薪酬.xlsx',index_col='人员编号')  # 读取Excel文件,设置人员编号为行索引
         3  df
```

Out[10]:

人员编号	人员姓名	部门名称	人员类别	基本工资	绩效工资	奖金	社保基数	缺勤天数	专项附加扣除	上期累计应纳税所得额
1	马强	企管部	企业管理人员	18000	800	NaN	20000	NaN	NaN	0
2	李一	企管部	企业管理人员	12000	600	NaN	15000	3.0	2000.0	0
3	宋淼	财务部	企业管理人员	18000	600	NaN	18000	NaN	NaN	0
4	郝爽	财务部	企业管理人员	10000	500	NaN	12000	1.0	NaN	0
5	杜雪	财务部	企业管理人员	5000	400	NaN	6000	NaN	NaN	0
6	高亚萍	采购部	企业管理人员	8000	600	NaN	7800	NaN	1000.0	0
7	古茂	采购部	企业管理人员	6000	500	NaN	6600	NaN	NaN	0
8	陈媛	销售部	销售人员	7000	500	NaN	8000	NaN	3000.0	0
9	闫杰	销售部	销售人员	5000	500	NaN	6000	NaN	NaN	0
10	周涛	销售部	销售人员	4000	500	NaN	5000	NaN	NaN	0
11	李文	生产部	车间管理人员	10000	500	NaN	8000	NaN	2000.0	0
12	齐天	生产部	生产工人	6000	500	NaN	7500	2.0	NaN	0
13	高文庆	生产部	生产工人	5000	500	NaN	7000	NaN	NaN	0
14	李素梅	生产部	生产工人	4000	500	NaN	6000	NaN	2000.0	0

> **提示：**
> - 人员编号为str类型。
> - 属性中的缺失值自动显示为NaN。

7.2.2 数据整理

【跟我练7-11】

将源数据中显示为NaN的缺失值用"0"填充。

【模拟上机】

```
In [11]: 1 df.fillna(0,inplace=True)  # 将缺失值填充为0
         2 df
```

Out[11]:

人员编号	人员姓名	部门名称	人员类别	基本工资	绩效工资	奖金	社保基数	缺勤天数	专项附加扣除	上期累计应纳税所得额
1	马强	企管部	企业管理人员	18000	800	0.0	20000	0.0	0.0	0
2	李一	企管部	企业管理人员	12000	600	0.0	15000	3.0	2000.0	0
3	宋淼	财务部	企业管理人员	18000	600	0.0	18000	0.0	0.0	0
4	郝爽	财务部	企业管理人员	10000	500	0.0	12000	1.0	0.0	0
5	杜雪	财务部	企业管理人员	5000	400	0.0	6000	0.0	0.0	0
6	高亚萍	采购部	企业管理人员	8000	600	0.0	7800	0.0	1000.0	0
7	古茂	采购部	企业管理人员	6000	500	0.0	6600	0.0	0.0	0
8	陈媛	销售部	销售人员	7000	500	0.0	8000	0.0	3000.0	0
9	闫杰	销售部	销售人员	5000	500	0.0	6000	0.0	0.0	0
10	周涛	销售部	销售人员	4000	500	0.0	5000	0.0	0.0	0
11	李文	生产部	车间管理人员	10000	500	0.0	8000	0.0	2000.0	0
12	齐天	生产部	生产工人	6000	500	0.0	7500	2.0	0.0	0
13	高文庆	生产部	生产工人	5000	500	0.0	7000	0.0	0.0	0
14	李素梅	生产部	生产工人	4000	500	0.0	6000	0.0	2000.0	0

7.2.3 工资计算

职工工资项目之间有严密的逻辑关系，因此要注意计算的先后顺序。

1. 根据奖金规则计算奖金

【跟我练7-12】

销售部业绩达标，为所有销售人员发放奖金1000元。

【模拟上机】

```
In [12]: 1 # 发放奖金
         2 df.loc[df['部门名称'] == '销售部','奖金'] = 1000
         3 df
```

Out[12]:

人员编号	人员姓名	部门名称	人员类别	基本工资	绩效工资	奖金	社保基数	缺勤天数	专项附加扣除	上期累计应纳税所得额
1	马强	企管部	企业管理人员	18000	800	0.0	20000	0.0	0.0	0
2	李一	企管部	企业管理人员	12000	600	0.0	15000	3.0	2000.0	0
3	宋淼	财务部	企业管理人员	18000	600	0.0	18000	0.0	0.0	0
4	郝爽	财务部	企业管理人员	10000	500	0.0	12000	1.0	0.0	0
5	杜雪	财务部	企业管理人员	5000	400	0.0	6000	0.0	0.0	0
6	高亚萍	采购部	企业管理人员	8000	600	0.0	7800	0.0	1000.0	0
7	古茂	采购部	企业管理人员	6000	500	0.0	6600	0.0	0.0	0
8	陈媛	销售部	销售人员	7000	500	1000.0	8000	0.0	3000.0	0
9	闫杰	销售部	销售人员	5000	500	1000.0	6000	0.0	0.0	0
10	周涛	销售部	销售人员	4000	500	1000.0	5000	0.0	0.0	0
11	李文	生产部	车间管理人员	10000	500	0.0	8000	0.0	2000.0	0
12	齐天	生产部	生产工人	6000	500	0.0	7500	2.0	0.0	0
13	高文庆	生产部	生产工人	5000	500	0.0	7000	0.0	0.0	0
14	李素梅	生产部	生产工人	4000	500	0.0	6000	0.0	2000.0	0

2. 计算缺勤扣款和应发工资

【跟我练7-13】

计算缺勤扣款和应发工资，公式如下。

缺勤扣款=缺勤天数×日工资(日工资=基本工资÷21.75)

应发工资=基本工资+绩效工资+奖金-缺勤扣款

计算完成后，展示人员姓名、基本工资、绩效工资、奖金、缺勤扣款和应发工资。

【模拟上机】

```
In [13]:  1  df['缺勤扣款'] = round(df['缺勤天数']*(df['基本工资']/21.75),2)
          2  df['应发工资'] = df['基本工资'] + df['绩效工资'] + df['奖金'] - df['缺勤扣款']
          3  df1 = pd.concat([df['人员姓名'],df['基本工资'],df['绩效工资'],df['奖金'],df['缺勤扣款'],df['应发工资']],axis=1)
          4  df1
```

Out[13]:

人员编号	人员姓名	基本工资	绩效工资	奖金	缺勤扣款	应发工资
1	马强	18000	800	0.0	0.00	18800.00
2	李一	12000	600	0.0	1655.17	10944.83
3	宋淼	18000	600	0.0	0.00	18600.00
4	郝爽	10000	500	0.0	459.77	10040.23
5	杜雪	5000	400	0.0	0.00	5400.00
6	高亚萍	8000	600	0.0	0.00	8600.00
7	古茂	6000	500	0.0	0.00	6500.00
8	陈媛	7000	500	1000.0	0.00	8500.00
9	闫杰	5000	500	1000.0	0.00	6500.00
10	周涛	4000	500	1000.0	0.00	5500.00
11	李文	10000	500	0.0	0.00	10500.00
12	齐天	6000	500	0.0	551.72	5948.28
13	高文庆	5000	500	0.0	0.00	5500.00
14	李素梅	4000	500	0.0	0.00	4500.00

3. 计算三险一金

【跟我练7-14】

计算职工个人承担的三险一金。三险一金包括养老保险、医疗保险、失业保险和住房公积金，按照社保基数的20.5%缴纳。

三险一金=社保基数×缴纳比例

计算完成后，显示人员姓名、社保基数、应发工资和三险一金。

【模拟上机】

```
In [14]: 1  df['三险一金'] = round(df['社保基数']*0.205,2)
         2  df1 = pd.concat([df['人员姓名'],df['社保基数'],df.loc[:,'应发工资':]],axis=1)
         3  df1
```

Out[14]:

人员编号	人员姓名	社保基数	应发工资	三险一金
1	马强	20000	18800.00	4100.0
2	李一	15000	10944.83	3075.0
3	宋淼	18000	18600.00	3690.0
4	郝爽	12000	10040.23	2460.0
5	杜雪	6000	5400.00	1230.0
6	亳亚萍	7800	8600.00	1599.0
7	古茂	6600	6500.00	1353.0
8	陈嫒	8000	8500.00	1640.0
9	闫杰	6000	6500.00	1230.0
10	周涛	5000	5500.00	1025.0
11	李文	8000	10500.00	1640.0
12	齐天	7500	5948.28	1537.5
13	高文庆	7000	5500.00	1435.0
14	李素梅	6000	4500.00	1230.0

4. 计算本期应纳税所得额及累计应纳税所得额

【跟我练7-15】

计算本期应纳税所得额及累计应纳税所得额。

本期应纳税所得额=应发工资-减除费用-三险一金-专项附加

累计应纳税所得额=上期累计应纳税所得额+本期应纳税所得额

【模拟上机】

```
In [15]:  1  # 自定义函数-计算本期应纳税所得额
          2  def tax_income(income):
          3      if income>0:
          4          return income
          5      else:
          6          return 0
          7
          8  # 调用自定义函数计算本期应纳税所得额
          9  df['本期应纳税所得额'] = (df['应发工资'] - 5000 - df['三险一金'] - df['专项附加扣除']).map(tax_income)
         10  df['累计应纳税所得额'] = df['上期累计应纳税所得额'] + df['本期应纳税所得额']
         11
         12  # 列示与本次计算相关的数据
         13  df2 = pd.concat([df['人员姓名'],df.loc[:,'专项附加扣除':]],axis=1)
         14  df2
```

Out[15]:

人员编号		人员姓名	专项附加扣除	上期累计应纳税所得额	缺勤扣款	应发工资	三险一金	本期应纳税所得额	累计应纳税所得额
	1	马强	0.0	0	0.00	18800.00	4100.0	9700.00	9700.00
	2	李一	2000.0	0	1655.17	10944.83	3075.0	869.83	869.83
	3	宋淼	0.0	0	0.00	18600.00	3690.0	9910.00	9910.00
	4	郝爽	0.0	0	459.77	10040.23	2460.0	2580.23	2580.23
	5	杜雪	0.0	0	0.00	5400.00	1230.0	0.00	0.00
	6	高亚萍	1000.0	0	0.00	8600.00	1599.0	1001.00	1001.00
	7	古茂	0.0	0	0.00	6500.00	1353.0	147.00	147.00
	8	陈媛	3000.0	0	0.00	8500.00	1640.0	0.00	0.00
	9	闫杰	0.0	0	0.00	6500.00	1230.0	270.00	270.00
	10	周涛	0.0	0	0.00	5500.00	1025.0	0.00	0.00
	11	李文	2000.0	0	0.00	10500.00	1640.0	1860.00	1860.00
	12	齐天	0.0	0	551.72	5948.28	1537.5	0.00	0.00
	13	高文庆	0.0	0	0.00	5500.00	1435.0	0.00	0.00
	14	李素梅	2000.0	0	0.00	4500.00	1230.0	0.00	0.00

❖ **提示：**

map()方法是把对应的数据逐个当作参数传入函数中，得到映射后的值。

5. 计算个人所得税

【跟我练7-16】

(1) 根据个人所得税税率表，自定义tax()函数计算个人所得税。
(2) 调用tax()函数，计算本月个人所得税。

【模拟上机】

```
In [16]:  1  def tax(x):        # 自定义tax()函数
          2      if x>960000:
          3          return round(x*0.45-181920,2)
          4      elif x>660000:
          5          return round(x*0.35-85920,2)
          6      elif x>420000:
          7          return round(x*0.3-52920,2)
          8      elif x>300000:
          9          return round(x*0.25-31920,2)
         10      elif x>144000:
         11          return round(x*0.2-16920,2)
         12      elif x>36000:
         13          return round(x*0.1-2520,2)
         14      else:
         15          return round(x*0.03,2)
         16
         17  # 调用tax()函数，计算本月应纳税额
         18  df['上期累计应纳税额'] = df['上期累计应纳税所得额'].map(tax)
         19  df['累计应纳税额'] = df['累计应纳税所得额'].map(tax)
         20  df['当月应纳税额'] = df['累计应纳税额']-df['上期累计应纳税额']
         21  df3 = pd.concat([df['人员姓名'],df.loc[:,'应发工资':]],axis=1)
         22  df3
```

Out[16]:

人员编号	人员姓名	应发工资	三险一金	本期应纳税所得额	累计应纳税所得额	上期累计应纳税额	累计应纳税额	当月应纳税额
1	马强	18800.00	4100.0	9700.00	9700.00	0.0	291.00	291.00
2	李一	10944.83	3075.0	869.83	869.83	0.0	26.09	26.09
3	宋淼	18600.00	3690.0	9910.00	9910.00	0.0	297.30	297.30
4	郝爽	10040.23	2460.0	2580.23	2580.23	0.0	77.41	77.41
5	杜雪	5400.00	1230.0	0.00	0.00	0.0	0.00	0.00
6	高亚萍	8600.00	1599.0	1001.00	1001.00	0.0	30.03	30.03
7	古茂	6500.00	1353.0	147.00	147.00	0.0	4.41	4.41
8	陈媛	8500.00	1640.0	0.00	0.00	0.0	0.00	0.00
9	闫杰	6500.00	1230.0	270.00	270.00	0.0	8.10	8.10
10	周涛	5500.00	1025.0	0.00	0.00	0.0	0.00	0.00
11	李文	10500.00	1640.0	1860.00	1860.00	0.0	55.80	55.80
12	齐天	5948.28	1537.5	0.00	0.00	0.0	0.00	0.00
13	高文庆	5500.00	1435.0	0.00	0.00	0.0	0.00	0.00
14	李素梅	4500.00	1230.0	0.00	0.00	0.0	0.00	0.00

6. 计算实发工资

【跟我练7-17】

计算职工本月实发工资。

【模拟上机】

```python
df['实发工资'] = df['应发工资']-df['三险一金']-df['当月应纳税额']
df4 = pd.concat([df['人员姓名'],df['应发工资'],df['三险一金'],df.loc[:,'当月应纳税额':]],axis=1)
df4
```

Out[17]:

人员编号	人员姓名	应发工资	三险一金	当月应纳税额	实发工资
1	马强	18800.00	4100.0	291.00	14409.00
2	李一	10944.83	3075.0	26.09	7843.74
3	宋淼	18600.00	3690.0	297.30	14612.70
4	郝爽	10040.23	2460.0	77.41	7502.82
5	杜雪	5400.00	1230.0	0.00	4170.00
6	高亚萍	8600.00	1599.0	30.03	6970.97
7	古茂	6500.00	1353.0	4.41	5142.59
8	陈媛	8500.00	1640.0	0.00	6860.00
9	闫杰	6500.00	1230.0	8.10	5261.90
10	周涛	5500.00	1025.0	0.00	4475.00
11	李文	10500.00	1640.0	55.80	8804.20
12	齐天	5948.28	1537.5	0.00	4410.78
13	高文庆	5500.00	1435.0	0.00	4065.00
14	李素梅	4500.00	1230.0	0.00	3270.00

7. 将结果输出保存

【跟我练7-18】

将以上结果输出至"职工薪酬.xlsx"文件Sheet2中。显示df中的前3条记录。

【模拟上机】

```
In [26]: 1  with pd.ExcelWriter('D:\\python\职工薪酬.xlsx',mode = 'a',engine = 'openpyxl') as writer:
         2      df.to_excel(writer,sheet_name = 'Sheet2',index = False)
         3
         4  df.head(3)
```

Out[26]:

人员编号	人员姓名	部门名称	人员类别	基本工资	绩效工资	奖金	社保基数	缺勤天数	专项附加扣除	上期累计应纳税所得额	缺勤扣款	应发工资	三险一金	本期应纳税所得额	累计应纳税所得额	上期累计应纳税额	累计应纳税额	当月应纳税额	实发工资
1	马强	企管部	企业管理人员	18000	800	0.0	20000	0.0	0.0	0	0.00	18800.00	4100.0	9700.00	9700.00	0.0	291.00	291.00	14409.00
2	李一	企管部	企业管理人员	12000	600	0.0	15000	3.0	2000.0	0	1655.17	10944.83	3075.0	869.83	869.83	0.0	26.09	26.09	7843.74
3	宋淼	财务部	企业管理人员	18000	600	0.0	18000	0.0	0.0	0	0.00	18600.00	3690.0	9910.00	9910.00	0.0	297.30	297.30	14612.70

❖ **提示：**

确保路径"D:\python"存在，"职工薪酬.xlsx"中没有名为"Sheet2"的表单。

在实际工作中，薪酬计算由人事部门负责，考勤表由各业务部门提供，因此，在薪资核算之前，需要将业务部门提供的考勤表与人事部门的薪资表合并。

【跟我练7-19】

合并业务部门的考勤表和人事部门的薪资表，并计算缺勤扣款。

【模拟上机】

```
In [19]: 1  import pandas as pd
         2  df1 = pd.read_excel('薪资表-人事部门.xlsx',index_col='人员编号')    # 读入人事部门的薪资表
         3  df2 = pd.read_excel('考勤表-业务部门.xlsx',index_col='人员编号')    # 读入业务部门的考勤表
         4  df = pd.merge(df1,df2,how='outer')                              # 合并以上两个表
         5  df.fillna(0,inplace=True)                                       # 表中的'NaN'用0填充
         6  df['缺勤扣款'] = round(df['缺勤天数']*(df['基本工资']/21.5),2)
         7  df
```

Out[19]:

	人员姓名	部门名称	人员类别	基本工资	绩效工资	奖金	社保基数	专项附加扣除	上期累计应纳税所得额	缺勤天数	缺勤扣款
0	马强	企管部	企业管理人员	18000	800	0.0	20000	0.0	0	0.0	0.00
1	李一	企管部	企业管理人员	12000	600	0.0	15000	2000.0	0	3.0	1674.42
2	宋淼	财务部	企业管理人员	18000	600	0.0	18000	0.0	0	0.0	0.00
3	郝爽	财务部	企业管理人员	10000	500	0.0	12000	0.0	0	1.0	465.12
4	杜雪	财务部	企业管理人员	5000	400	0.0	6000	0.0	0	0.0	0.00
5	高亚萍	采购部	企业管理人员	8000	600	0.0	7800	1000.0	0	0.0	0.00
6	古茂	采购部	企业管理人员	6000	500	0.0	6600	0.0	0	0.0	0.00
7	陈媛	销售部	销售人员	7000	500	0.0	8000	3000.0	0	0.0	0.00
8	闫杰	销售部	销售人员	5000	500	0.0	6000	0.0	0	0.0	0.00
9	周涛	销售部	销售人员	4000	500	0.0	5000	0.0	0	0.0	0.00
10	李文	生产部	车间管理人员	10000	500	0.0	8000	2000.0	0	0.0	0.00
11	齐天	生产部	生产工人	6000	500	0.0	7500	0.0	0	2.0	558.14
12	高文庆	生产部	生产工人	5000	500	0.0	7000	0.0	0	0.0	0.00
13	李素梅	生产部	生产工人	4000	500	0.0	6000	2000.0	0	0.0	0.00

7.3 薪酬分析

7.3.1 分类统计

为了满足不同部门的应用需求,基于工资核算基本数据,需要从多个维度进行统计分析。

1. 按人员类别汇总本月工资费用

人工费是产品成本的重要构成部分,会计核算上不同类别人员的工资费用计入不同的会计科目。编制工资费用分配凭证的会计分录如下。

借:生产成本　　　生产工人工资
　　制造费用　　　车间管理人员工资
　　销售费用　　　销售人员工资
　　管理费用　　　管理人员工资
　贷:应付职工薪酬

工资费用分配是企业正确核算产品成本、控制成本费用、核算损益的基础工作。

【跟我练7-20】

按人员类别汇总工资费用。

【模拟上机】

```
import pandas as pd
df = pd.read_excel('职工薪酬.xlsx',sheet_name='Sheet2')  #读入业务部门的职工薪酬表
df.groupby('人员类别').sum(numeric_only=True)   # 有些列不是数值类型无法进行sum运算,所以只对数值类型的列执行sum
```

人员类别	基本工资	绩效工资	奖金	社保基数	缺勤天数	专项附加扣除	上期累计应纳税所得额	缺勤扣款	应发工资	三险一金	本期应纳税所得额	累计应纳税所得额	上期累计应纳税额	累计应纳税额	当月应纳税额	实发工资
企业管理人员	77000	4000	0	85400	4	3000	0	2114.94	78885.06	17507.0	24208.06	24208.06	0	726.24	726.24	60651.82
生产工人	15000	1500	0	20500	2	2000	0	551.72	15948.28	4202.5	0.00	0.00	0	0.00	0.00	11745.78
车间管理人员	10000	500	0	8000	0	2000	0	0.00	10500.00	1640.0	1860.00	1860.00	0	55.80	55.80	8804.20
销售人员	16000	1500	3000	19000	0	3000	0	0.00	20500.00	3895.0	270.00	270.00	0	8.10	8.10	16596.90

❖ **提示:**

代码第3行对df分组并执行求和,默认对df的所有列都执行sum运算。df中有些列是非数值型,如"人员姓名"和"部门名称",参数numeric_only的值设为True,表示只对数值类型的列执行sum运算。

【跟我练7-21】

根据汇总得到的工资费用画出部门实发工资对比柱状图。

【模拟上机】

```
In [20]:  1  import matplotlib.pyplot as plt
          2  import pandas as pd
          3  from pylab import mpl
          4
          5  mpl.rcParams['font.sans-serif'] = ['SimHei']    # 指定字体，正确显示中文
          6  mpl.rcParams['axes.unicode_minus'] = False       # 图像正确显示负号
          7
          8  df = pd.read_excel('职工薪酬.xlsx',sheet_name='Sheet2')   # 读入业务部门的职工薪酬表
          9  df_bar = df.groupby(by='人员类别').agg({'实发工资':sum}).reset_index()
         10  plt.bar(x='人员类别', height='实发工资', data=df_bar)
```

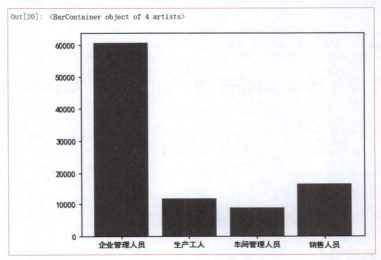

❖ **提示：**

代码第9行通过reset_index()函数重置索引，以便绘图。对比重置索引前后的数据如下。

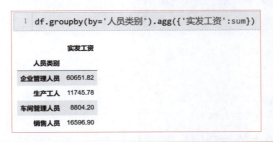

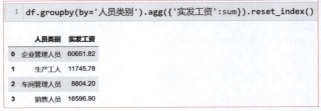

2. 按部门汇总本月工资费用

预算既是计划也是控制。预算控制在管理控制中是使用最广泛的一种控制方法。计划

与控制是一个事情的两面,而预算控制最清楚地表明了两者的紧密联系。管理者通常为收入、支出及大规模的资本支出制定预算,这类预算是以货币的数量来体现。在编制预算的同时,也就为后期的实施确定了控制标准。当下,人力资源已成为企业最重要的资源,人工费在企业成本支出中占据了相当比例,人员支出是部门预算和控制的关键内容。因此,按部门汇总工资费用是管理的一项重要工作。

【跟我练7-22】

按部门汇总工资费用。

【模拟上机】

```
In [21]: 1  import pandas as pd
         2  df = pd.read_excel('职工薪酬.xlsx',sheet_name='Sheet2')  # 读入业务部门的职工薪酬表
         3  df.groupby('部门名称').sum(numeric_only=True)
```

Out[21]:

部门名称	基本工资	绩效工资	奖金	社保基数	缺勤天数	专项附加扣除	上期累计应纳税所得额	缺勤扣款	应发工资	三险一金	本期应纳税所得额	累计应纳税所得额	上期累计应纳税额	累计应纳税额	当月应纳税额	实发工资
企管部	30000	1400	0	35000	3	2000	0	1655.17	29744.83	7175.0	10569.83	10569.83	0	317.09	317.09	22252.74
生产部	25000	2000	0	28500	2	4000	0	551.72	26448.28	5842.5	1860.00	1860.00	0	55.80	55.80	20549.98
财务部	33000	1500	0	36000	1	0	0	459.77	34040.23	7380.0	12490.23	12490.23	0	374.71	374.71	26285.52
采购部	14000	1100	0	14400	0	1000	0	0.00	15100.00	2952.0	1148.00	1148.00	0	34.44	34.44	12113.56
销售部	16000	1500	3000	19000	0	3000	0	0.00	20500.00	3895.0	270.00	270.00	0	8.10	8.10	16596.90

7.3.2 构成分析

1. 工资项目构成分析

通过分析整体工资中的项目比例,能够帮助制定合理的薪酬结构,使薪酬与岗位价值及个人业绩紧密结合,发挥薪酬的激励作用。

【跟我练7-23】

分析应发工资的构成比例,并可视化。

【模拟上机】

```
In [23]:  1  import pandas as pd
          2  import matplotlib.pyplot as plt
          3
          4  plt.rcParams['font.sans-serif']=['SimHei']
          5  plt.rcParams['axes.unicode_minus']=False
          6
          7  df = pd.read_excel('职工薪酬汇总.xlsx')       # 读入业务部门的职工薪酬表
          8  df_yingfa = df[['基本工资','绩效工资','奖金','缺勤扣款']]   # 应发工资=基本工资+绩效工资+奖金-缺勤扣款
          9  df_yingfa       # 显示应发工资
         10
         11 items = df_yingfa.sum()  # 各部门应发工资总和
         12 items
         13
         14 items.plot(kind='pie', autopct='%.2f%%', figsize=(8,4), explode = [0.03,0,0,0],
         15              wedgeprops={'linewidth':1, 'edgecolor':"black"}, pctdistance=0.8)
         16 plt.title("工资项目占比")
         17 plt.show()
```

❖ 提示：

代码第15行通过参数wedgeprops设置扇形区块的边线宽度和颜色。

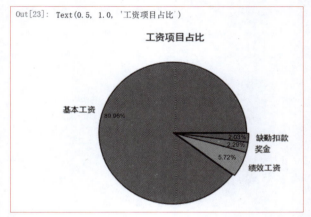

2. 工资项目部门构成分析

统计了解各部门的费用比例，优化资源配置。

【跟我练7-24】

计算实发工资中各部门工资所占比例，绘制饼图。

【模拟上机】

```
In [24]: 1  import pandas as pd
         2  import matplotlib.pyplot as plt
         3
         4  df = pd.read_excel('职工薪酬汇总.xlsx')    # 读入业务部门的职工薪酬表
         5  df
         6  gongzi_sum = df[['部门名称','实发工资']]
         7  gongzi_sum
         8
         9  # 绘制饼图—方法1
        10  gongzi_sum['实发工资'].plot(kind='pie', labels=gongzi_sum['部门名称'], pctdistance=0.8, autopct='%.2f%%',
        11       wedgeprops={'linewidth':0.5, 'edgecolor':"yellow"})
        12  plt.show()
```

> **提示：**
> - 【跟我练7-23】的第14行代码，只需要参数kind指定为"pie"，即可绘制饼图。因为items的类型是Series，默认把index作为标签、values作为数据绘制饼图。
> - 【跟我练7-24】的第10行代码，gongzi_sum的类型是DataFrame，绘制饼图时必须指明数据和标签分别使用哪个列。这里显然应该是"实发工资"列作为数据，"部门名称"列作为标签。

Out[24]:

	部门名称	基本工资	绩效工资	奖金	社保基数	缺勤天数	专项附加扣除	上期累计应纳税所得额	缺勤扣款	应发工资	三险一金	本期应纳税所得额	累计应纳税所得额	上期累计应纳税额	累计应纳税额	当月应纳税额	实发工资
0	企管部	30000	1400	0	35000	3	2000	0	1655.17	29744.83	7175.0	10569.83	10569.83	0	317.09	317.09	22252.74
1	生产部	25000	2000	0	28500	2	4000	0	551.72	26448.28	5842.5	1860.00	1860.00	0	55.80	55.80	20549.98
2	财务部	33000	1500	0	36000	1	0	0	459.77	34040.23	7380.0	12490.23	12490.23	0	374.71	374.71	26285.52
3	采购部	14000	1100	0	14400	0	1000	0	0.00	15100.00	2952.0	1148.00	1148.00	0	34.44	34.44	12113.56
4	销售部	16000	1500	3000	19000	0	3000	0	0.00	20500.00	3895.0	270.00	270.00	0	8.10	8.10	16596.90

Out[24]:

	部门名称	实发工资
0	企管部	22252.74
1	生产部	20549.98
2	财务部	26285.52
3	采购部	12113.56
4	销售部	16596.90

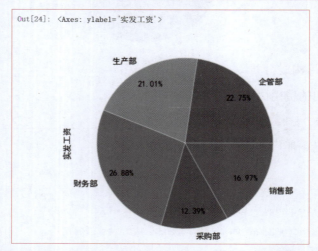

Out[24]: <Axes: ylabel='实发工资'>

DataFrame类型数据绘制饼图时，也可使用下面的方法。明确定义饼图的标签和数据分别使用"实发工资"列和"部门名称"列。

```python
labels = gongzi_sum['部门名称']
data = gongzi_sum['实发工资']

plt.pie(data, labels=labels, pctdistance=0.8, autopct='%.2f%%',
        wedgeprops={'linewidth':0.5,'edgecolor':"yellow"})
plt.show()
```

一、判断题

1. applymap()可以对 DataFrame 逐元素调用函数。 （ ）
2. 如果一个Excel文档处于打开状态，则可以向文档中写入数据。 （ ）

二、单选题

1. 如果函数中省略return语句，则返回(　　)。

　　A. 0　　　　　　　　　　　　B. None
　　C. 任意数　　　　　　　　　　D. 错误

2. 下列函数为匿名函数的是(　　)。

　　A. lambda()　　　　　　　　　B. map()
　　C. apply()　　　　　　　　　　D. applymap()

三、多选题

1. 以下程序是将字符串列表中的每个元素都转换为大写字母并显示出来，则有问题的语句包括(　　)。

```
1  def to_upper_case(s):
2  return s.upper()
3  directions = ["north", "east", "south", "west"]
4  directions_upper = map(to_upper_case, directions)
5  directions_upper
```

　　A. 第1句　　　　　　　　　　B. 第2句
　　C. 第3句　　　　　　　　　　D. 第4句
　　E. 第5句

2. 下列中属于可迭代对象的是(　　)。

　　A. 数字12345　　　　　　　　B. 字符串"ABCDE"
　　C. 列表[12345]　　　　　　　D. 字典{"1001":"库存现金","1002","银行存款"}

四、实训题

1. 企业发放的奖金根据利润提成，提成比例如表7-4所示。

表7-4 利润及奖金提成比例

序号	利润M	奖金提成比例
1	M<100 000	1%
2	100 000<=M<200 000	2%
3	200 000<=M<400 000	3%
4	400 000<=M<600 000	4%
5	600 000<=M<800 000	5%
6	800 000<=M<1 000 000	6%

利润低于10万元时，奖金按利润的1%提成，利润高于10万元小于20万元时，低于10万元的部分按1%提成，高于10万元小于20万元的部分按2%提成，以此类推。每月利润当月输入。

要求：编写程序求当月奖金总额。

2. 如果企业由银行代发工资，已知每个职工的银行账号如表7-5所示。

表7-5　职工银行账号

姓名	账号
马强	20230101
李一	20230102
宋淼	20230103
郝爽	20230104
杜雪	20230105
高亚萍	20230106
古茂	20230107
陈嫒	20230108
闫杰	20230109
周涛	20230110
李文	20230111
齐天	20230112
高文庆	20230113
李素梅	20230114

要求：

向银行提供代发工资Excel文件，包括员工姓名、银行账号、实发工资等项目。

项目 8

Python 在投融资管理中的应用

学习目标：
- 理解并掌握Python货币时间价值相关函数。
- 理解并掌握Python投资决策指标及相关函数。
- 掌握线性回归函数的Python实现并预测资金需求量。

思政目标

倡导未雨绸缪，防范财务风险

不但公司财务可能存在投资决策方面的风险，个人也会面对财务风险，让个人财务陷入困境，生活难以为继。因此，必须留意自己的财务杠杆，在投资理财方面切勿过于冒进，更不可为追求收益做出借债投资、违法投资或非法筹资等行为。在校学生不能为了解决一时的生活困难或盲目追求高消费而落入校园贷的陷阱，同时保护个人信息警惕电信诈骗，不要参与刷单、跑分、退费等不当行为。

8.1 货币时间价值及函数

8.1.1 认知货币时间价值

1. 理解货币时间价值

货币时间价值，是指货币经过一段时间的投资和再投资所增加的价值。由于货币时间价值的存在，不同时间上相同数量货币的价值并不相等，因此，不同时间的货币不宜直接进行比较，而需要将它们换算到相同时点上。

与货币时间价值相关的概念包括复利终值、复利现值、年金终值、年金现值等。

1) 复利终值

复利终值是指在复利计息方式下，现在一笔资金经过若干期后的本利和。计算公式如下。

$$FV = PV \times (1+i)^n$$

其中：FV是资金的终值；PV是资金的现值；i是利率；n是计息期数。

例如，某人以5%的利率从银行借款10 000元，期限3年，到期一次还本付息，那么3年后要还款多少？复利终值现金流量示意如图8-1所示。

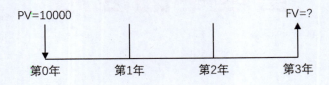

图 8-1 复利终值现金流量示意

2) 复利现值

复利现值是指在复利计息方式下，未来若干期的一笔资金折算到现在时点的价值。复利现值的计算公式如下。

$$PV = \frac{FV}{(1+i)^n}$$

其中各参数的含义同复利终值。

例如，某人想投资一个项目，该项目投资报酬率为8%，如果希望5年后得到10 000元，那么他现在需投入多少钱？复利现值现金流量示意如图8-2所示。

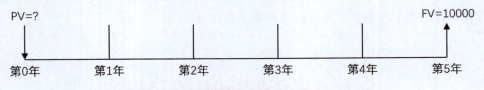

图8-2 复利现值现金流量示意

3) 年金终值

年金是指定期、等额的系列收支，即指在某一期限内，每隔一定相同的时期，收入或支出相等金额的款项，如生活中常见的分期等额偿还贷款、保险费支付、零存整取储蓄等都属于年金的形式。年金分为普通年金、先付年金(预付年金)和永续年金。普通年金是指每期的资金收支发生在期末，其中递延年金是普通年金的一种特殊形式，是指在最初若干期没有收付款项的情况下，后面若干期等额的系列收付款项。先付年金是指每期的资金收支发生在期初；永续年金是指年金的收支一直持续到永远，没有终止期限。

年金终值是指年金按复利计算、在若干期后的期末可得到的本利和。永续年金只有现值，没有终值。

(1) 普通年金终值。

普通年金终值的计算公式如下。

$$FV = A + A \times (1+i) + A \times (1+i)^2 + \cdots + A \times (1+i)^{n-1}$$
$$= A \times \frac{(1+i)^n - 1}{i}$$

其中：A是年金；i是利率；n是期数；FV是年金的终值；$\frac{(1+i)^n - 1}{i}$ 是年金终值系数，简记为(FV/A, i, n)。

例如，某人每年年末均可获得分红3万元，如果将每年的分红都用于投资，那么5年后的本利和为多少？普通年金终值现金流量示意如图8-3所示。

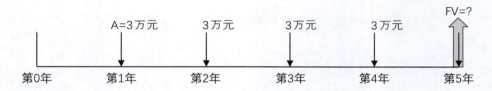

图8-3　普通年金终值现金流量示意

(2) 预付年金终值。

$$FV = A \times (1+i) + A \times (1+i)^2 + \cdots + A \times (1+i)^n$$
$$= A \times \frac{(1+i)^{n+1} - 1}{i}$$

各参数的含义同普通年金终值。

例如，某公司连续8年在每年年初存入50万元作为住房基金，利率为3%，那么公司在8年后能取得多少本利和？预付年金终值现金流量示意如图8-4所示。

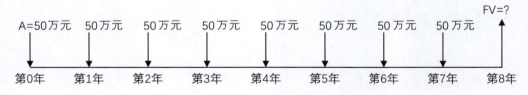

图8-4　预付年金终值现金流量示意

4) 年金现值

年金现值是指为了在每期取得相等金额，现在需要投入的金额。

(1) 普通年金现值。

普通年金现值的计算公式如下。

$$FV = A \times (1+i)^{-1} + A \times (1+i)^2 + \cdots + A \times (1+i)^{-n}$$
$$= A \times \frac{1 - (1+i)^{-n}}{i}$$

其中：$\frac{1-(1+i)^{-n}}{i}$ 称为年金现值系数，简记为(PV/A, i, n)。

例如，某公司购入一台设备，约定在5年内的每年年末支付10万元，利率为5%，这种分期付款相当于一次支付了多少现金？普通年金现值现金流量示意如图8-5所示。

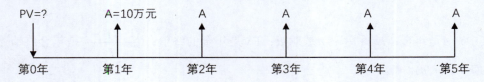

图 8-5　普通年金现值现金流量示意

(2) 预付年金现值。

$$FV = A + A \times (1+i)^{-1} + A \times (1+i)^2 + \cdots + A \times (1+i)^{-(n-1)}$$

$$= A \times \left[\frac{1-(1+i)^{-(n-1)}}{i} + 1 \right]$$

例如，某公司购入一台设备，约定在5年内的每年年初支付10万元，利率为5%，这种分期付款相当于一次支付了多少现金？预付年金现值现金流量示意如图8-6所示。

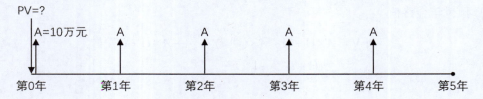

图 8-6　预付年金现值现金流量示意

5) 永续年金

如果年金定期等额支付一直持续到永远，称为永续年金。

永续年金现值的计算公式如下。

$$PV = \frac{A}{i}$$

2. 货币时间价值相关函数

1) 安装与导入

Python中用于科学计算的numpy库提供了与货币时间价值相关的函数，并单独存放于numpy_financial中。安装anaconda时已包含numpy库，无须另外安装。安装numpy_financial的命令如下。

```
pip install numpy_financial
```

使用货币时间价值函数之前，需要导入numpy_financial，导入命令如下。

```
import numpy_financial as npf
```

> **提示：**
> npf是numpy_financial的惯用别名。

2) 常用货币时间价值函数

常用货币时间价值函数如表8-1所示。

表8-1 常用货币时间价值函数

函数语法	函数示例
终值函数fv	fv(rate, nper, pmt, pv, when)
现值函数pv	pv(rate, nper, pmt, fv, when)
年金函数pmt	pmt(rate, nper, pv, fv, when)
年金本金函数ppmt	ppmt(rate, per, nper, pv, fv, when)
年金利息函数ipmt	ipmt(rate, per, nper, pv, fv, when)
期数函数nper	nper(rate, pmt, pv, fv=0, when)
利率函数rate	rate(nper, pmt, pv, fv, when, guess)

参数说明如下。
- rate：复利利率。
- nper：期数。
- pmt：每期固定支付或收入的金额，即年金。当pmt为负数时，函数结果为正；当pmt为正数时，函数结果为负。
- pv：指投资开始计算时已经入账的价值，缺省值为0。
- fv：是在最后一次付款期后获得的一次性偿还额，缺省值为0。
- when：年金类型。当取1时表示预付年金；当取0或缺省时表示普通年金。

> **提示：**
> - 各参数取值相同时，年金函数、年金本金函数和年金利息函数存在以下对应关系：pmt()=ppmt()+ipmt()。
> - rate()函数中的guess是对利率的猜测数，如果缺省，将假定为10%。
> - 更多财务函数的介绍，可见https://pypi.org/project/numpy-financial/。

3. 货币时间价值函数实战

1) 终值和现值计算

【跟我练8-1】

如果现在有1万元用于投资某个项目，年回报率为8%，那么10年后能得到多少？假设每年的通胀率为3%，那么上述投资收益的现值又是多少呢？

【模拟上机】

(1) 直接使用公式计算。

根据题意，可以直接使用数学运算计算10年后的终值和该终值的现值。

```
In [1]:  1  # 1.计算终值
         2  future_value = 10000*(1+0.08)**10
         3  print('10年后的本利和为',round(future_value,2),'元')
         4
         5  # 2.计算现值
         6  present_value = future_value/(1+0.03)**10
         7  print('考虑通货膨胀折合现值为',round(present_value,2),'元')
```

10年后的本利和为 21589.25 元
考虑通货膨胀折合现值为 16064.43 元

(2) 利用货币时间价值函数计算。

```
In [1]:  1  import numpy_financial as npf    # 导入库
         2
         3  # 首先计算10年后的未来价值
         4  fv = npf.fv(0.08, 10, 0, -10000)
         5  print('10年后的收益为: ', round(fv,2), '元')
         6
         7  # 再计算上述输出的现值
         8  pv = npf.pv(0.03,10,0,fv)
         9  print('考虑通胀后这笔收益的现值为: ', round(pv,2), '元')
```

10年后的收益为： 21589.25 元
考虑通胀后这笔收益的现值为： -16064.43 元

❖ **提示:**
- 在npf.fv()中pv参数之所以为"-10 000",代表钱的投出和收回是两个方向,如果投出为负,那么收回即为正;如果pv参数为"10 000",那么计算出的10年后的收益fv就为负数。
- 可以加入绝对值函数abs()解决结果为负的问题。

2) 计算终值、年金和期数

【跟我练8-2】

(1) 先存10 000元,以后每个月存1000元,年利率为3%,10年后可以得到多少本利和?
(2) 向银行借款120万元,年利率为5%,分15年等额分期偿还,每月还多少?
(3) 向银行借款30万元,年利率为6%,每月还8000元,需要还多少个月?

【模拟上机】

```
In [2]:   1  import numpy_financial as npf
          2
          3  # 1.零存整取
          4  fv = npf.fv(0.03/12,10*12,-1000,-10000)
          5  print('10年后可以得到',round(fv,2),'元')
          6
          7  # 2.等额分期偿还贷款-每期支付金额
          8  pmt = npf.pmt(0.05/12,15*12,1200000)
          9  print('每期需要支付金额为',round(pmt,2),'元')
         10
         11  # 3.等额分期偿还贷款-期数
         12  nper = npf.nper(0.06/12,-8000,300000)
         13  print('需要还',round(float(nper),2),'个月')
```

10年后可以得到 153234.95 元
每期需要支付金额为 -9489.52 元
需要还 41.63 个月

提示：

- 如果pv、fv、pmt、rate单位不一致，如本题利率为年利率，但第(1)题是每月存1000元，第(2)题是每月还多少，第(3)题是需要还多少个月，那么需要把单位统一才能计算出正确的结果。
- nper计算出的结果是ndarray类型，需要使用float()转换为浮点型才能使用round()函数四舍五入。

8.1.2 债券融资

债券融资是企业通过发行债券的形式进行直接融资的一种融资方式。与银行贷款相比，债券融资具有资产流动性强、所获资金比较稳定且规模大、筹资成本相对较低的特点，是现代经济中的主要信用形式之一。

按照债券的实际发行价格和票面价格的异同，债券的发行包括平价发行、溢价发行和折价发行3种。债券的发行价格与其面值不一致，主要是由于资金市场上的利率经常变化，而企业债券上标明的利率，一经制作完成就无法更改，从债券印刷完成到正式发行，市场上的利率可能发生变化。为此，需要根据不同的市场利率测算债券的发行价格。

债券的发行价格取决于四项因素：债券面值、债券利率、市场利率和债券期限。

企业债券一般是每年按票面利率付息，到期归还本金。债券的估价模型如图8-7所示。

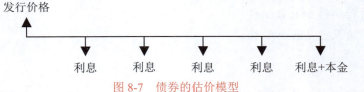

图8-7 债券的估价模型

【跟我练8-3】

某公司欲发行若干面值为100元的债券，债券期限为3年，票面利率为5%，每年年末支付利息，到期偿还本金，若市场实际利率为3%，请问该债券的发行价格是多少？

【模拟上机】

债券的发行价格，是指债券投资者购入债券时应支付的市场价格，它与债券的面值可能一致，也可能不一致。理论上，债券发行价格是债券的面值和支付的年利息按发行当时的市场利率折现所得到的现值。因此选用现值函数PV来解决这个问题。

```
In [3]:  1  import numpy_financial as npf
         2  pv = npf.pv(0.03,3,-100*0.05,-100)
         3  print('债券的发行价格为',round(pv,2))
债券的发行价格为 105.66
```

现值函数npf.pv(rate, nper, pmt, fv, when)共5个参数。其中第1个参数rate应取问题描述中的实际利率；第2个参数nper期限3年；第3个参数pmt是企业每年发放的利息，为票面利率×面值；第4个参数fv是投资者3年后收到的本金100元；因为是年末支付利息，因此第5个参数when=0可以省略。

8.1.3 长期借款筹资

长期借款是指企业向银行或其他金融机构借入的，期限在1年以上(不含1年)或超过1年的一个营业周期的各项借款。企业长期借款主要用于固定资产投资或更新改造、科技开发和新产品试制等。

【跟我练8-4】

根据企业经营计划及资金需要量预测，华泰公司决定向银行借入长期借款，欲借入100万元，测算在等额分期付款方式下，如果利率在5%、6%、7%之间变动，贷款年限为10年，则企业每个月需要偿还多少钱？

【模拟上机】

```
In [4]: 1  import numpy as np
        2  import numpy_financial as npf
        3  rate = np.array((0.05, 0.06, 0.07))/12
        4  pmt = npf.pmt(rate,10*12,-100)
        5  print('如果利率在5%、6%、7%之间变动,贷款年限10年,企业每个月需要偿还:',pmt,'元')
如果利率在5%、6%、7%之间变动,贷款年限10年,企业每个月需要偿还: [1.06065515 1.11020502 1.16108479] 元
```

❖ **提示：**

◆ 变化的利率用array数组传入。
◆ 输出的结果也是array数组。

【跟我练8-5】

根据企业经营计划及资金需要量预测，华泰公司决定向银行借入长期借款，欲借入100万元，测算在等额分期付款方式下，如果利率在5%、6%、7%之间变动，贷款年限在6~10年之间变动，测算一下企业每个月需要偿还多少钱？

【模拟上机】

```
In [5]: 1  import numpy as np
        2  import numpy_financial as npf
        3  rate=np.array((0.05,0.06,0.07))/12
        4  for n in range(6,11):
        5      pmt=npf.pmt(rate,n*12,-100)
        6      print('如果利率在5%、6%、7%之间变动,贷款年限',n,'年,企业每个月需要偿还',pmt,'万元')
如果利率在5%、6%、7%之间变动,贷款年限 6 年,企业每个月需要偿还 [1.61049327 1.65728879 1.70490065] 万元
如果利率在5%、6%、7%之间变动,贷款年限 7 年,企业每个月需要偿还 [1.41339091 1.46085545 1.509268  ] 万元
如果利率在5%、6%、7%之间变动,贷款年限 8 年,企业每个月需要偿还 [1.265992   1.31414302 1.36337171] 万元
如果利率在5%、6%、7%之间变动,贷款年限 9 年,企业每个月需要偿还 [1.15172732 1.20057496 1.25062766] 万元
如果利率在5%、6%、7%之间变动,贷款年限 10 年,企业每个月需要偿还 [1.06065515 1.11020502 1.16108479] 万元
```

8.2 项目投资决策

投资决策的关键是对可供选择的投资项目和投资方案进行比较，从中选出经济效益最佳的方案，因此，正确计算和评价投资项目的经济效益是投资决策的核心问题。

投资方案评价时使用的指标有两类：一类是非贴现现金流量指标，它没有考虑货币时间价值，主要有回收期法、投资收益率法等；另一类是贴现现金流量指标，它考虑了货币时间价值，主要包括净现值、现值指数和内含报酬率。根据这两类指标，投资项目评价方法也相应地分为非贴现的评价方法和贴现的评价方法。

8.2.1 投资决策指标及其函数

1. 净现值法及其函数应用

1) 认知净现值法

净现值法是指以项目的净现值作为评价方案优劣的指标。净现值是指项目未来的现金流入按照预定贴现率折算的现值与项目未来的现金流出按照预定的贴现率折算的现值之差。这里的贴现率既可以是企业的资金成本率，也可以是企业要求的最低报酬率。项目的净现值大于零，说明该项目的报酬率大于预定的贴现率；项目的净现值等于零，说明该项目的报酬率等于预定的贴现率；项目的净现值小于零，说明该项目的报酬率小于预定的贴现率。净现值是绝对数，反映项目的投资效益，更适用于互斥项目的比较和评价。

2) 净现值函数应用

Python中提供了净现值函数npv()用于项目投资评价。

语法：

npv(rate, values)

作用：

返回未来各期现金流量values以rate为贴现率的净现值。

参数说明如下。

- rate：贴现率，也称必要报酬率、内部报酬率、资金成本等。
- values：未来各期的现金流量。

注意事项：

- 参数values分别代表第1期、第2期等的期末现金流量，如果某期无现金流量，也必须用0值表示。
- values必须具有相等的时间间隔，并且都发生在期末。
- 项目初始投资不应出现在参数中，计算项目的净现值后，再减去初始投资即可。

【跟我练8-6】

某投资项目的现金流量如表8-2所示，假设必要报酬率为8%，试用净现值法对该项目进行评价。

表8-2 项目现金流量

年份	0	1	2	3	4	5
现金流入/万元		10	20	30	50	50
现金流出/万元	55	40	30			
净现金流量/万元	-55	-30	-10	30	50	50

【模拟上机】

```
In [6]: 1  # 从numpy模块的financial财务子模块中导入npv函数
        2  from numpy_financial import npv
        3
        4  # 调用npv函数计算净现值并赋值给变量npv
        5  npv1 = npv(0.08,[-55,-30,-10,30,50,50])
        6  print('该项目的净现值为: ',round(npv1,4))
        7
        8  # 根据净现值是否大于0 给出投资建议
        9  if npv1>0:
       10      print('投资可行')
       11  else:
       12      print('投资不可行')

该项目的净现值为: 3.2445
投资可行
```

划重点：

用Excel中的NPV()函数计算该题时，得到的结果如图8-8所示。

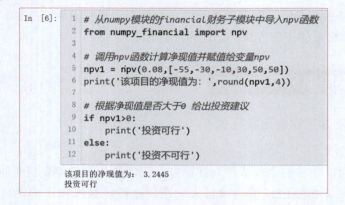

图8-8 用Excel中的NPV()函数计算结果

Excel中的NPV()函数计算的是1~n期的现金流量，即：$NPV = \sum_{i=1}^{n} \frac{values_i}{(1-rate)^i}$

而numpy中的NPV()函数计算的是0~n-1期的现金流量，即：$\sum_{t=1}^{M-1} \frac{values_t}{(1+rate)^t}$

这也正是计算结果存在差异的根本所在。而Excel的NPV()函数算法更符合净现值本意。

了解以上原因后，在Python中使用NPV()函数计算净现值时，需要在第1项补0，从而将1~n-1的现金流量放在1~n期位置，调整计算结果，那么本题代码调整如下。

```
In [24]: npv2 = npv(0.08,[0,-55,-30,-10,30,50,50])
         npv2
Out[24]: 3.004123834555358
```

该计算结果与Excel中的计算结果一致。

2. 内含报酬率法及函数应用

1) 认知内含报酬率法

内含报酬率是使项目未来现金流入现值恰好等于项目未来现金流出现值的贴现率。如果内含报酬率大于必要报酬率,则投资该项目可行。

2) 内含报酬率函数应用

Python提供了内含报酬率函数irr()用于项目投资评价。

语法:

irr(values, [guess])

作用:

返回连续期间现金流量values的内含报酬率。

参数说明如下。

- values:一系列现金流量。
- guess:猜测的内部收益率,该参数为可选项,默认值为10%。

【跟我练8-7】

某项目今年年初需要投资300 000元,未来四年每年年末可收回85 000元、90 000元、95 000元、98 000元,假设必要报酬率为8%,用内含报酬率法评价该项目是否值得投资?

【模拟上机】

```
In [7]: 1  from numpy_financial import irr
        2  irr = irr([-300000,85000,90000,95000,98000])
        3  if irr>0.08:
        4      print('该项目内含报酬率'+str(round(irr,4))+'大于0.08,项目可行。')
        5  else:
        6      print('该项目内含报酬率'+str(round(irr,4))+'小于0.08,项目不可行。')
```
该项目内含报酬率0.0848大于0.08,项目可行。

另一种格式化输出结果的表达方式如下。

```
1  from numpy_financial import irr
2  irr = irr([-300000,85000,90000,95000,98000])
3  if irr>0.08:
4      print('该项目内含报酬率为 {:.2%}'.format(irr),'大于8%,项目可行。')
5  else:
6      print('该项目内含报酬率为 {:.2%}'.format(irr),'小于8%,项目不可行。')
```
该项目内含报酬率为 8.48% 大于8%,项目可行。

3) 修正内含报酬率函数应用

内含报酬率虽然考虑了时间价值,但是未考虑现金流入的再投资机会。根据再投资的假设,提出了修正内含报酬率。Python提供了修正内含报酬率的函数mirr()。

语法:

mirr(values, finance_rate, reinvest_rate)

作用:

返回在考虑投资成本及现金再投资利率下一系列分期现金流的内部报酬率。

参数说明如下。

- values:是连续期间的现金流量。
- finance_rate:为现金流中投入资金的融资利率。
- reinvest_rate:为将各期收入的现金流再投资的报酬率。

【跟我练8-8】

仍以【跟我练8-7】为例，采用修正内含报酬率法评价投资该项目是否可行。假设融资利率及再投资报酬率均为8%。

【模拟上机】

```
In [8]:  1  from numpy_financial import mirr
         2  mirr = mirr([-300000,85000,90000,95000,98000],0.08,0.08)
         3  if mirr>0.08:
         4      print('该项目内含报酬率 '+str(round(mirr,4))+' 大于0.08,项目可行。')
         5  else:
         6      print('该项目内含报酬率 '+str(round(mirr,4))+' 小于0.08,项目不可行。')
```

该项目内含报酬率 0.083 大于0.08,项目可行。

8.2.2 固定资产更新决策

当旧资产在技术上或经济上不宜再继续使用时，企业可能用新技术对其进行局部改造或是购建新的资产进行替换，我们将其统称为固定资产更新。但究竟是应该继续使用旧设备有利还是重新购建新设备有利，通过固定资产更新决策可以给出答案。

1. 寿命相等的固定资产更新决策

如果新旧设备的使用年限相同，我们可以采用净现值法或内含报酬率法来进行比较。

【跟我练8-9】

某企业有一台设备，预计使用10年，目前已经使用5年；市面上出现一种新设备，新旧设备的有关资料如表8-3所示。请问，该企业是应该购买新设备淘汰旧设备，还是应该继续使用旧设备呢？

表8-3 新旧设备资料

项目	旧设备	新设备
原值	80 000	140 000
预计使用年限	10	5
已使用年限	5	
年销售收入	100 000	1 560 000
每年付现成本	60 000	80 000
残值		20 000
变现收入	10 000	
折旧方法	直线法	直线法
其他相关	资金成本10%、所得税率25%	

【任务解析】

审题可知，本题属于寿命相等的固定资产更新决策。

首先计算未来5年新旧设备每年现金流量，按照折现率折现得到净现值，对新旧设备的净现值进行比较，选净现值较大的方案。

2. 计算继续使用旧设备方案的净现值

继续使用旧设备各年现金流量计算如表8-4所示。

表8-4 继续使用旧设备各年现金流量计算

使用年限	销售收入	付现成本	折旧额	营业利润	所得税	税后利润	现金流量
1	100 000	60 000	8000	32 000	8000	24 000	32 000
2	100 000	60 000	8000	32 000	8000	24 000	32 000
3	100 000	60 000	8000	32 000	8000	24 000	32 000
4	100 000	60 000	8000	32 000	8000	24 000	32 000
5	100 000	60 000	8000	32 000	8000	24 000	32 000

表中：

销售收入、付现成本已知。

折旧额根据直线法(原值-残值)÷使用年限计算得到。

营业利润=销售收入-付现成本-折旧额

所得税=营业利润×所得税率

税后利润=营业利润-所得税

现金流量=税后利润+折旧额

旧设备净现值npv=(0.1, 一系列现金流量)

3. 计算投资新设备方案的净现值

投资新设备各年现金流量计算如表8-5所示。

表8-5 投资新设备各年现金流量计算

	销售收入	付现成本	折旧额	营业利润	所得税	税后利润	营业现金流量	新设备残值	现金流量
0									-140 000
1	156 000	80 000	24 000	52 000	13 000	39 000	63 000		63 000
2	156 000	80 000	24 000	52 000	13 000	39 000	63 000		63 000
3	156 000	80 000	24 000	52 000	13 000	39 000	63 000		63 000
4	156 000	80 000	24 000	52 000	13 000	39 000	63 000		63 000
5	156 000	80 000	24 000	52 000	13 000	39 000	63 000	20 000	83 000

表中：

第0年初始投资=新设备投资-140 000

营业现金流量=税后利润+折旧额

第5年新设备残值=20 000

现金流量(第1～5年)=营业现金流量+新设备残值

新设备净现值npv=(0.1, 一系列现金流量)-初始投资

4. 判断是继续使用旧设备还是投资新设备

如果新设备净现值+旧设备的变现收入>旧设备的净现值，则更新，否则不更新。

【模拟上机】

1) 计算旧设备净现值

(1) 数据准备

首先导入模块,将基础数据构建到DataFrame中。

```
In [1]:  # 数据准备 (计算旧设备净现值)
         import pandas as pd
         from numpy_financial import npv

         # 用字典构建数据集
         data = {'销售收入':[100000,100000,100000,100000,100000],
                 '付现成本':[60000,60000,60000,60000,60000],
                 '折旧额':[8000,8000,8000,8000,8000]}
         df = pd.DataFrame(data)
         df
```

Out[1]:

	销售收入	付现成本	折旧额
0	100000	60000	8000
1	100000	60000	8000
2	100000	60000	8000
3	100000	60000	8000
4	100000	60000	8000

(2) 计算旧设备净现值。

```
In [2]:  # 计算旧设备净现值
         import pandas as pd
         import numpy_financial as npf
         pd.set_option('display.unicode.east_asian_width',True)

         df['营业利润'] = df['销售收入']-df['付现成本']-df['折旧额']    # 计算营业利润
         df['所得税'] = df['营业利润']*0.25                            # 计算所得税
         df['税后利润'] = df['营业利润']-df['所得税']                   # 计算税后利润
         df['现金流量'] = df['税后利润']+df['折旧额']                   # 计算现金流量
         print(df)

         npv = npf.npv(0.1,df['现金流量'])     # 计算净现值
         print('旧设备的净现值为: ', round(npv,2))
```

	销售收入	付现成本	折旧额	营业利润	所得税	税后利润	现金流量
0	100000	60000	8000	32000	8000.0	24000.0	32000.0
1	100000	60000	8000	32000	8000.0	24000.0	32000.0
2	100000	60000	8000	32000	8000.0	24000.0	32000.0
3	100000	60000	8000	32000	8000.0	24000.0	32000.0
4	100000	60000	8000	32000	8000.0	24000.0	32000.0

旧设备的净现值为: 133435.69

(3) 调整旧设备净现值。

```
In [3]:  npv_old=npf.npv(0.1,[0,32000,32000,32000,32000,32000])
         print('调整后的旧设备净现值',round(npv_old,2))
```

调整后的旧设备净现值 121305.18

❖ 提示:

调整NPV的原因及方法见8.2.1节。

2) 计算新设备净现值

(1) 数据准备。

首先导入模块，将基础数据构建到DataFrame中。

```python
# 数据准备（计算新设备净现值）
import pandas as pd
from numpy_financial import npv

# 用字典构建数据集
ndata = {'销售收入':[156000,156000,156000,156000,156000],
         '付现成本':[80000,80000,80000,80000,80000],
         '折旧额':[24000,24000,24000,24000,24000],
         '新设备残值':[0,0,0,0,20000]
        }
ndf = pd.DataFrame(ndata)
ndf
```

	销售收入	付现成本	折旧额	新设备残值
0	156000	80000	24000	0
1	156000	80000	24000	0
2	156000	80000	24000	0
3	156000	80000	24000	0
4	156000	80000	24000	20000

(2) 计算新设备净现值。

```python
# 计算新设备的净现值
import numpy as np
import numpy_financial as npf
pd.set_option('display.unicode.east_asian_width',True)
pd.set_option('display.width',1000)

ndf['营业利润'] = ndf['销售收入']-ndf['付现成本']-ndf['折旧额']    # 计算营业利润
ndf['所得税'] = ndf['营业利润']*0.25                              # 计算所得税
ndf['税后利润'] = ndf['营业利润']-ndf['所得税']                   # 计算税后利润
ndf['营业现金流量'] = ndf['税后利润']+ndf['折旧额']                # 计算营业现金流量
ndf['现金流量'] = ndf['营业现金流量']+ndf['新设备残值']            # 计算现金流量

print(ndf)

nnpv = npf.npv(0.1,ndf['现金流量'])    # 计算净现值
print('新设备的净现值为: ',round(nnpv-140000,2))
```

	销售收入	付现成本	折旧额	新设备残值	营业利润	所得税	税后利润	营业现金流量	现金流量
0	156000	80000	24000	0	52000	13000.0	39000.0	63000.0	63000.0
1	156000	80000	24000	0	52000	13000.0	39000.0	63000.0	63000.0
2	156000	80000	24000	0	52000	13000.0	39000.0	63000.0	63000.0
3	156000	80000	24000	0	52000	13000.0	39000.0	63000.0	63000.0
4	156000	80000	24000	20000	52000	13000.0	39000.0	63000.0	83000.0

新设备的净现值为: 136361.79

(3) 调整新设备净现值。

```python
nnpv_new=npf.npv(0.1,[0,63000,63000,63000,63000,83000])
print('调整后的新设备净现值',round(nnpv_new-140000,2))
```

调整后的新设备净现值 111237.99

3) 判断是否需要更新

因为(新设备的净现值+旧设备的变现收入)=111 237.99+10 000=121 237.99，小于旧设备的净现值121 305.18，因此选择不更新。

8.3 资金需要量预测

8.3.1 认识线性回归及其方法

回归分析是统计和机器学习中最重要的领域之一。线性回归是较重要、较简单且广泛使用的回归技术，它根据已知变量(自变量)来预测某个连续的数值变量(因变量)，如网站根据访问的历史数据(包括新用户的注册量、老用户的活跃度、网页内容的更新频率等)预测用户的支付转化率、企业根据过去年度的销售数据预测未来年度的营业收入等。

根据自变量的数量，线性回归分为一元线性回归和多元线性回归。

1. 线性回归知识准备

1) 线性回归相关模块

在Python中实现线性回归要导入的模块有scipy、numpy、scikit-learn和statsmodels。

- scipy：是基于numpy的科学计算库，用于数学、科学、工程学等领域。
- numpy：是Python的基础科学软件包，它允许在单维和多维数组上执行许多高性能操作。
- scikit-learn：是在numpy和其他一些软件包的基础上广泛使用的Python机器学习库。它提供了预处理数据、减少维数、实现回归、分类、聚类等方法。
- statsmodels：可以用于估算统计模型、执行测试等。
- Anaconda：安装时已自带上述模块，因此只需导入即可。

2) 更改数据的列数和行数reshape()

reshape(行,列)可以根据指定的行列数值将数据转换为特定的行数和列数，也就是转换为矩阵。其既可以用于numpy库的ndarray和array结构，也可以用于pandas库的DataFrame和Series结构。

【跟我练8-10】

将numpy库的array结构转换为矩阵。

【模拟上机】

```
In [10]:  1  import numpy as np
          2  df = np.array([1,2,3,4,5,6])
          3  print(df)
          4  df.reshape(3,2)    # 转换为3*2的矩阵
          [1 2 3 4 5 6]
Out[10]:  array([[1, 2],
                 [3, 4],
                 [5, 6]])
```

在实际应用中，经常对数据使用reshape(1,-1)或reshape(-1,1)进行转换，此处的-1表示未指定的。如果我们只需要特定的行数，那么列数直接用-1代替即可，反之亦然。所以-1可以理解为一个正整数通配符，它可以代替任何整数。

【跟我练8-11】

接【跟我练8-10】，将array转换为多行1列的数组。

【模拟上机】

```
In [11]: 1 df.reshape(-1,1)
Out[11]: array([[1],
                [2],
                [3],
                [4],
                [5],
                [6]])
```

2. 一元线性回归

回归是统计建模、数据分析和机器学习中的重要概念，它通过使用特定的数学公式建立自变量x与因变量y之间的可能关系。通常，用于回归的最常见的一种类型是线性回归，其他类型的回归包括逻辑回归、非线性回归等。

线性回归就是拟合出一个线性组合关系的函数，即：试图找到一条直线，使所有样本点到直线的欧式距离之和最小。

如果研究的线性代数只包含一个自变量和一个因变量，且两者的关系可以通过一条直线近似地刻画时，这种回归就称为一元线性回归。

一元线性回归方程如下。

$$y = ax + b$$

其中：a称为斜率；b称为截距；a和b统称为回归系数。

Python中有一些函数库和相应的模块可用于执行回归。

1）利用stats.linregress()进行预测

SciPy是用于科学计算的Python库，函数scipy.stats.linregress()使用最小二乘法作为最小化标准实现线性回归。linregress不支持多元回归，只支持简单线性回归。

语法：

slope,intercept, r, p, std_err = stats.linregress(x, y)

参数说明如下。
- slope：斜率。
- intercept：截距。
- r：相关系数。

【跟我练8-12】

已知昆泰公司2016—2022年的广告费和销售数据如表8-6所示。2023年预计广告费支出150万元，利用线性回归预测2023年的销售额。

表8-6 昆泰公司2016—2022年的销售数据

年份	2016	2017	2018	2019	2020	2021	2022
广告费/万元	100	105	90	125	135	140	142
销售额/万元	3150	3300	3100	3500	3660	3600	3680

【模拟上机】

```
In [12]: 1  from scipy import stats      # 导入模块
         2
         3  # 用列表方式为已知自变量x和因变量y赋值
         4  x = [100,105,90,125,135,140,142]
         5  y = [3150,3300,3100,3500,3660,3600,3680]
         6
         7  # 求线性回归的相关值：slope斜率，intercept截距，r衡量拟合性能
         8  slope,intercept,r,p,std_err = stats.linregress(x, y)
         9
        10  # 将斜率和截距代入方程
        11  y1 = slope*150+intercept
        12  print('2023年的销售额预计为'+str(round(y1,2)))
        13  print(r)
```

```
2023年的销售额预计为3772.24
0.9835841654394817
```

2) 利用图形进行预测

【跟我练8-13】

绘制源数据的散点图和预测数据的折线图，观察预测效果，输出预测相关参数。源数据为表8-6。

【模拟上机】

```
In [13]: 1  from scipy import stats
         2  from matplotlib import pyplot as plt
         3
         4  # 用列表方式为已知自变量x和因变量y赋值
         5  x = [100,105,90,125,135,140,142]
         6  y = [3150,3300,3100,3500,3660,3600,3680]
         7
         8  # 求线性回归的相关值：slope斜率，intercept截距，r衡量拟合性能
         9  slope,intercept,r,p,std_err = stats.linregress(x, y)
        10
        11  # 定义一元线性回归方程
        12  def func(x):
        13      return slope*x+intercept
        14
        15  # 调用方程计算每年预测数据
        16  mymodel = list(map(func,x))
        17
        18  # 绘制源数据的散点图和预测数据折线图
        19  plt.plot(x,mymodel)
        20  plt.scatter(x,y)
        21
        22  # 输出预测相关参数
        23  print('斜率:',round(slope,2))
        24  print('截距:',round(intercept,2))
        25  print('相关系数:',round(r,2))
```

map(func, x)函数会根据func()函数对指定序列x做映射，即，以x中的每个元素为变量调用func()函数，func()函数的每个返回值构成新列表。例如，列表x中包含n个元素[x1, x2, …, xn]，则map(func, x)返回一个新列表[func(x1), func(x2), …, func(xn)]。

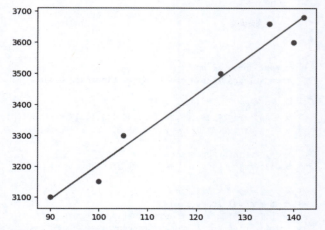

3)利用LinearRegression()函数进行预测

scikit-learn是用于机器学习的Python库之一,适用于拟合和预测,提供了不同的数值计算和统计建模选项。Linear_model模块的LinearRegression()函数使用最小二乘法作为最小化标准来寻找线性回归的参数。

语法:

LinearRegression(fit_intercept=True, normalize=False, copy_X=True, n_jobs=None)

参数说明如下。

- fit_intercept:是否需要计算截距。没有截距项则直线过原点。默认值为True。
- normalize:是否需要标准化。默认值为False。
- copy_X:选择是否拷贝X数据。默认值为True。当为False时,X将会被覆写。
- n_jobs:默认值为1。CPU工作的核数。

属性如下。

- coef_:数组,表示回归系数。
- intercept_:数组,表示截距。

方法如下。

- fit(x, y, sample_weight=None):拟合线性模型。
- predict(x):使用线性模型返回预测数据。
- score(x, y, sample_weight=None):返回预测的相关系数。

LinearRegression()函数调用fit()方法来拟合数组x和y,并且将线性回归模型的回归系数存储在其成员变量coef_中。

【跟我练8-14】

利用线性回归LinearRegression()函数预测2023年的销售额。源数据为表8-6。

【模拟上机】

```python
import numpy as np
from sklearn.linear_model import LinearRegression

# 创建数据
x = np.array([100,105,90,125,135,140,142]).reshape((-1, 1))
y = np.array([3150,3300,3100,3500,3660,3600,3680])

model = LinearRegression()       # 建立模型
model.fit(x, y)                  # 拟合模型

# 查看回归系数和相关系数
r_sq = model.score(x,y)
print('coefficient of determination:',r_sq)
print('intercept:',model.intercept_)
print('slope:',model.coef_)

# 预测
y = model.coef_*150+model.intercept_
print('2023年的销售额预计为'+str(round(y[0],2)))
```

Out[14]:
▸ LinearRegression

coefficient of determination: 0.967437810503282
intercept: 2071.070199956999
slope: [11.34110944]
2023年的销售额预计为3772.24

3. 多元线性回归

如果回归分析中涉及两个及以上的自变量，且自变量与因变量是线性关系，就称为多元线性回归。

多元线性回归模型中含有一个因变量和多个自变量。多元线性回归方程如下。

$$y = a_1 x_1 + a_2 x_2 + \cdots + a_n x_n + b$$

【跟我练8-15】

昆泰公司各年销售收入主要受广告费和单价两个因素影响。已知该公司2018—2022年的销售额、广告费和单价数据如表8-7所示，该表格保存在"回归.xlsx"文件中。如果2023年广告费预计为260 000元、单价为2800元，那么2023年预计销售收入是多少？

表8-7　昆泰公司2018—2022年的销售额、广告费和单价数据

年份	销售额/元	广告费/元	单价/元
2018	1 800 000	100 000	5000
2019	2 000 000	150 000	5000
2020	220 000	160 000	4000
2021	2 400 000	200 000	4000
2022	2 500 000	220 000	3000

项目 8　Python 在投融资管理中的应用

【模拟上机】

(1) 读取数据。

```
In [15]: 1  # 1、读取数据
         2  import pandas as pd
         3  pd.set_option('display.unicode.east_asian_width',True)
         4  df = pd.read_excel('回归.xlsx')
         5  print(df)
             年份    销售额    广告费   单价
         0  2018  1800000  100000  5000
         1  2019  2000000  150000  5000
         2  2020   220000  160000  4000
         3  2021  2400000  200000  4000
         4  2022  2500000  220000  3000
```

(2) 构建模型。

```
In [16]: 1  # 2、指定自变量和因变量
         2  x = df[['广告费','单价']]
         3  y = df['销售额']
         4
         5  # 构建线性回归模型
         6  import numpy as np
         7  from sklearn.linear_model import LinearRegression
         8  regr = LinearRegression()
         9  regr.fit(x,y)
Out[16]: ▾ LinearRegression
         LinearRegression()
```

(3) 查看线性回归方程各项系数。

```
[17]: 1  # 3、查看线性回归方程的各项系数
      2  print('多项式系数a为: '+str(regr.coef_))
      3  print('常数项b为: '+str(regr.intercept_))
多项式系数a为: [ 19.37837838 768.37837838]
常数项b为: -4659999.999999999
```

(4) 求解2023年预计销售额。

```
In [18]: 1  # 4、求解2023年预计销售额
         2  y1 = regr.coef_[0]*260000+ regr.coef_[1]*2800+regr.intercept_
         3  print('2023年预计销售额为: '+str(round(y1,2)))
2023年预计销售额为: 2529837.84
```

8.3.2　预测企业资金需要量

资金是企业的"血液"。筹资是企业为满足生产经营的需要，向企业外部单位或个人及企业内部筹措资金的一种财务活动。企业进行筹资活动首先要进行资金需要量的预测。

资金需要量预测的方法主要有销售百分比法和线性回归法。

【跟我练8-16】

已知某企业2017—2022年的销售量与资金需要量的历史数据如表8-8所示，该文件存储于"回归.xlsx"文件的Sheet2表页中。如若该企业2023年预计销售量为120，利用一元线性回归预测企业2023年资金需要量。

表8-8　某企业2017—2022年的销售量与资金需要量的历史数据

年份	销售量	资金需要量
2017	76	65
2018	73	60
2019	80	68
2020	85	72
2021	95	81
2022	108	93

【模拟上机】

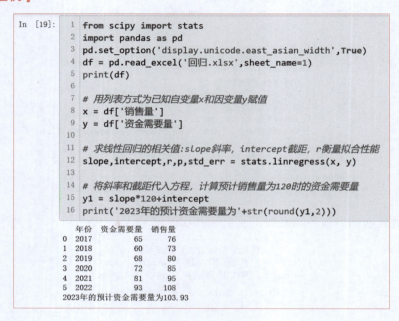

随堂测

一、判断题

1. 货币时间价值函数中的参数when=0，表示预付年金。（　　）
2. npv()函数参数中，values必须具有相等的时间间隔，并且都发生在期末。（　　）
3. linregress不支持多元回归，只支持简单线性回归。（　　）

二、单选题

1. 某公司购入一台设备，约定在5年内每年年末支付10万元，利率为5%，这种分期付款相当于一次支付了多少现金？此问题需要用到(　　)函数。

　　A. fv()　　　　　　　　　　　　B. pv()
　　C. pmt()　　　　　　　　　　　D. npv()

2. Reshape(-1, 1)中"-1"代表(　　)。

　　A. -1行　　　　　　　　　　B. 任意行

　　C. -1列　　　　　　　　　　D. 任意列

3. slope表示 $y=ax+b$ 中的(　　)。

　　A. y　　　　　　　　　　　B. a

　　C. x　　　　　　　　　　　D. b

三、多选题

1. 下列中用于项目投资评价的函数是(　　)。

　　A. pv()　　　　　　　　　　B. fv()

　　C. npv()　　　　　　　　　 D. irr()

2. 下列中属于线性回归的有(　　)。

　　A. y=ax+b　　　　　　　　 B. y=a1x1+a2x2+a3x3+b

　　C. y=ax2　　　　　　　　　D. y=linx

3. 下列中函数可以用于线性回归的有(　　)。

　　A. linregress()　　　　　　　B. reshape()

　　C. round()　　　　　　　　　D. LinearRegression()

四、实训题

1. 现有一个基金投资项目，购买成本为800 000元，该基金可以在以后20年内于每月月末回报6000元，若期望的最低年回报率为8%，问投资该项基金是否核算？

2. 众诚公司拟于2023年1月1日发行面值为1000元的债券，票面利率为5%，期限为3年，每年1月1日付息，到期时归还本金，假定市场利率为3%，债券的发行价格为多少？

3. 制作年金现值系数表，如图8-9所示。

n	1%	2%	3%	4%	5%	6%	8%	10%	12%	14%	15%	16%	18%	20%
1	0.990	0.980	0.970	0.961	0.952	0.943	0.925	0.909	0.892	0.877	0.869	0.862	0.847	0.833
2	1.970	1.941	1.913	1.886	1.859	1.833	1.783	1.735	1.690	1.646	1.625	1.605	1.565	1.527
3	2.940	2.883	2.828	2.775	2.723	2.673	2.577	2.486	2.401	2.321	2.283	2.245	2.174	2.106
4	3.901	3.807	3.717	3.629	3.545	3.465	3.312	3.169	3.037	2.913	2.854	2.798	2.690	2.588
5	4.853	4.713	4.579	4.451	4.329	4.212	3.992	3.790	3.604	3.433	3.352	3.274	3.127	2.990
6	5.795	5.601	5.417	5.242	5.075	4.917	4.622	4.355	4.111	3.888	3.784	3.684	3.497	3.325
7	6.728	6.471	6.230	6.002	5.786	5.582	5.206	4.868	4.563	4.288	4.160	4.038	3.811	3.604
8	7.651	7.325	7.019	6.732	6.463	6.209	5.746	5.334	4.967	4.638	4.487	4.343	4.077	3.837
9	8.566	8.162	7.786	7.435	7.107	6.801	6.246	5.759	5.328	4.946	4.771	4.606	4.303	4.030
10	9.471	8.982	8.530	8.110	7.721	7.360	6.710	6.144	5.650	5.216	5.018	4.833	4.494	4.192

图8-9　制作年金现值系数表

项目 9

Python 销售数据分析

学习目标

- 了解销售数据分析需求,能够基于Python技术设计解决方案。
- 理解销售数据总体分析方法,掌握Python实现销售目标达成分析,销售数据随时间变化情况分析。
- 理解销售数据分层分析方法,掌握Python实现产品维度、渠道维度、销售人员维度、客户维度的分析技术。

思政目标

提高安全意识,遵守保密制度

包括销售数据在内的大多数财务数据对于企业经营非常重要,必须严格保密。作为财务人员必须遵守公司的保密制度,将财务数据视为高度敏感的机密信息,不能泄漏给任何未经授权的访问。妥善保管任何涉及财务数据的纸质或电子文件,确保其安全性。尤其是网络时代,许多财务数据采用远程处理和交付方式,更需要遵守财务制度,通过妥善保存访问密码、及时杀毒、安装防火墙等措施,严密防范信息被窃取。对于非财务人员,同样要遵守保密规定,不能随意浏览、记录、传播财务数据。

销售数据分析是企业管理的重要环节,能够帮助企业了解市场需求,预测未来销售趋势,制定科学的销售策略。本项目介绍利用Python进行销售数据分析的具体步骤和方法。

9.1 背景案例

9.1.1 问题提出

馨派宠物是一家知名的宠物用品连锁企业,主营的犬粮有4种不同品牌,每种品牌下又包括3款不同的型号，产品基本情况如表9-1所示。

表9-1 产品基本情况

犬粮品牌	犬粮型号	产品名称	售价/元	单位成本/元
皇家	成犬	皇家成犬粮	174	124
	全犬	皇家全犬粮	188	134
	幼犬	皇家幼犬粮	209	150
纯福	成犬	纯福成犬粮	188	140
	全犬	纯福全犬粮	210	156
	幼犬	纯福幼犬粮	226	168
麦富迪	成犬	麦富迪成犬粮	128	102
	全犬	麦富迪全犬粮	135	108
	幼犬	麦富迪幼犬粮	155	124
冠能	成犬	冠能成犬粮	188	145
	全犬	冠能全犬粮	210	162
	幼犬	冠能幼犬粮	226	174

馨派宠物目前采用直播销售模式，在赛手、萌品、佳播3个主流直播平台上均开设了直播间，每个直播间有3位主播轮值。主播基本信息如表9-2所示。

表9-2 主播基本信息

直播平台	主播姓名	性别
赛手	毛毛	女
	露露	女
	小智	男
萌品	佳佳	女
	冰冰	女
	小白	男
佳播	莲莲	女
	菲菲	女
	大卫	男

目前，馨派宠物已开通直播两年，保留了2021—2022年全年的销售数据，共计26 707条记录，如表9-3所示。

表9-3 馨派宠物2021—2022年销售数据

订单日期	产品	销售员	数量	客户ID
2021-1-26	皇家成犬粮	菲菲	1	177
2021-1-27	皇家全犬粮	小白	1	126
2021-1-29	皇家幼犬粮	莲莲	1	159
2021-1-30	皇家全犬粮	小智	1	199
2021-2-6	皇家成犬粮	毛毛	1	179
2021-2-10	皇家成犬粮	莲莲	1	157
...	...	...	...	...
2022-12-30	麦富迪成犬粮	大卫	1	3681

9.1.2 明确分析需求

1. 管理需求

新的一年到来之际，馨派宠物管理层需要做出关于销售模式、销售渠道、犬粮品牌选择、人员招聘、销售计划、激励政策等决策，因此迫切需要了解以下几个问题。

(1) 三大直播平台、九个主播的销售业绩如何？
(2) 哪种品牌的犬粮更受欢迎？不同品牌犬粮中销售最好的是哪个型号？
(3) 女主播更受欢迎还是男主播更受欢迎？
(4) 销售情况与不同年度、季度、月份有关联吗？
(5) 哪些地区的消费能力更强？

2. 需求解析

决策需要数据支持，将企业上述管理需求转化为清晰的数据需求，如表9-4所示。

表9-4 将管理需求转化为数据需求

管理需求	需要的数据支持
三大平台、九个主播的销售业绩如何？	按平台、主播进行销售业绩分析
哪种品牌的犬粮更受欢迎？ 不同品牌犬粮中销售最好的是哪个型号？	按犬粮品牌、犬粮型号进行销售分层分析
女主播更受欢迎还是男主播更受欢迎？	按性别对销售额进行比较分析
销售情况与不同年度、季度、月份有关联吗？	按照各种日期对销售额进行分层分析
哪些地区的消费能力更强？	进行产品流向分析

通过需求解析可以看出：

(1) 根据管理需求，所需的数据支持大部分是从不同角度、不同维度对销售额、销售量等数据进行深入观察与分析。

(2) 管理需求会随着时间、经营情况的变化而变化，需要适应各种管理需求的变化，快速地获取和管理数据，并进行数据可视化分析。

针对不同维度、不同角度的数据分析需求，仅通过数据表格很难直观地获取数据背后的信息。数据可视化分析不仅能够回答上述问题，还能通过交互式分析发现导致问题背后的原因。

9.1.3 设计解决方案

1. 整体分析框架

进行销售数据分析，首先要结合企业业务实际，整理出分析框架和分析重点，一般可以按照从整体到局部、时间维度、从结果倒推原因的几种思路进行整理。

销售数据分析的整体框架如图9-1所示。

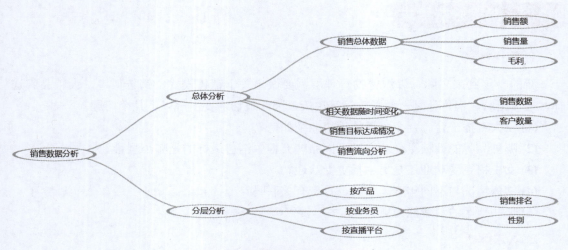

图 9-1　销售数据分析的整体框架

2. 数据表说明

馨派宠物现有数据存放在"馨派宠物.xlsx"中,其中包括产品表、客户表、主播表和销售明细表四张数据表。

1) 产品表

产品表包括产品ID、犬粮品牌、犬粮型号、产品名称、售价和单位成本6个字段,共有12条产品信息,如表9-5所示。

表9-5　产品表

产品ID	犬粮品牌	犬粮型号	产品名称	售价/元	单位成本/元
C1001	皇家	成犬	皇家成犬粮	174	124
C1002	皇家	全犬	皇家全犬粮	188	134
C1003	皇家	幼犬	皇家幼犬粮	209	150
C2001	纯福	成犬	纯福成犬粮	188	140
C2002	纯福	全犬	纯福全犬粮	210	156
C2003	纯福	幼犬	纯福幼犬粮	226	168
C3001	麦富迪	成犬	麦富迪成犬粮	128	102
C3002	麦富迪	全犬	麦富迪全犬粮	135	108
C3003	麦富迪	幼犬	麦富迪幼犬粮	155	124
C4001	冠能	成犬	冠能成犬粮	188	145
C4002	冠能	全犬	冠能全犬粮	210	162
C4003	冠能	幼犬	冠能幼犬粮	226	174

2) 客户表

客户表包括客户ID和所在城市两个字段,共有4537条客户信息,如表9-6所示。

表9-6　客户表

客户ID	所在城市
101	北京市
102	北京市
103	北京市
…	…
4636	南昌市
4637	南昌市

3) 主播表

主播表包括销售员ID、姓名、性别、直播平台4个字段，共有9名主播信息，如表9-7所示。

表9-7　主播表

销售员ID	姓名	性别	直播平台
X101	毛毛	女	赛手
X102	露露	女	赛手
X103	小智	男	赛手
X104	佳佳	女	萌品
X105	冰冰	女	萌品
X106	小白	男	萌品
X107	莲莲	女	佳播
X108	菲菲	女	佳播
X109	大卫	男	佳播

4) 销售明细表

销售明细表包括订单编号、订单日期、产品ID、客户ID、销售员ID、数量6个字段，共26707条记录，如表9-8所示。

表9-8　销售明细表

订单编号	订单日期	产品ID	客户ID	销售员ID	数量
DS0000001	2021/1/26	C1001	177	X108	1
DS0000002	2021/1/27	C1002	126	X106	1
DS0000003	2021/1/29	C1003	159	X107	1
DS0000004	2021/1/30	C1002	199	X103	1
DS0000005	2021/2/6	C1001	179	X101	1
DS0000006	2021/2/10	C1001	157	X107	1
…	…	…	…	…	…
DS0026707	2022/12/30	C3001	3681	X109	1

9.2 数据导入并预处理

9.2.1 获取数据

【跟我练9-1】

从"馨派宠物.xlsx"中读取产品表、客户表、主播表和销售明细表分别存入df1~df4。

【模拟上机】

(1) 读取产品表到df1。

```
In [1]: 1  import pandas as pd
        2  df1 = pd.read_excel('馨派宠物.xlsx',sheet_name=0)
        3  df1.head(3)
```

	产品ID	犬粮品牌	犬粮型号	产品名称	售价	单位成本
0	C1001	呈家	成犬	呈家成犬粮	174	124
1	C1002	呈家	全犬	呈家全犬粮	188	134
2	C1003	呈家	幼犬	呈家幼犬粮	209	150

将Excel表单的编号赋值给参数sheet_name读取其中的数据,默认表单编号从0开始。

(2) 读取客户表到df2。

```
In [2]: 1  import pandas as pd
        2  df2 = pd.read_excel('馨派宠物.xlsx',sheet_name='客户表')
        3  df2.head(3)
```

	客户ID	所在城市
0	101	北京市
1	102	北京市
2	103	北京市

或者通过将表单的名称赋值给参数sheet_name读取表单中的数据。

(3) 读取销售主播表到df3。

```
In [3]: 1  import pandas as pd
        2  df3 = pd.read_excel('馨派宠物.xlsx',sheet_name=2)
        3  df3.head(3)
```

	销售员ID	姓名	性别	直播平台
0	X101	毛毛	女	塞手
1	X102	露露	女	塞手
2	X103	小智	男	塞手

(4) 读取销售明细表到df4。

```
In [4]: 1  import pandas as pd
        2  df4 = pd.read_excel('馨派宠物.xlsx',sheet_name='销售明细表')
        3  df4.head(3)
```

	订单编号	订单日期	产品ID	客户ID	销售员ID	数量
0	DS0000001	2021-01-26	C1001	177	X108	1
1	DS0000002	2021-01-27	C1002	126	X106	1
2	DS0000003	2021-01-29	C1003	159	X107	1

9.2.2 数据预处理

1. 合并表

为了数据处理方便,将以上四张表合并到一个DataFrame,表中包括以上四张表的所有字段(自动剔除重复字段)。

【跟我练9-2】

将df1~df4横向合并(自动剔除重复字段),生成df。

【模拟上机】

```
In [2]:  # 将df1~df4合并到一个数据框
         df = pd.merge(df4,df3)
         df = pd.merge(df,df2)
         df = pd.merge(df,df1)
         df
```

Out[2]:

	订单编号	订单日期	产品ID	客户ID	销售员ID	数量	姓名	性别	直播平台	所在城市	犬粮品牌	犬粮型号	产品名称	售价	单位成本
0	DS0000001	2021-01-26	C1001	177	X108	1	菲菲	女	佳播	北京市	皇家	成犬	皇家成犬粮	174	124
1	DS0001520	2021-10-20	C1001	132	X108	1	菲菲	女	佳播	北京市	皇家	成犬	皇家成犬粮	174	124
2	DS0002761	2021-12-23	C1001	132	X108	1	菲菲	女	佳播	北京市	皇家	成犬	皇家成犬粮	174	124
3	DS0000009	2021-02-13	C1001	147	X108	1	菲菲	女	佳播	北京市	皇家	成犬	皇家成犬粮	174	124
4	DS0023987	2022-12-12	C1001	191	X108	1	菲菲	女	佳播	北京市	皇家	成犬	皇家成犬粮	174	124
...	...	...	...	...	...	...	...	...	...	...	...	...	...	...	...
26702	DS0024541	2022-12-15	C4003	4277	X109	1	大卫	男	佳播	赣州市	冠能	幼犬	冠能幼犬粮	226	174
26703	DS0025515	2022-12-23	C4003	4257	X109	1	大卫	男	佳播	赣州市	冠能	幼犬	冠能幼犬粮	226	174
26704	DS0025754	2022-12-26	C4003	4513	X109	1	大卫	男	佳播	海口市	冠能	幼犬	冠能幼犬粮	226	174
26705	DS0025786	2022-12-26	C4003	4567	X109	1	大卫	男	佳播	朝阳市	冠能	幼犬	冠能幼犬粮	226	174
26706	DS0026185	2022-12-28	C4003	3854	X109	1	大卫	男	佳播	信阳市	冠能	幼犬	冠能幼犬粮	226	174

26707 rows × 15 columns

❖ 提示:

◇ 两个DataFrame必须至少拥有一个共同的字段才可以执行merge操作。这四张表中,df1、df2、df3互相之间都没有共同的字段,无法合并;df4与df1、df2、df3之间分别拥有共同字段"产品ID""客户ID"和"销售员ID",df4与这三者都可合并。因此必须首先执行df4与另外3个DataFrame的合并。

◇ 合并顺序决定了合并后的字段排列顺序。例如,merge(df4,df3)执行后df4的原有字段排在左侧,df3的字段排在右侧。df3与df4重复的字段只保留df4中的一个,不会重复。

2. 增加新列

【跟我练9-3】

添加"金额"和"毛利"两个新列。金额=数量×售价,毛利=数量×(售价-单位成本)。

【模拟上机】

```
In [3]:  1  df['金额'] = df['数量']*df['售价']
         2  df['毛利'] = df['数量']*(df['售价']-df['单位成本'])
         3  df
Out[3]:
```

	订单编号	订单日期	产品ID	客户ID	销售员ID	数量	姓名	性别	直播平台	所在城市	犬粮品牌	犬粮型号	产品名称	售价	单位成本	金额	毛利
0	DS0000001	2021-01-26	C1001	177	X108	1	菲菲	女	佳播	北京市	皇家	成犬	皇家成犬粮	174	124	174	50
1	DS0001520	2021-10-20	C1001	132	X108	1	菲菲	女	佳播	北京市	皇家	成犬	皇家成犬粮	174	124	174	50
2	DS0002761	2021-12-23	C1001	132	X108	1	菲菲	女	佳播	北京市	皇家	成犬	皇家成犬粮	174	124	174	50
3	DS0000009	2021-02-13	C1001	147	X108	1	菲菲	女	佳播	北京市	皇家	成犬	皇家成犬粮	174	124	174	50
4	DS0023987	2022-12-12	C1001	191	X108	1	菲菲	女	佳播	北京市	皇家	成犬	皇家成犬粮	174	124	174	50
...	...	...	...	...	...	...	...	...	...	...	...	...	...	...	...	...	...
26702	DS0024541	2022-12-15	C4003	4277	X109	1	大卫	男	佳播	赣州市	冠能	幼犬	冠能幼犬粮	226	174	226	52
26703	DS0025515	2022-12-23	C4003	4257	X109	1	大卫	男	佳播	赣州市	冠能	幼犬	冠能幼犬粮	226	174	226	52
26704	DS0025754	2022-12-26	C4003	4513	X109	1	大卫	男	佳播	海口市	冠能	幼犬	冠能幼犬粮	226	174	226	52
26705	DS0025786	2022-12-26	C4003	4567	X109	1	大卫	男	佳播	朝阳市	冠能	幼犬	冠能幼犬粮	226	174	226	52
26706	DS0026185	2022-12-28	C4003	3854	X109	1	大卫	男	佳播	信阳市	冠能	幼犬	冠能幼犬粮	226	174	226	52

26707 rows × 17 columns

此时，如果直接执行df.to_excel('馨派销售数据汇总表.xlsx')，则Excel内容如下。

	A	B	C
1		订单编号	订单日期
2	0	DS0000001	2021-01-26 00:00:00
3	1	DS0001520	2021-10-20 00:00:00
4	2	DS0002761	2021-12-23 00:00:00

日期型数据保存到Excel时自动增加了时间00:00:00，df的索引也被保存为一列。Pandas的函数dt.date能够把"年月日时分秒"格式的日期型数据转换为只保留"年月日"的格式。另外，保存到Excel时把参数index的值设为False就不会把df的索引保存为一列了。

```
df['订单日期'] = df['订单日期'].dt.date
df.to_excel('馨派销售数据汇总表.xlsx',index=False)
```

	A	B	C	D	E	F	G	H	I	J	K	L	M	N	O	P	Q
1	订单编号	订单日期	产品ID	客户ID	销售员ID	数量	姓名	性别	直播平台	所在城市	犬粮品牌	犬粮型号	产品名称	售价	单位成本	金额	毛利
2	DS0000001	2021-01-26	C1001	177	X108	1	菲菲	女	佳播	北京市	皇家	成犬	皇家成犬粮	174	124	174	50
3	DS0001520	2021-10-20	C1001	132	X108	1	菲菲	女	佳播	北京市	皇家	成犬	皇家成犬粮	174	124	174	50
4	DS0002761	2021-12-23	C1001	132	X108	1	菲菲	女	佳播	北京市	皇家	成犬	皇家成犬粮	174	124	174	50
5	DS0000009	2021-02-13	C1001	147	X108	1	菲菲	女	佳播	北京市	皇家	成犬	皇家成犬粮	174	124	174	50
6	DS0023987	2022-12-12	C1001	191	X108	1	菲菲	女	佳播	北京市	皇家	成犬	皇家成犬粮	174	124	174	50

9.3 销售总体分析

销售总体分析包括对销售数据的总体统计、销售目标达成分析、销售流向分析和相关数据的季节性变化、地区差异等方面的分析。

9.3.1 销售目标达成分析

销售目标达成分析的基础数据包括两项：一是计划目标；二是实际完成情况。具体对象可以是销售额、销售量、毛利、利润等。

1. 统计本期实际总的销售量、销售额、销售成本、毛利

统计2021—2022年每月、每季度、每年的销售量、销售额、销售成本、毛利。

【跟我练9-4】

利用透视表统计月度、季度、年度销售额。

【模拟上机】

(1) 增加月度、季度、年度三列。

```
In [4]: 1  import pandas as pd
        2  df=pd.read_excel('馨派销售数据汇总表.xlsx')
        3  # 添加三列：月度、季度、年度
        4  df['月度'] = df['订单日期'].dt.to_period('M')   #参数 M 表示月份
        5  df['季度'] = df['订单日期'].dt.to_period('Q')   #参数 Q 表示季度
        6  df['年度'] = df['订单日期'].dt.to_period('A')   #参数 A 表示年度
        7  df
```

Out[4]:

	订单编号	订单日期	产品ID	客户ID	销售员ID	数量	姓名	性别	直播平台	所在城市	犬粮品牌	犬粮型号	产品名称	售价	单位成本	金额	毛利	月度	季度	年度
0	DS0000001	2021-01-26	C1001	177	X108	1	菲菲	女	佳播	北京市	皇家	成犬	皇家成犬粮	174	124	174	50	2021-01	2021Q1	2021
1	DS0001520	2021-10-20	C1001	132	X108	1	菲菲	女	佳播	北京市	皇家	成犬	皇家成犬粮	174	124	174	50	2021-10	2021Q4	2021
2	DS0002761	2021-12-23	C1001	132	X108	1	菲菲	女	佳播	北京市	皇家	成犬	皇家成犬粮	174	124	174	50	2021-12	2021Q4	2021
3	DS0000009	2021-02-13	C1001	147	X108	1	菲菲	女	佳播	北京市	皇家	成犬	皇家成犬粮	174	124	174	50	2021-02	2021Q1	2021
4	DS0023987	2022-12-12	C1001	191	X108	1	菲菲	女	佳播	北京市	皇家	成犬	皇家成犬粮	174	124	174	50	2022-12	2022Q4	2022
...																				
26702	DS0024541	2022-12-15	C4003	4277	X109	1	大卫	男	佳播	赣州市	冠能	幼犬	冠能幼犬粮	226	174	226	52	2022-12	2022Q4	2022
26703	DS0025515	2022-12-23	C4003	4257	X109	1	大卫	男	佳播	赣州市	冠能	幼犬	冠能幼犬粮	226	174	226	52	2022-12	2022Q4	2022
26704	DS0025754	2022-12-26	C4003	4513	X109	1	大卫	男	佳播	海口市	冠能	幼犬	冠能幼犬粮	226	174	226	52	2022-12	2022Q4	2022
26705	DS0025786	2022-12-26	C4003	4567	X109	1	大卫	男	佳播	朝阳市	冠能	幼犬	冠能幼犬粮	226	174	226	52	2022-12	2022Q4	2022
26706	DS0026185	2022-12-28	C4003	3854	X109	1	大卫	男	佳播	信阳市	冠能	幼犬	冠能幼犬粮	226	174	226	52	2022-12	2022Q4	2022

26707 rows × 20 columns

❖ 提示：

Pandas的dt.to_period()函数以特定频率转换日期型数据。dt.to_period('Y')以年为频率，返回日期型数据中的"年"；dt.to_period('M')以月为频率，返回"年-月"；dt.to_period('D')以天为频率，返回"年-月-日"；dt.to_period('Q')以季度为频率，返回"年-季度"，并以Q1～Q4表示第1～4季度。这样转换后，按年、季度、月、天统计数据就很方便了。

(2) 生成数据透视表。

```
In [5]: 1  # 按月度生成数据透视表
        2  import numpy as np
        3  pivot = pd.pivot_table(df, index=['数量'], columns=['月度'], values=['金额'], aggfunc=np.sum)
        4  pivot.head()
```

Out[5]:

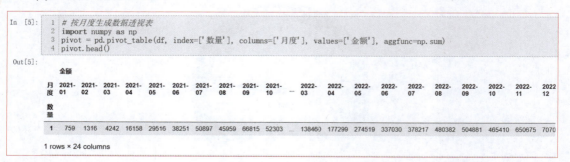

1 rows × 24 columns

In [6]:
```
# 按季度生成数据透视表
pivot = pd.pivot_table(df, index=['数量'], columns=['季度'], values=['金额'], aggfunc=np.sum)
pivot.head()
```

Out[6]:

	金额							
季度	2021Q1	2021Q2	2021Q3	2021Q4	2022Q1	2022Q2	2022Q3	2022Q4
数量								
1	6317	83925	163671	281169	337737	788848	1363480	1823173

In [7]:
```
# 按年度生成数据透视表
pivot = pd.pivot_table(df, index=['数量'], columns=['年度'], values=['金额'], aggfunc=np.sum)
pivot.head()
```

Out[7]:

	金额	
年度	2021	2022
数量		
1	535082	4313238

根据透视表统计的销售额,可以进行月度、季度、年度的数据分析。销售量、销售成本、毛利等数据的月度、季度、年度统计方法与此同理,不再赘述。

2. 销售目标达成分析

【跟我练9-5】

用仪表盘图展现2022年销售目标的完成情况,假设总销售目标为5 300 000元。

【模拟上机】

In [5]:
```
import pyecharts.options as opts
from pyecharts.charts import Gauge       #导入模块

completion=4313238
target=5300000
rate=round(100*completion/target,2)       #保留两位小数

(
    Gauge(init_opts=opts.InitOpts(width="800px", height="400px"))    # 设定大小
    .add(series_name="",data_pair=[["完成率",rate]])
    .set_series_opts(
        axisline_opts=opts.AxisLineOpts(
            linestyle_opts=opts.LineStyleOpts(
                color=[[0.3, "#67e0e3"], [0.7, "#37a2da"], [1, "#fd666d"]], width=30
            )
        )
    )
    .render("2022年销售目标完成情况仪表盘图.html")
)
```

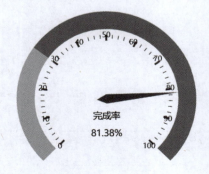

仪表盘的绘制比较简单,首先计算要显示的完成率。

【跟我练9-4】

按年度生成的数据透视表中统计得到了2022年实际完成的销售额,代码4~6行计算实际完成率rate。第10行代码指定要显示的完成率rate。第14行代码用3种不同的颜色显示不同的百分比范围,颜色编码的格式为"#"加6位十六进制数。关于颜色编码可自行上网查找。不使用颜色编码直接使用诸如"red""green""blue"等单词也可以。第14行的width=30指定环形的宽度。

9.3.2 相关数据随时间变化情况

某些产品销售受季节影响,了解销售数据随时间的变化情况、客户数量随时间变化情况等有利于企业管理层做出更精准的资源投放计划安排。

1. 销售数据随时间变化情况

【跟我练9-6】

不同型号的犬粮销售量和销售额随年份季度的变化情况。

【模拟上机】

(1) 生成不同犬粮型号在每个季度销售额的数据透视表。

```
1  import numpy as np
2  pivot = pd.pivot_table(df, index=['犬粮型号'], columns=['季度'], values=['金额'], aggfunc=np.sum)
3  pivot.head()
```

	金额							
季度	2021Q1	2021Q2	2021Q3	2021Q4	2022Q1	2022Q2	2022Q3	2022Q4
犬粮型号								
全犬	3090	41067	81353	137928	164099	384928	653172	786152
幼犬	1881	23056	46726	77655	96572	228406	400608	590103
成犬	1346	19802	35592	65586	77066	175514	309700	446918

(2) 选取数据透视表的"金额"列,以便作图。

```
1  # 数据透视表的"金额"保存为DataFrame
2  df_amount=pivot['金额']
3  df_amount
```

季度	2021Q1	2021Q2	2021Q3	2021Q4	2022Q1	2022Q2	2022Q3	2022Q4
犬粮型号								
全犬	3090	41067	81353	137928	164099	384928	653172	786152
幼犬	1881	23056	46726	77655	96572	228406	400608	590103
成犬	1346	19802	35592	65586	77066	175514	309700	446918

(3) 按季度生成销售量数据透视表。

```
1  # 按季度生成销售量数据透视表
2  pivotQ_volume = pd.pivot_table(df, index=['季度'], values=['数量'], aggfunc=np.sum)
3  pivotQ_volume
```

季度	数量
2021Q1	34
2021Q2	468
2021Q3	883
2021Q4	1623
2022Q1	2031
2022Q2	4472
2022Q3	7365
2022Q4	9831

(4) 生成按季度的销售额柱状图，销量折线图。

```
In [6]:  1  # 销售额的季度柱状图，销量的季度折线图
         2  import matplotlib.pyplot as plt
         3
         4  plt.rcParams['font.sans-serif']=['SimHei']  # 正常显示中文标签
         5
         6  df_amount.T.plot(kind='bar')                # 不同犬粮型号的季度销售额柱状图
         7  plt.xlabel('年份 季度',fontsize=15)          # x轴名称、字号
         8  plt.ylabel('销售额',fontsize=15)             # y轴名称、字号
         9  plt.title('销售业绩',fontsize=18)            # 图表标题、字号
        10  plt.xticks(rotation=30)                     # x轴标签倾斜30度
        11
        12  plt.twinx()                                 # 双坐标轴
        13  x=pivotQ_volume.index                       # 获取pivotQ_volume的索引（季度）
        14  x=x.astype(str)                             # pivotQ_volume的索引为Period类型，要转换为string类型
        15  y=pivotQ_volume['数量']
        16  plt.plot(x,y,color='red',linewidth=3,linestyle="dotted",label='销量')
        17  plt.legend(loc='upper center')              # 折线图例的位置
        18  plt.ylabel('销售量',fontsize=15)
        19  plt.show()
```

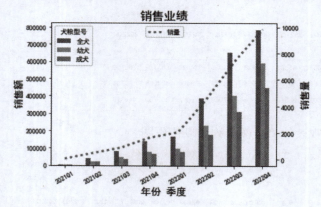

2. 客户数量随时间的变化情况

1) 学习瀑布图

瀑布图(Waterfall chart)适用于展示某个指标从初始数值一步步地增加或减少到最终数值的整个过程，使用Matplotlib绘制瀑布图，需要安装第三方绘图库waterfallcharts，即使用pip安装瀑布图库。安装命令如下。

```
pip install waterfallcharts
```

安装图库后要导入必要的库，包括Pandas、Matplotlib和waterfall_chart。

2) 用瀑布图直观展示客户数量随时间的变化情况

【跟我练9-7】

客户数量随时间变化情况。

【模拟上机】

(1) 按季度统计每个客户的购买数量。

```
1  # 按季度统计客户数量
2  import numpy as np
3  pivotQ_customer = pd.pivot_table(df, index=['客户ID'], columns=['季度'], values=['数量'], aggfunc=np.sum)
4  pivotQ_customer    # 每个客户在每个季度的购买数量
```

	数量							
季度	2021Q1	2021Q2	2021Q3	2021Q4	2022Q1	2022Q2	2022Q3	2022Q4
客户ID								
101	1.0	NaN	NaN	2.0	1.0	3.0	4.0	3.0
102	NaN	NaN	NaN	2.0	5.0	3.0	4.0	5.0
103	NaN	NaN	NaN	3.0	2.0	3.0	5.0	2.0
104	NaN	NaN	1.0	NaN	4.0	2.0	3.0	2.0
105	NaN	2.0	1.0	NaN	2.0	3.0	3.0	2.0
...	...	...	...	...	...	...	...	...
4633	NaN	NaN	NaN	NaN	NaN	NaN	NaN	3.0
4634	NaN	NaN	NaN	NaN	NaN	NaN	NaN	4.0
4635	NaN	NaN	NaN	NaN	NaN	NaN	NaN	3.0
4636	NaN	NaN	NaN	NaN	NaN	NaN	NaN	2.0
4637	NaN	NaN	NaN	NaN	NaN	NaN	NaN	3.0

4265 rows × 8 columns

(2) 统计每列的非空值个数，即为该季度总的客户数量。

```
1  df_customer=pivotQ_customer['数量']
2  y=df_customer.count()    # count函数统计非空值个数，即该季度的客户数量
3  y
```

```
季度
2021Q1      33
2021Q2     329
2021Q3     578
2021Q4     977
2022Q1    1269
2022Q2    2244
2022Q3    3052
2022Q4    3692
Freq: Q-DEC, dtype: int64
```

(3) 绘制客户数量随时间变化瀑布图。

```
In [9]:  1  import matplotlib.pyplot as plt
         2  import pandas as pd
         3  import waterfall_chart
         4  plt.rcParams['font.sans-serif']=['SimHei']    # 正常显示中文标签
         5  df_customer=pivotQ_customer['数量']
         6  x=df_customer.columns.astype(str)
         7  y=df_customer.count()                          # 该季度的客户数量
         8  waterfall_chart.plot(x, y,net_label='客户数量')
```

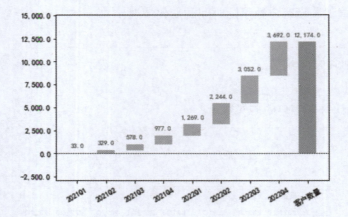

3. 销售流向分析

销售流向分析可以发现不同城市的销售情况差异，在进行销售安排或调度时有重要参考价值。

【跟我练9-8】

利用散点图对比2022年不同城市的销售额。

【模拟上机】

(1) 统计不同城市的销售额。

```
1  # 统计不同城市的销售额
2  # 按年度生成金额数据透视表
3  import numpy as np
4  pivotY_city = pd.pivot_table(df, index=['所在城市'], columns=['年度'], values=['金额'], aggfunc=np.sum)
5  pivotY_city
6  df_city=pivotY_city['金额']
7  df_city
```

年度	2021	2022
所在城市		
东莞市	552.0	70393.0
中山市	2376.0	145561.0
佛山市	NaN	141934.0
信阳市	NaN	42042.0
包头市	NaN	77499.0
北京市	48963.0	209364.0
北海市	NaN	52639.0

(2) 根据销售额绘制散点图。

```
In [8]:  1  # 直径不同的散点图
         2  from pyecharts.charts import Scatter
         3  from pyecharts import options as opts
         4  c = (
         5      Scatter()
         6      .add_xaxis(df_city.index.tolist())        # 城市列表
         7      .add_yaxis("", df_city['2022'].tolist())
         8      .set_global_opts(
         9          title_opts=opts.TitleOpts(title="销售额"),
        10          visualmap_opts=opts.VisualMapOpts(type_="size", max_=300000, min_=1000),
        11      )
        12      .render("d:\\产品流向散点图.html")
        13  )
```

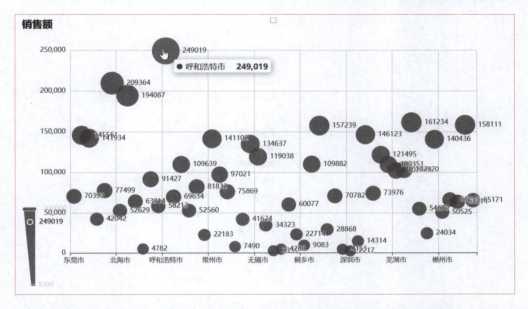

不同销售额对应不同的点直径，销售额相同的点在一个水平线上。由于城市较多，x轴未显示全部城市名称，鼠标指向圆点会显示城市名称和销售额。

9.4 销售分层分析

9.4.1 产品维度

销售分层分析包括按产品、按业务员、按销售渠道等多个维度对销售数据进行分层分析。

一般，仅得到产品销量或销售收入是不够的，毕竟企业最关注的是利润，因此需要进一步了解各种产品为企业贡献了多少毛利。

【跟我练9-9】

统计各种产品的毛利贡献。

【模拟上机】

前文已经按照公式"(售价-单位成本)×销售量"计算出毛利并保存到汇总表中，这里直接读入Excel表即可。

```
In [10]:   1  import pandas as pd
           2  df=pd.read_excel('馨派销售数据汇总表.xlsx')
           3  table=pd.pivot_table(df,index=['产品名称'],values=['毛利'],aggfunc=sum)
           4  table
```

```
Out[10]:
               毛利
    产品名称
    冠能全犬粮    66528
    冠能幼犬粮    52312
    冠能成犬粮    32508
    皇家全犬粮    94392
    皇家幼犬粮    53631
    皇家成犬粮    43100
    纯福全犬粮    256770
    纯福幼犬粮    171970
    纯福成犬粮    139968
    麦富迪全犬粮   126711
    麦富迪幼犬粮   75516
    麦富迪成犬粮   59150
```

```python
In [10]: 1  import matplotlib.pyplot as plt
         2  plt.rcParams['font.sans-serif']=['SimHei']  # 正常显示中文
         3  x = table.index
         4  y = table['毛利'].tolist()
         5  plt.barh(x, y)
         6  plt.xlabel('毛利')
         7  plt.title('不同产品毛利对比')
         8  plt.show()
```

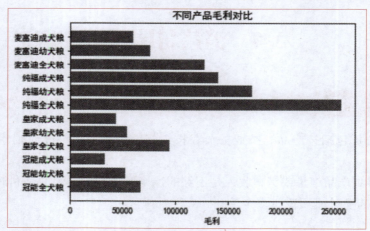

9.4.2 渠道维度

按照渠道进行销售分析可以看出不同销售渠道对企业的销售贡献，以便于企业做出资源的合理配置。

1. 不同渠道销售额占比分析

【跟我练9-10】

分析不同直播平台销售业绩占比情况。

【模拟上机】

```
1  # 统计不同平台的销售数量
2  import pandas as pd
3  table = pd.pivot_table(df,index=['直播平台'],values=['数量'],aggfunc=sum)
4  table
```

	数量
直播平台	
佳播	11123
萌品	9100
赛手	6484

```
In [11]:  1  import matplotlib.pyplot as plt
          2  from pyecharts import options as opts
          3  from pyecharts.charts import Pie
          4  plt.rcParams['font.sans-serif']=['SimHei']  # 正常显示中文
          5  x = table.index
          6  y = table['数量'].tolist()
          7  c = (
          8      Pie()
          9      .add("",[list(z) for z in zip(x, y)],radius=["40%", "75%"],)
         10      .set_global_opts(title_opts=opts.TitleOpts(title="不同直播平台销售业绩占比"))
         11      .set_series_opts(label_opts=opts.LabelOpts(formatter="{b|{b}}: {c}\n({d}%)",
         12                                                 rich={"b":{"fontSize":16}}))
         13      .render("d:\\不同直播平台销售业绩对比.html")
         14  )
```

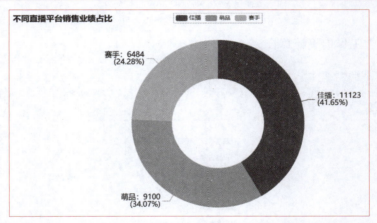

第11行代码通过参数formatter设置数据标签显示方式：{b}表示数据项名称，{c}表示数值，{d}表示百分比，\n表示换行。第12行代码定义扩展设置rich，指明formatter中参数{b}的字号是16。

这里只是统计不同直播平台的总销量，没有体现不同型号的产品在不同直播平台的销售情况。

2. 统计不同销售渠道的各种产品的销售量

【跟我练9-11】

统计不同直播平台的各种产品的销售数量并可视化。

【模拟上机】

(1) 统计不同直播平台的不同产品销量并计算总销量。

参数margins=True表示添加行/列的总计；参数margins_name设置总计行/列的名称，如不指定则默认总计行/列名称为"All"。

```
1  # 不同直播平台的各种产品的销售数量
2  import pandas as pd
3  table_all = pd.pivot_table(df,index=['产品名称'],columns='直播平台',values=['数量'],\
4                             aggfunc=sum,margins=True,margins_name='合计')
5  table_all
```

直播平台	数量			
产品名称	佳播	萌品	赛手	合计
冠能全犬粮	581	461	344	1386
冠能幼犬粮	434	337	235	1006
冠能成犬粮	306	238	212	756
皇家全犬粮	700	638	410	1748
皇家幼犬粮	361	325	223	909
皇家成犬粮	364	278	220	862
纯福全犬粮	2000	1629	1126	4755
纯福幼犬粮	1275	993	697	2965
纯福成犬粮	1195	975	746	2916
麦富迪全犬粮	1935	1625	1133	4693
麦富迪幼犬粮	1044	811	581	2436
麦富迪成犬粮	928	790	557	2275
合计	11123	9100	6484	26707

(2) 重复以上工作但不计算合计。

```
1  import pandas as pd
2  df=pd.read_excel('馨派销售数据汇总表.xlsx')
3  table=pd.pivot_table(df,index=['产品名称'],columns='直播平台',values=['数量'],aggfunc=sum)
4  df_media=table['数量']
5  df_media
```

直播平台	佳播	萌品	赛手
产品名称			
冠能全犬粮	581	461	344
冠能幼犬粮	434	337	235
冠能成犬粮	306	238	212
皇家全犬粮	700	638	410
皇家幼犬粮	361	325	223
皇家成犬粮	364	278	220
纯福全犬粮	2000	1629	1126
纯福幼犬粮	1275	993	697
纯福成犬粮	1195	975	746
麦富迪全犬粮	1935	1625	1133
麦富迪幼犬粮	1044	811	581
麦富迪成犬粮	928	790	557

(3) 数据准备。

可以使用print语句显示x1、y1、x2、y2、x3、y3、x、y的值帮助理解。

```
1  # 数据准备
2  df_kb=df_media[['佳播']]
3  x1=df_kb.index
4  y1=df_kb['佳播']
5
6  df_mp=df_media[['萌品']]
7  x2=df_mp.index
8  y2=df_mp['萌品']
9
10 df_ss=df_media[['赛手']]
11 x3=df_ss.index
12 y3=df_ss['赛手']
13
14 x=x1.append(x2)
15 x=x.append(x3)
16
17 y=pd.concat([y1,y2,y3])
18 y=y.tolist()
```

(4) 可视化。

```
In [12]: 1  import pyecharts.options as opts
         2  from pyecharts.charts import Pie
         3
         4  inner_x_data = ["佳播","萌品","赛手"]  #内圈分三部分，即三个直播平台
         5  inner_y_data = [11123, 9100, 6484]   #三个直播平台各自的销售量，从table_all中最后一行"合计"得到
         6  inner_data_pair = [list(z) for z in zip(inner_x_data, inner_y_data)]  #内圈饼图的标签和数据
         7
         8  outer_x_data = x    #外圈饼图的标签
         9  outer_y_data = y    #外圈饼图的数据
        10  outer_data_pair = [list(z) for z in zip(outer_x_data, outer_y_data)]
        11
        12  (
        13      Pie()
        14      .add(
        15          series_name="",
        16          data_pair=inner_data_pair,
        17          radius=[0,"28%"],   # 内圈饼图的最小和最大直径
        18          label_opts=opts.LabelOpts(position="inner"),
        19      )
        20      .add(
        21          series_name="",
        22          radius=["30%","55%"],   # 外圈饼图的最小和最大直径
        23          data_pair=outer_data_pair,
        24          label_opts=opts.LabelOpts( position="outside",
        25              formatter="{b|{b}}: {c}  ",rich={"b":{"fontSize":16}}),
        26      )
        27      .set_global_opts(legend_opts=opts.LegendOpts(is_show=False))
        28      .set_series_opts(tooltip_opts=opts.TooltipOpts(trigger="item", formatter="{b}: {c}"))
        29      .render("d:\\不同销售平台产品销量对比.html")
        30  )
```

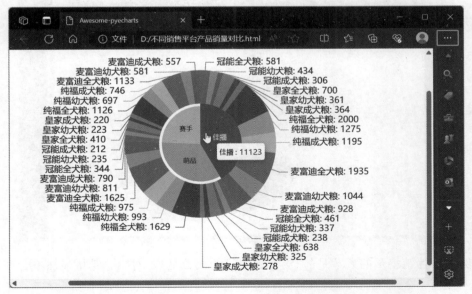

内圈饼图显示3个直播平台的总销量对比,外圈环形饼图显示直播平台对应的12个型号的产品销量。从图中不但可以直观地看出直播平台的销量对比,还可以看到某个平台的产品销量。

9.4.3 业务员维度

按照业务员进行销售分析可以根据销售员的各种属性展开,如销售员性别、年龄、学历、工作经验是否与销售业绩相关;对销售员的销售业绩排名以根据销售管理制度落实奖励机制。

1. 分析销售员性别是否与销售业绩相关

【跟我练9-12】

分析不同性别的销售人员销售占比情况。

【模拟上机】

```
In [13]: 1  import pandas as pd
         2  import matplotlib.pyplot as plt
         3  from pyecharts import options as opts
         4  from pyecharts.charts import Pie
         5  plt.rcParams['font.sans-serif']=['SimHei']  # 正常显示中文
         6  df=pd.read_excel('馨派销售数据汇总表.xlsx')
         7  table = pd.pivot_table(df,index=['性别'],values=['金额'],aggfunc=sum)
         8  x = table.index
         9  y = table['金额'].tolist()
        10  c = (
        11      Pie(init_opts=opts.InitOpts(width="800px"))
        12      .add("", [list(z) for z in zip(x, y)],radius=["0", "50%"])
        13      .set_colors(["darkblue", "lightblue"])   # 设置颜色,可选项,不设就采用默认颜色
        14      .set_global_opts(title_opts=opts.TitleOpts(title="不同性别销售员的销售额占比"))
        15      .set_series_opts(label_opts=opts.LabelOpts(formatter="{b|{b}: {d}%}",
        16                       rich={ "b": {"fontSize": 16}}))
        17      .render("d:\\不同性别销售员的销售额占比.html")
        18  )
```

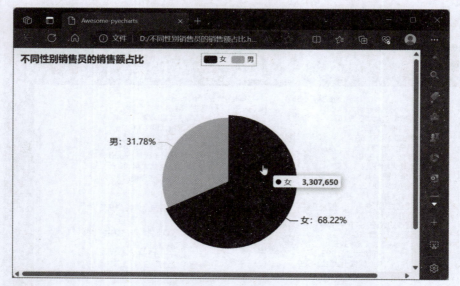

本例中女性销售员的人数是6,男性销售员的人数是3,对比总销量显然不合理,这里

只是演示数据统计和可视化方法。实际应用中如果想要了解销售员性别对于销量的影响，应对比平均销量，统计方式如下。

```
1  import pandas as pd
2  table = pd.pivot_table(df,index=['性别'],values=['金额'])
3  table
```

	金额
性别	
女	181.340461
男	181.961734

2. 统计不同主播的销售业绩并降序排序

【跟我练9-13】

统计不同主播的销售业绩并降序排序。

【模拟上机】

```
In [14]: 1  from pyecharts import options as opts
         2  from pyecharts.charts import Bar
         3  import pandas as pd
         4
         5  table = pd.pivot_table(df,index=['姓名'],values=['金额'],aggfunc=sum)
         6  sellers=table[['金额']]
         7  sellers=sellers.sort_values(by='金额')
         8
         9  s1=sellers.sort_values(by='金额',ascending=False)
        10  s1top5=s1.head().sort_values(by='金额')
        11  x=s1top5.index.tolist()
        12  y=s1top5['金额'].tolist()
        13
        14  c = (
        15      Bar()
        16      .add_xaxis(x)
        17      .add_yaxis("",y,category_gap="50%")    # category_gap 柱子宽度设置
        18      .reversal_axis()
        19      .set_series_opts(label_opts=opts.LabelOpts(position="right"))
        20      .set_global_opts(title_opts=opts.TitleOpts(title="销售业绩前5名"),
        21              xaxis_opts=opts.AxisOpts(name="销售额",name_location='center', \
        22                  name_gap=30,name_textstyle_opts=opts.TextStyleOpts(font_size=15)),
        23              yaxis_opts=opts.AxisOpts(name="姓名",name_location='center', \
        24                  name_gap=40,name_textstyle_opts=opts.TextStyleOpts(font_size=15)),
        25          )
        26      .render("d:\\销售业绩前5排名.html")
        27  )
```

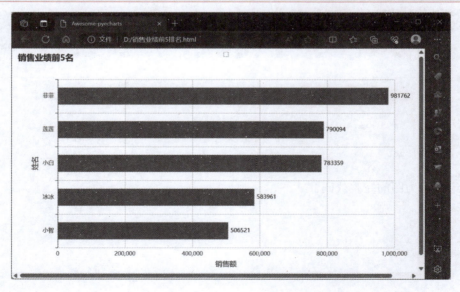

代码第21、22行实现添加x轴名称name、位置name_location、名称与x轴距离name_gap、字号font_size。

9.4.4 客户维度

客户分析是通过对销售数据中客户相关信息进行统计分析，在客户消费行为、购买力、消费偏好等方面做出预测和判断，进行精准化、个性化营销。

【跟我练9-14】

客户购买力及消费偏好分析。

【模拟上机】

(1) 数据准备。

```
1  df=pd.read_excel('馨派销售数据汇总表.xlsx')
2  table_prefer=pd.pivot_table(df,index=['客户ID'],columns=['产品名称'],values=['数量'],aggfunc=sum,\
3                 margins=True,margins_name='合计')
4  df_prefer=table_prefer['数量']
5  df_sort=df_prefer.sort_values(by='合计',ascending=False)
6  dftop21=df_sort.head(21)    #选取消费量排名前20名客户
7  dftop21
```

产品名称 客户ID	冠能全犬粮	冠能幼犬粮	冠能成犬粮	皇家全犬粮	皇家幼犬粮	皇家成犬粮	纯福全犬粮	纯福幼犬粮	纯福成犬粮	麦富迪全犬粮	麦富迪幼犬粮	麦富迪成犬粮	合计
合计	1386.0	1006.0	756.0	1748.0	909.0	862.0	4755.0	2965.0	2916.0	4693.0	2436.0	2275.0	26707
115	1.0	1.0	NaN	2.0	1.0	2.0	2.0	2.0	3.0	7.0	4.0	2.0	27
136	1.0	NaN	1.0	1.0	1.0	2.0	NaN	2.0	NaN	13.0	1.0	5.0	27
1237	2.0	NaN	1.0	2.0	2.0	1.0	1.0	1.0	1.0	9.0	2.0	3.0	25
1248	6.0	2.0	NaN	3.0	1.0	1.0	4.0	1.0	1.0	4.0	2.0	NaN	25
1295	1.0	NaN	1.0	3.0	1.0	NaN	3.0	1.0	3.0	6.0	4.0	2.0	25

在生成数据透视表时参数margins=True，因而生成了"合计"行，降序排序时"合计"行排在第一，因此选取消费量前20客户时使用head(21)多取一行，然后删除第一行，剩余数据即排名前20的客户信息。下图中只截取部分数据显示。

```
1  dftop20=dftop21.drop(dftop21.index[0])    #删除第一行"合计"
2  dftop20
```

产品名称 客户ID	冠能全犬粮	冠能幼犬粮	冠能成犬粮	皇家全犬粮	皇家幼犬粮	皇家成犬粮	纯福全犬粮	纯福幼犬粮	纯福成犬粮	麦富迪全犬粮	麦富迪幼犬粮	麦富迪成犬粮	合计
115	1.0	1.0	NaN	2.0	1.0	2.0	2.0	2.0	3.0	7.0	4.0	2.0	27
136	1.0	NaN	1.0	1.0	1.0	2.0	NaN	2.0	NaN	13.0	1.0	5.0	27
1237	2.0	NaN	1.0	2.0	2.0	1.0	1.0	1.0	1.0	9.0	2.0	3.0	25
1248	6.0	2.0	NaN	3.0	1.0	1.0	4.0	1.0	1.0	4.0	2.0	NaN	25
1295	1.0	NaN	1.0	3.0	1.0	NaN	3.0	1.0	3.0	6.0	4.0	2.0	25
1270	2.0	1.0	1.0	2.0	1.0	1.0	3.0	1.0	1.0	7.0	1.0	2.0	24

(2) 绘制热力图的完整代码。

```python
from pyecharts.charts import HeatMap
import pandas as pd
import matplotlib.pyplot as plt

plt.rcParams['font.sans-serif']=['SimHei']     # 正常显示中文
df=pd.read_excel('馨派销售数据汇总表.xlsx')
table_prefer=pd.pivot_table(df,index=['客户ID'],columns=['产品名称'],values=['数量'],\
                aggfunc=sum,margins=True,margins_name='合计')
df_prefer=table_prefer['数量']
df_sort=df_prefer.sort_values(by='合计',ascending=False)
dftop21=df_sort.head(21)
dftop20=dftop21.drop(dftop21.index[0])      #删除第一行"合计"
x=dftop20.index.tolist()      #20个客户ID
y=dftop20.columns.to_list()   #12个产品名称，加一个"合计"，共13个值
value = [[i, j, dftop20.iloc[i,j].astype(object)] for i in range(20) for j in range(13)]
c = (
    HeatMap()
    .add_xaxis(x)
    .add_yaxis("",y,value)
    .set_global_opts(
        title_opts=opts.TitleOpts(title="前20名客户消费偏好"),
        visualmap_opts=opts.VisualMapOpts(min_=0, max_=25, pos_left="right"),
        xaxis_opts=opts.AxisOpts(
            axislabel_opts=opts.LabelOpts(rotate=-30),   #x轴标签倾斜
            name='客户ID', name_location='middle', name_gap=35 )
    )
    .render("d:\\客户消费偏好热力图.html")
)
```

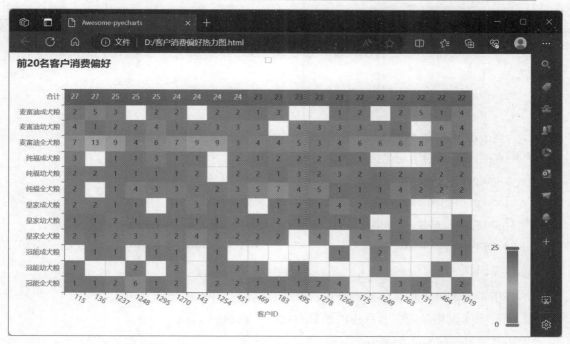

方格中的数字是客户购买某产品的数量，不同颜色映射不同的数值，数值越大越接近红色，数值越小越接近蓝色。空白格代表该客户没有购买过对应产品。从上图中可以看出客户的消费偏好。

随堂测

一、判断题

1. merge()只能一次连接两个DataFrame。　　　　　　　　　　　　　　　(　　)
2. 在【跟我练9-2】中，df1～df4合并时是没有先后顺序的。　　　　　　　(　　)

二、单选题

1. 统计DataFrame的某列中非空数据的个数使用的函数是(　　)。
   A. length()　　　　　　　　B. len()
   C. count()　　　　　　　　 D. counter()
2. 执行语句for i in range(10): print(i)，打印出的最小值和最大值是(　　)。
   A. 0和9　　　　　　　　　 B. 0和10
   C. 1和9　　　　　　　　　 D. 1和10

三、多选题

1. x = pd.DataFrame({'A': ['A0', 'A1', 'A2'], 'B': ['B0', 'B1', 'B2']}, index=[0, 1, 2])，取得数据'B1'的方法有(　　)。
   A. x.loc[1,1]　　　　　　　　B. x.loc[1,B]
   C. x.loc[1,'B']　　　　　　　D. x.iloc[1,1]
2. 数据表df包括"姓名""性别""身高""年龄"4个字段，利用数据透视表分别统计男生和女生的平均身高，正确的语句是(　　)。
   A. pd.pivot_table(df, index='性别', columns='身高')
   B. pd.pivot_table(df, index='性别', values='身高')
   C. pd.pivot_table(df, index='性别', columns='身高', aggfunc=np.mean)
   D. pd.pivot_table(df, index='性别', values='身高', aggfunc=np.mean)

四、实训题

1. 分析不同型号犬粮在不同季度的销量变化情况，并以折线图显示。
2. 分析不同犬粮品牌在北京市的销量对比，并以饼图显示。

项目 10

上市公司财务分析及可视化

学习目标
- 了解公司财务指标分析流程、内容和方法。
- 掌握从开发财务数据平台获取财务指标的方法。
- 掌握基于Python的上市公司盈利能力、营运能力、成长能力、偿债能力的分析和计算。
- 掌握同业企业综合能力对比分析及可视化。

| 思政目标 |

不断追求卓越，开拓创新意识

企业的发展需要不断对标一流、追赶先进。对标一流企业，不是简单地仿效和盲目地跟随，而是挖掘对方的核心竞争力和成功之路，分析自身差距不足，结合自身特点和实际情况合理借鉴，在探索中不断地学习和吸纳才能促进自身的发展。坚持守正创新、转型超越的思路，避免恶性竞争，致力于打造独具产业特色、文化鲜明的一流企业。在校大学生要加强实践能力，了解企业运营的相关知识，更好地理论联系实际，为今后的就业、创业创造条件，将来能够为企业的发展贡献自己的一份力量。

10.1 财务分析基本认知

财务分析是以企业财务报告及其他相关资料为主要依据，对企业的财务状况和经营成果进行评价和剖析，反映企业在运营过程中的利弊得失和发展趋势，从而为改进企业财务管理工作提供信息支持。

10.1.1 财务分析的依据和内容

1. 财务分析的依据

财务分析的依据主要是企业的财务报告及可能利用的会计核算资料。财务报告是企业投资者、债权人、政府部门及与企业有利害关系的组织或个人提供的,反映企业在一定时期内的财务状况、经营成果、现金流量及影响企业未来经营发展的重要经济事项的书面文件。企业财务报告主要包括资产负债表、利润表、现金流量表、所有者权益变动表及其附注等。

2. 财务分析的内容

财务信息的需求方主要是企业的投资人、债权人、企业经营者、政府部门及客户供应商等。不同主体从自身利益出发,关注的侧重点有所不同。例如,企业的投资人更关注企业的盈利能力;企业的债权人则更关注企业的偿债能力。

为了满足各方需求,财务分析一般包括偿债能力分析、营运能力分析、盈利能力分析、发展能力分析和现金流量分析等。

10.1.2 财务分析的基本方法

财务分析的主要方法包括比较分析法、比率分析法和趋势分析法。

1. 比较分析法

比较分析或称对比分析,是将两个或两个以上的相关指标进行对比,确定差异,是应用最为广泛的一种方法。

根据比较对象不同,比较分析法又分为3种形式:实际与计划相比—揭示计划完成情况、同一指标纵向比较—揭示发展趋势、同一指标横向比较—揭示先进程度。

2. 比率分析法

比率分析法是通过计算各种比率来确定企业经济活动管理水平的分析方法。比率指标有以下3种不同的类型。

(1) 结构比率:或称构成比率,计算某个项目占总体的百分比,如固定资产占总资产的百分比,用来考察总体中各个部分的构成是否合理。

(2) 效率比率:指经济活动中耗费与所得的比率,反映投入与产出的关系,如利润与销售收入的比即为销售利润率。

(3) 相关比率:指某个项目与其他有关项目的比值,如流动资产与流动负债对比得到的流动比率,是判断企业短期偿债能力的指标之一。

常用的财务比率如表10-1所示。

表10-1 常用的财务比率

分类	指标名称	计算公式	数据来源
盈利能力	销售毛利率	=毛利÷营业收入	利润表
	总资产收益率	=净利润÷总资产	利润表、资产负债表
	净资产收益率	=归属于母公司所有者的净利润÷平均股东权益	利润表、资产负债表
营运能力	应收账款周转率	=当期销售净额÷当期平均应收账款	利润表、资产负债表
	固定资产周转率	=当期销售收入÷当期平均固定资产	利润表、资产负债表
	总资产周转率	=当期销售收入÷当期平均总资产	利润表、资产负债表
偿债能力	流动比率	=流动资产÷流动负债	资产负债表
	速动比率	=速动资产÷流动负债 =(流动资产-在制品-产成品-原材料)÷流动负债	资产负债表
	资产负债率	=负债÷资产	资产负债表
发展能力	销售收入成长率	=(本期销售收入-上期销售收入)÷上期销售收入	利润表
	总利润成长率	=(本期利润-上期利润)÷上期利润	利润表
	净资产成长率	=(本期净资产-上期净资产)÷上期净资产	资产负债表

3. 趋势分析法

趋势分析法或称水平分析法，是通过对比两期或连续数期的相同指标，确定其增减变动的方向、数额和幅度，以揭示企业财务状况或经营成果变动趋势的一种分析方法。

趋势分析法的运用主要有3种形式：重要财务指标的比较、会计报表的比较、会计报表构成项目的比较。

10.2 利用"证券宝"获取数据进行美的集团盈利能力分析

10.2.1 数据获取

1. 安装模块

本项目选择利用证券宝数据接口获取财务数据，需要在交互模式下安装模块。按Windows+r快捷键输入cmd进入交互模式，命令如下。

```
pip install baostock
```

2. 获取美的集团2013—2022年盈利能力数据

【跟我练10-1】

利用证券宝数据接口query_profit_data()获取美的集团(sz.000333)2013—2022年盈利能力相关数据。

【模拟上机】

```
In [1]:  1  # 导入模块
         2  import baostock as bs
         3  import pandas as pd
         4
         5  lg = bs.login()        # 登录系统
         6
         7  result_list = []       # 创建一个空表用于接收从数据接口获取的数据
         8
         9  # 利用date_range()函数生成年度时间索引
        10  year_list = pd.date_range('20131231',periods=10,freq='1Y').strftime("%Y")
        11
        12  # 利用for循环读取年度数据存入列表
        13  for year in year_list:
        14      return_data = bs.query_profit_data(code = "sz.000333", year=year, quarter=4)
        15      while (return_data.error_code == '0') & return_data.next():
        16          result_list.append(return_data.get_row_data())
        17
        18  # 将列表数据转换为DataFrame格式
        19  result_table = pd.DataFrame(result_list, columns=return_data.fields)
        20
        21  bs.logout        # 退出登录
        22
        23  result_table     # 输出结果
```

Out[1]:

	code	pubDate	statDate	roeAvg	npMargin	gpMargin	netProfit	epsTTM	MBRevenue	totalShare	liqaShare
0	sz.000333	2014-03-29	2013-12-31	0.225503	0.068589	0.232750	8297496430.000000	3.153285	112396577360.000000	1686323389.00	686317909.00
1	sz.000333	2015-03-31	2014-12-31	0.290446	0.082209	0.254104	11646328660.000000	2.491152	131062048500.000000	4215808472.00	2238521375.00
2	sz.000333	2016-03-26	2015-12-31	0.286599	0.098415	0.258438	13624655000.000000	2.978018	128564600000.000000	4266839449.00	2240495699.00
3	sz.000333	2017-03-31	2016-12-31	0.266193	0.099733	0.273060	15861912000.000000	2.273586	147173984000.000000	6458766808.00	6146684138.00
4	sz.000333	2018-03-31	2017-12-31	0.256312	0.077317	0.250306	18611190000.000000	2.634434	240712301000.000000	6561053319.00	6349006920.00
5	sz.000333	2019-04-20	2018-12-31	0.258030	0.083378	0.275356	21650419000.000000	3.036273	259664820000.000000	6663030506.00	6515855746.00
6	sz.000333	2020-04-30	2019-12-31	0.262110	0.090854	0.288632	25277144000.000000	3.472687	278216017000.000000	6971899574.00	6806497061.00
7	sz.000333	2021-04-30	2020-12-31	0.248401	0.096779	0.251148	27506542000.000000	3.872413	261474699000.000000	7029975999.00	6847113368.00
8	sz.000333	2022-04-30	2021-12-31	0.235771	0.085031	0.224794	29015376000.000000	4.089800	301026573000.000000	6986563844.00	6830024963.00
9	sz.000333	2023-04-29	2022-12-31	0.220711	0.086678	0.242438	29810231000.000000	4.223575	305846997000.000000	6997273076.00	6853658060.00

10.2.2 数据整理

从上述数据可以看到，数据存在多处不规范，主要如下。
- 列名为字母缩写，经济含义不明，不易阅读。
- 从数据接口导出的数据为文本类型，为后续加工方便，需转换为数值类型。
- 进一步财务分析所需的数据只是从数据接口导出的数据集的子集，因此需要进行数据提取。

1. 更改列名

【跟我练10-2】

根据证券宝提供的参数说明，更改列名。证券宝参数说明参见表4-3。

【模拟上机】

```
In [2]: 1  # 修改列名
        2  result_table.rename(columns={'code':'证券代码','pubDate':'发布日期','statDate':'财报日期',
        3                               'roeAvg':'净资产收益率','npMargin':'销售净利率','gpMargin':'销售毛利率',
        4                               'netProfit':'净利润','epsTTM':'每股收益','MBRevenue':'主营业务收入',
        5                               'totalShare':'总股本','liqaShare':'流通股本'}, inplace = True)
        6  result_table
```

Out[2]:

	证券代码	发布日期	财报日期	净资产收益率	销售净利率	销售毛利率	净利润	每股收益	主营业务收入	总股本	流通股本
0	sz.000333	2014-03-29	2013-12-31	0.225503	0.068589	0.232750	8297496430.000000	3.153285	112396577360.000000	1686323389.00	686317909.00
1	sz.000333	2015-03-31	2014-12-31	0.290446	0.082209	0.254104	11646328660.000000	2.491152	131062048500.000000	4215808472.00	2238521375.00
2	sz.000333	2016-03-26	2015-12-31	0.286599	0.098415	0.258438	13624655000.000000	2.978018	128564600000.000000	4266839449.00	2240495699.00
3	sz.000333	2017-03-31	2016-12-31	0.266193	0.099733	0.273060	15861912000.000000	2.273586	147173984000.000000	6458766808.00	6146684138.00
4	sz.000333	2018-03-31	2017-12-31	0.256312	0.077317	0.250306	18611190000.000000	2.634434	240712301000.000000	6561053319.00	6349006920.00
5	sz.000333	2019-04-20	2018-12-31	0.258030	0.083378	0.275356	21650419000.000000	3.036273	259664820000.000000	6663030506.00	6515855746.00
6	sz.000333	2020-04-30	2019-12-31	0.262110	0.090854	0.288632	25277144000.000000	3.472687	278216017000.000000	6971899574.00	6806497061.00
7	sz.000333	2021-04-30	2020-12-31	0.248401	0.096779	0.251148	27506542000.000000	3.872413	261474699000.000000	7029975999.00	6847113368.00
8	sz.000333	2022-04-30	2021-12-31	0.235771	0.085031	0.224794	29015376000.000000	4.089800	301026573000.000000	6986563844.00	6830024963.00
9	sz.000333	2023-04-29	2022-12-31	0.220711	0.086678	0.242438	29810231000.000000	4.223575	305846997000.000000	6997273076.00	6853658060.00

经过以上变更，列名更改为财务术语，经济含义明确易懂。

2. 数据加工

【跟我练10-3】

从数据集中提取前9列，并转换为浮点格式，保留4位小数。

【模拟上机】

```
In [3]: 1  profit_data = result_table.iloc[:,0:9]
        2  profit_data = profit_data.astype({'净资产收益率':'float','销售净利率':'float','销售毛利率':'float',
        3                                    '净利润':'float','每股收益':'float','主营业务收入':'float'})
        4  pd.options.display.float_format = '{:.4f}'.format
        5  profit_data
```

Out[3]:

	证券代码	发布日期	财报日期	净资产收益率	销售净利率	销售毛利率	净利润	每股收益	主营业务收入
0	sz.000333	2014-03-29	2013-12-31	0.2255	0.0686	0.2328	8297496430.0000	3.1533	112396577360.0000
1	sz.000333	2015-03-31	2014-12-31	0.2904	0.0822	0.2541	11646328660.0000	2.4912	131062048500.0000
2	sz.000333	2016-03-26	2015-12-31	0.2866	0.0984	0.2584	13624655000.0000	2.9780	128564600000.0000
3	sz.000333	2017-03-31	2016-12-31	0.2662	0.0997	0.2731	15861912000.0000	2.2736	147173984000.0000
4	sz.000333	2018-03-31	2017-12-31	0.2563	0.0773	0.2503	18611190000.0000	2.6344	240712301000.0000
5	sz.000333	2019-04-20	2018-12-31	0.2580	0.0834	0.2754	21650419000.0000	3.0363	259664820000.0000
6	sz.000333	2020-04-30	2019-12-31	0.2621	0.0909	0.2886	25277144000.0000	3.4727	278216017000.0000
7	sz.000333	2021-04-30	2020-12-31	0.2484	0.0968	0.2511	27506542000.0000	3.8724	261474699000.0000
8	sz.000333	2022-04-30	2021-12-31	0.2358	0.0850	0.2248	29015376000.0000	4.0898	301026573000.0000
9	sz.000333	2023-04-29	2022-12-31	0.2207	0.0867	0.2424	29810231000.0000	4.2236	305846997000.0000

10.2.3 数据可视化

1. 变动趋势分析

【跟我练10-4】

制作美的集团2013—2022年净资产收益率、销售净利率、销售毛利率条形图，观察变动趋势。

【模拟上机】

```
In [4]: 1  import matplotlib.pyplot as plt
        2  plt.rcParams['font.family'] = 'SimHei'
        3  plt.rcParams['axes.unicode_minus'] = False
        4  profit_data
        5  profit_data.plot(x='财报日期', y=['净资产收益率','销售净利率','销售毛利率'],
        6                   kind='barh', title='2013—2022年财报指标比较', figsize=(10,6))
```

Out[4]: <AxesSubplot:title={'center':'2013—2022年财报指标比较'}, ylabel='财报日期'>

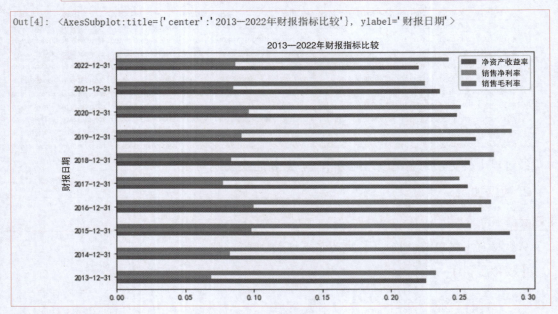

2. 比较分析

【跟我练10-5】

制作2013—2022年主营业务收入、净利润柱状图。

【模拟上机】

```
In [5]: 1  profit_data.plot('财报日期', ['主营业务收入','净利润'], secondary_y=['净利润'],
        2                   kind='bar', title='2013—2022年主营业务收入与净利润比较', figsize=(12,4), rot=30)
```

Out[5]: <Axes: title={'center': '2013—2022年主营业务收入与净利润比较'}, xlabel='财报日期'>

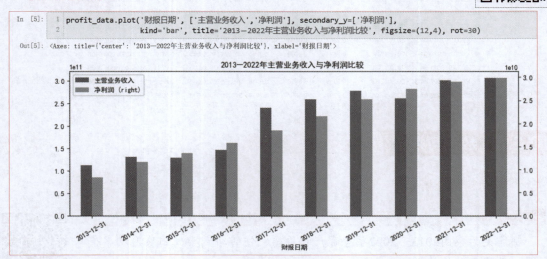

❖ 提示：

参数rot=30表示x轴的标签逆时针旋转30°；rot取负值表示顺时针旋转。

3. 多维度数据分析

【跟我练10-6】

(1) 子图1：制作净资产收益率、销售净利率和销售毛利率折线图。

(2) 子图2：制作主营业务收入与净利润比较图。

【模拟上机】

```
In [6]: 1  figure,axes = plt.subplots(2,1,figsize=(12,8),sharex=True)
        2  ax0 = profit_data.plot('财报日期', ['净资产收益率','销售净利率','销售毛利率'],
        3          title='2013—2022年财报指标比较', ax=axes[0])
        4  ax1 = profit_data.plot('财报日期', '主营业务收入', kind='bar',
        5          title='2013—2022年主营业务收入与净利润比较', ax=axes[1])
        6  ax2 = profit_data.plot('财报日期', '净利润', secondary_y=True,color='pink',
        7          ax=axes[1], style='--', marker='o', linewidth=2)
```

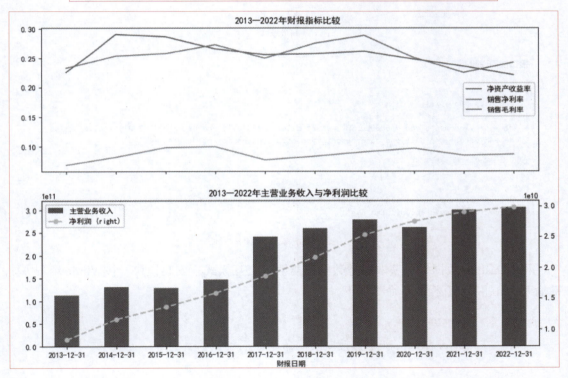

10.3 利用Tushare获取数据进行美的集团财务指标分析

利用Tushare数据平台获取数据用于财务指标分析有两种方法：一种是通过财务报表数据接口income、balancesheet和cashflow获取集团的利润表、资产负债表和现金流量表，计算相关指标进行分析；另一种是通过财务指标数据接口fina_indicator直接获取企业财务指标进行分析。

　　Tushare网站详细介绍了每个接口的输入和输出参数，以及接口使用说明，可依据需求自行选择。利润表数据接口及使用说明如图10-1和图10-2所示。

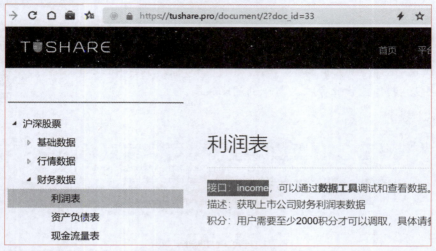

图 10-1　利润表数据接口

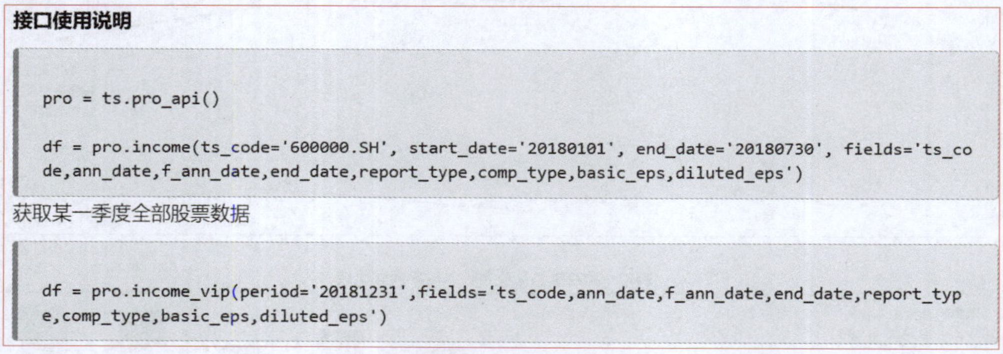

```
接口使用说明

pro = ts.pro_api()

df = pro.income(ts_code='600000.SH', start_date='20180101', end_date='20180730', fields='ts_code,ann_date,f_ann_date,end_date,report_type,comp_type,basic_eps,diluted_eps')

获取某一季度全部股票数据

df = pro.income_vip(period='20181231',fields='ts_code,ann_date,f_ann_date,end_date,report_type,comp_type,basic_eps,diluted_eps')
```

图 10-2　利润表接口使用说明

　　利用Tushare数据接口获取财务数据，需要在交互模式下安装模块。按Windows+r快捷键输入cmd进入交互模式，命令如下。

```
pip install tushare
```

或者，在Jupyter Notebook中直接安装，命令如下。

```
!pip install tushare
```

10.3.1　利用财务报表数据接口获取数据进行财务指标分析

　　本例我们利用财务报表数据接口获取资产负债表数据进行偿债能力分析。

1. 获取数据

【跟我练10-7】

利用balancesheet数据接口采集美的集团(000333.SZ)2013—2022年资产负债表数据。

【模拟上机】

(1) 以公告开始日期和结束日期为筛选条件(上市公司年报最晚于转年4月30日披露，因此结束日期设置为20230501)。

```python
# 导入模块
import pandas as pd
import tushare as ts
pro = ts.pro_api('dd5adbf6265751dc8d55bc96b716eb8bad69740af5d9c4fc96d09435')

# 获取美的集团10年资产负债表
df_balance = pro.balancesheet(ts_code='000333.SZ', start_date='20130101', end_date='20230501')
df_balance
```

	ts_code	ann_date	f_ann_date	end_date	report_type	comp_type	end_type	total_share	cap_rese	undistr_porfit	...	accounts_receiv_bill	account
0	000333.SZ	20230429	20230429	20230331	1	1	1	7.024197e+09	2.126719e+10	1.277377e+11	...	4.116051e+10	8.45582
1	000333.SZ	20230429	20230429	20230331	1	1	1	7.024197e+09	2.126719e+10	1.277377e+11	...	4.116051e+10	8.45582
2	000333.SZ	20230429	20230429	20221231	1	1	4	6.997273e+09	1.969314e+10	1.196792e+11	...	3.299610e+10	8.98056
3	000333.SZ	20221029	20221029	20220930	1	1	3	7.000783e+09	2.091527e+10	1.158460e+11	...	3.748619e+10	8.99084
4	000333.SZ	20220831	20220831	20220630	1	1	2	6.997329e+09	2.110664e+10	1.073406e+11	...	3.618364e+10	9.48655
...	...	...	...	...	...	...	...	...	...	...	...	...	...
58	000333.SZ	20130409	20130409	20121231	1	1	4	1.000000e+09	3.037312e+09	1.049064e+10	...	2.225100e+10	2.50169
59	000333.SZ	20130401	20130401	20111231	1	1	4	1.000000e+09	2.458005e+09	9.027480e+09	...	2.033723e+10	2.81756
60	000333.SZ	20130401	20130401	20111231	1	1	4	1.000000e+09	2.458005e+09	9.027480e+09	...	2.033723e+10	2.81756
61	000333.SZ	20130401	20130401	20101231	1	1	4	1.000000e+09	2.239552e+09	8.133148e+09	...	1.310141e+10	2.71605
62	000333.SZ	20130401	20130401	20101231	1	1	4	1.000000e+09	2.239552e+09	8.133148e+09	...	1.310141e+10	2.71605

63 rows × 152 columns

上图中共筛选出63行×152列数据，但10年的资产负债表不应该是63行，其中有两种冗余的数据，具体如下。

- 2013—2023年的季度资产负债表数据。
- 公布报告后发现问题重新修订后再发布的记录。例如，图中end_date值为20230331的有两条记录，通常是上市公司发布报告后又做了修订，因此重新做了发布。

(2) 剔除冗余数据。

为了剔除这两种数据，依据年度报告period通常是年度最后一天(12月31日)的特征，以period为筛选关键字，构建一个for循环重新提取资产负债表数据，剔除季度资产负债表。提取年度资产负债表时利用.iloc[-1]属性取最后发布的那条记录。

```python
import pandas as pd
import tushare as ts
pro = ts.pro_api('dd5adbf6265751dc8d55bc95b716eb8bad69740af5d9c4fc96d09435')

years = [2022,2021,2020,2019,2018,2017,2016,2015,2014,2013]    # 创建年份列表

df_balance = pd.DataFrame()

for year in years:                      # 循环获取美的集团10年的年度资产负债表
    df_new = pro.balancesheet(ts_code='000333.SZ', period=str(year)+'1231').iloc[-1]
    df_balance=pd.concat([df_balance,df_new], axis=1)

df_balance=df_balance.T
df_balance
```

	ts_code	ann_date	f_ann_date	end_date	report_type	comp_type	end_type	total_share	cap_rese	undistr_porfit	...	accounts_receiv_bill	accounts
0	000333.SZ	20230429	20230429	20221231	1	1	4	6.997273e+09	1.969314e+10	1.196792e+11	...	3.299610e+10	8.980565
0	000333.SZ	20220430	20220430	20211231	1	1	4	6.986564e+09	2.051693e+10	1.029828e+11	...	2.942135e+10	9.873557
1	000333.SZ	20210430	20210430	20201231	1	1	4	7.029976e+09	2.248810e+10	8.707445e+10	...	2.828287e+10	8.218020
0	000333.SZ	20200430	20200430	20191231	1	1	4	6.971900e+09	1.964031e+10	7.271363e+10	...	2.343234e+10	6.642738
0	000333.SZ	20190420	20190420	20181231	1	1	4	6.663031e+09	1.845131e+10	5.876232e+10	...	3.194647e+10	6.022674
1	000333.SZ	20180331	20180331	20171231	1	1	4	6.561053e+09	1.591150e+10	4.762724e+10	...	2.838294e+10	6.035256
1	000333.SZ	20170331	20170331	20161231	1	1	4	6.458767e+09	1.359657e+10	3.810539e+10	...	2.088200e+10	4.384190
1	000333.SZ	20160326	20160326	20151231	1	1	4	4.266839e+09	1.451119e+10	2.952983e+10	...	2.326087e+10	3.452720
1	000333.SZ	20150331	20150331	20141231	1	1	4	4.215808e+09	1.302488e+10	2.181432e+10	...	2.645934e+10	3.278595
1	000333.SZ	20140329	20140329	20131231	1	1	4	1.686323e+09	1.562079e+10	1.530499e+10	...	2.207897e+10	2.381658

10 rows × 152 columns

上图中得到了10行×152列的资产负债表记录,每行是一个年度的资产负债表。

2. 数据整理

采集的资产负债表存在以下两个问题。

- 列名为英文,不直观。
- 共152列,如果计算流动比率、速动比率和资产负债率,按照计算公式只需要用到流动资产合计、流动负债合计、速动资产(流动资产合计-存货)、负债合计和资产总计这几列。

对照balancesheet数据接口输出参数表,与偿债能力指标分析相关的参数如表10-2所示。

表10-2 balancesheet部分输出参数含义

参数	含义	参数	含义
end_date	报告期	total_cur_liab	流动负债合计
inventories	存货	total_liab	负债合计
total_cur_assets	流动资产合计	total_hldr_eqy_inc_min_int	股东权益合计
total_assets	资产总计		

【跟我练10-8】

根据balancesheet数据接口的输出参数说明,修改列名并提取报告期、存货、流动资产合计、总资产、流动负债合计、负债合计、股东权益合计7列。

【模拟上机】

```
In [8]:  1  # 提取数据并修改列名
         2  df_balance.rename(columns={'end_date':'报告期', 'inventories':'存货', 'total_cur_assets':'流动资产合计',
         3                             'total_assets':'总资产', 'total_cur_liab':'流动负债合计', 'total_liab':'负债合计',
         4                             'total_hldr_eqy_inc_min_int':'股东权益合计'}, inplace = True)
         5
         6  pd.options.display.float_format = '{:.2f}'.format
         7  df1=df_balance[['报告期','存货','流动资产合计','总资产','流动负债合计','负债合计','股东权益合计']]
         8  df1
```

Out[8]:

	报告期	存货	流动资产合计	总资产	流动负债合计	负债合计	股东权益合计
0	20221231	46044897000.00	261099271000.00	422555267000.00	206341741000.00	270631465000.00	151923802000.00
0	20211231	45924439000.00	248864505000.00	387946104000.00	222851476000.00	253121028000.00	134825076000.00
1	20201231	31076529000.00	241655325000.00	360382603000.00	184150502000.00	236145503000.00	124237100000.00
0	20191231	32443399000.00	216482692000.00	301955419000.00	144318484000.00	194459322000.00	107496097000.00
1	20181231	29645018000.00	182689438000.00	263701148000.00	130231088000.00	171246631000.00	92454517000.00
1	20171231	29444166000.00	169810676000.00	248106858000.00	119091857000.00	165181687000.00	82925171000.00
1	20161231	15626897000.00	120621320000.00	170600711000.00	89184000000.00	101624015000.00	68976696000.00
1	20151231	10448937000.00	93367706000.00	128841935000.00	72003849000.00	72810313000.00	56031622000.00
1	20141231	15020030260.00	86427074620.00	120292088160.00	73142849120.00	74560632920.00	45731455240.00
1	20131231	15197723840.00	65326732000.00	96946024770.00	56647381690.00	57865462490.00	39080562280.00

3. 偿债能力指标计算

【跟我练10-9】

计算企业偿债能力指标，公式如下。

流动比率＝流动资产合计÷流动负债合计

速动比率＝(流动资产合计−存货)÷流动负债合计

资产负债率＝负债合计÷总资产

【模拟上机】

```
In [9]:  1  # 计算偿债能力比率
         2  df_ratio=pd.DataFrame()
         3  df_ratio['流动比率'] = df1['流动资产合计']/df1['流动负债合计']
         4  df_ratio['速动比率'] = (df1['流动资产合计']-df1['存货'])/df1['流动负债合计']
         5  df_ratio['资产负债率'] = df1['负债合计']/df1['总资产']
         6  df1 = pd.concat([df1, df_ratio], axis=1)
         7  pd.options.display.float_format = '{:.2f}'.format
         8  df1[['报告期', '流动比率', '速动比率', '资产负债率']]
```

Out[9]:

	报告期	流动比率	速动比率	资产负债率
0	20221231	1.27	1.04	0.64
0	20211231	1.12	0.91	0.65
1	20201231	1.31	1.14	0.66
0	20191231	1.50	1.28	0.64
1	20181231	1.40	1.18	0.65
1	20171231	1.43	1.18	0.67
1	20161231	1.35	1.18	0.60
1	20151231	1.30	1.15	0.57
1	20141231	1.18	0.98	0.62
1	20131231	1.15	0.88	0.60

4. 数据可视化分析

1) 变动趋势分析

【跟我练10-10】

制作美的集团2013—2022年流动比率、速动比率、资产负债率条形图，观察变动趋势。

【模拟上机】

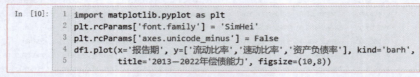

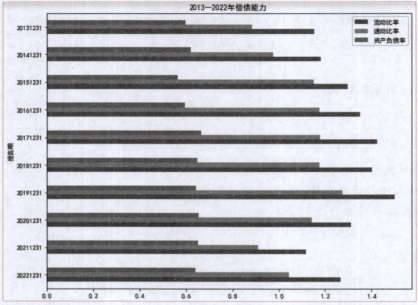

2) 资本结构分析

资本结构是指企业各种资本的构成及其比例关系，有广义和狭义两种。广义的资本结构指全部资本的构成，即自有资本和负债资本的对比关系。狭义的资本结构是指自有资本与长期负债资本的对比关系，而将短期债务资本作为营业资本管理。本例采用广义资本结构。

【跟我练10-11】

绘制环形图对2022年美的集团资本结构进行分析。

【模拟上机】

```python
# 绘制资本结构环形图
import matplotlib.pyplot as plt
import numpy as np
plt.rcParams['font.sans-serif'] = 'simhei'

data1 = df1.iloc[0,5]
data2 = df1.iloc[0,6]
data = [data1, data2]
label=["负债", "所有者权益"]

#把离心率设置远一点，防止第二个饼图挡住这个百分率
plt.pie(data, pctdistance=0.8, autopct='%.1f%%')
#所谓的环形图，就是再画一个比上个图小的饼图，并且为白色，所以半径要小
plt.pie([1], radius=0.6, colors='w')
plt.legend(label, loc='upper left')
plt.show()
```

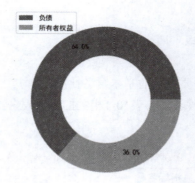

10.3.2 利用fina_indicator()获取美的集团2013—2022年财务指标数据

1. 获取数据

【跟我练10-12】

通过Tushare数据接口fina_indicator获取美的集团(000333.SZ)2013—2022年基本财务比率。

【模拟上机】

```
In [12]: 1  import pandas as pd
         2  import tushare as ts
         3  pro = ts.pro_api('dd5adbf6265751dc8d55bc96b716eb8bad69740af5d9c4fc96d09435')
         4
         5  years = [2022,2021,2020,2019,2018,2017,2016,2015,2014,2013]    # 创建年份列表
         6
         7  df_ratio = pd.DataFrame()
         8
         9  for year in years:               # 循环获取美的集团10年财务比率
        10      df_nratio = pro.fina_indicator(ts_code='000333.SZ', period=str(year)+'1231').iloc[-1]
        11      df_ratio=pd.concat([df_ratio, df_nratio], axis=1)
        12  pd.options.display.float_format = '{:.2f}'.format
        13  df_ratio=df_ratio.T
        14  df_ratio
```

Out[12]:

	ts_code	ann_date	end_date	eps	dt_eps	total_revenue_ps	revenue_ps	capital_rese_ps	surplus_rese_ps	undist_profit_
0	000333.SZ	20230429	20221231	4.34	4.33	49.41	49.15	2.81	1.53	17
1	000333.SZ	20220430	20211231	4.17	4.14	49.15	48.84	2.94	1.35	14
0	000333.SZ	20210430	20201231	3.93	3.90	40.64	40.43	3.20	1.13	12
1	000333.SZ	20200430	20191231	3.60	3.58	40.07	39.91	2.82	0.92	10
0	000333.SZ	20190420	20181231	3.08	3.05	39.29	38.97	2.77	0.76	8
0	000333.SZ	20180331	20171231	2.66	2.63	36.87	36.69	2.43	0.59	7
0	000333.SZ	20170331	20161231	2.29	2.28	24.75	24.62	2.11	0.43	5
0	000333.SZ	20160326	20151231	2.99	2.99	32.66	32.45	3.40	0.43	6
0	000333.SZ	20150331	20141231	2.49	2.49	33.76	33.60	3.09	0.28	5
1	000333.SZ	20140329	20131231	4.33	4.33	71.91	71.74	9.26	0.34	9

10 rows × 108 columns

上图中得到了10行×108列的数据结果，每行对应一年的财务比率数据。

2. 数据整理

采集的财务指标数据存在以下两个问题。

- 列名为英文，不直观。
- 数据共108列，我们需要用到的基本财务比率只有其中的12列。

对照fina_indicator输出参数表，与表10-1相关的基本财务比率对应的输出参数如表10-3所示。

表10-3　基本财务比率与fina_indicator输出参数对照表

分类	指标名称	输出参数
盈利能力	销售毛利率	grossprofit_margin
	总资产收益率	roa
	净资产收益率	roe
营运能力	应收账款周转率	ar_turn
	固定资产周转率	fa_turn
	总资产周转率	assets_turn
偿债能力	流动比率	current_ratio
	速动比率	quick_ratio
	资产负债率	debt_to_assets
发展能力	收入同比增长率	tr_yoy
	净利润同比增长率	netprofit_yoy
	净资产同比增长率	equity_yoy

【跟我练10-13】

对照输出参数从已获得的数据集108列中筛选出表10-3所示的12列。为阅读方便，将列名修改为中文名称。

【模拟上机】

```
In [13]: 1  df2 = df_ratio[['end_date', 'grossprofit_margin', 'roa', 'roe', 'ar_turn', 'fa_turn', 'assets_turn',
                2                  'current_ratio', 'quick_ratio', 'debt_to_assets', 'tr_yoy', 'netprofit_yoy', 'equity_yoy']]
                3  df2 = df2.rename(columns={'end_date':'报告期', 'grossprofit_margin':'销售毛利率', 'roa':'总资产收益率',
                4                  'roe':'净资产收益率', 'ar_turn':'应收账款周转率', 'fa_turn':'固定资产周转率',
                5                  'assets_turn':'总资产周转率', 'current_ratio':'流动比率', 'quick_ratio':'速动比率',
                6                  'debt_to_assets':'资产负债率', 'tr_yoy':'收入同比增长率',
                7                  'netprofit_yoy':'净利润同比增长率', 'equity_yoy':'净资产同比增长率'})
                8  pd.options.display.float_format = '{:.2f}'.format
                9  df2
```

Out[13]:

	报告期	销售毛利率	总资产收益率	净资产收益率	应收账款周转率	固定资产周转率	总资产周转率	流动比率	速动比率	资产负债率	收入同比增长率	净利润同比增长率	净资产同比增长率
0	20221231	24.24	7.64	22.07	13.01	14.13	0.85	1.27	1.04	64.05	0.68	3.43	14.47
1	20211231	22.48	7.99	23.58	14.33	15.23	0.92	1.12	0.91	65.25	20.18	4.96	6.26
0	20201231	25.11	8.85	24.84	13.65	13.02	0.86	1.31	1.14	65.53	2.27	12.44	15.59
1	20191231	28.86	9.55	26.21	14.62	12.67	0.99	1.50	1.28	64.40	6.71	19.68	22.39
0	20181231	27.54	9.50	25.80	14.07	11.63	1.02	1.40	1.18	64.94	8.23	17.05	12.66
0	20171231	25.03	10.35	25.63	15.54	11.08	1.16	1.43	1.18	66.58	51.35	17.70	20.63
0	20161231	27.31	12.21	26.62	13.35	8.03	1.07	1.35	1.18	59.57	14.71	15.56	24.24
0	20151231	25.84	12.63	28.66	14.03	7.29	1.12	1.30	1.15	56.51	-2.08	20.99	24.65
0	20141231	25.41	12.73	29.04	16.39	7.28	1.31	1.18	0.98	61.98	17.36	97.50	20.16
1	20131231	23.27	10.68	22.55	13.60	6.09	1.31	1.15	0.88	59.69	18.06	63.15	129.49

10.4 同业对比分析

10.4.1 业务分析

1. 同业比较分析的必要性

行业是由许多同类企业构成的群体。虽然我们通过美的集团财务指标计算,了解了美的集团的盈利能力、营运能力、偿债能力和发展能力,但无法确定美的集团在同行业企业中的位置。同业比较分析就是将某个企业的财务指标与行业均值进行的比较分析,有时也会选择和行业标杆企业进行比较,找到与标杆企业的差距,明确努力的方向。

不同行业具有不同的生产经营特点,财务比率指标就会存在差异。例如,对于以现销为主的零售业来说,由于大多数商品在销售时就可以收回现金,因此其应收账款相对较少,而流动负债又大多是赊购,因此整体流动比率就很低,但这并不能说明其偿债能力就不强;而对于大部分制造业来说,存货、应收账款都占有较大比重,流动比率就相对高一些。例如,某些行业的流动比率达到1,就表明其短期偿债能力强,而另外一些行业企业即使流动比率达到2,实际的短期偿债能力也不一定就强。因此,短期偿债能力强弱的判定一定要结合所在行业的平均标准。

2. 同业比较分析思路

仍以美的集团为例,同业比较分析思路如下。
(1) 确定美的集团所属行业。
(2) 获取行业企业2022年财务比率数据。
(3) 针对每个指标绘制箱线图直观展示美的公司在行业中的位置。
(4) 设计评分体系进行综合排名分析。

10.4.2 获取同业数据

1. 确定美的集团所属行业

通过Tushare的stock_basic接口可获取上市公司的基础信息数据,输出参数包括股票代码、名称、所属地区、所属行业、上市日期等,其中参数industry表示公司所属行业。

详细信息可登录https://tushare.pro/document/2?doc_id=25网站查询参考。

【跟我练10-14】

利用stock_basic数据接口获取美的集团(000333.SZ)基本信息。

【模拟上机】

```
In [14]: 1  import tushare as ts
         2  pro = ts.pro_api('dd5adbf6265751dc8d55bc96b716eb8bad69740af5d9c4fc96d09435')
         3  #查询"000333.SZ"股票信息
         4  data = pro.stock_basic(ts_code='000333.SZ')
         5  data

Out[14]:
   ts_code    symbol  name    area  industry  market  list_date
0  000333.SZ  000333  美的集团  广东   家用电器   主板    20130918
```

从industry字段可知，美的集团所属行业为"家用电器"。

2. 获取同行企业股票代码列表

【跟我练10-15】

利用stock_basic数据接口获取"家用电器"行业所有上市公司的基本信息。

【模拟上机】

```
In [15]: 1  # 获取所有的上市公司列表
         2  com_data = pro.stock_basic(exchange='', list_status='L',
         3                             fields='ts_code, symbol, name, area, industry, list_date')
         4  # 筛选家用电器行业企业列表
         5  hy_com = com_data[com_data['industry']=='家用电器']
         6  hy_com = hy_com.drop(hy_com.index[hy_com['name'].str.contains('ST')]) #删除公司名称中包含"ST"的数据
         7  hy_com = hy_com.reset_index(drop=True)    #舍弃原有索引，重置索引
         8  hy_com
```

```
Out[15]:
     ts_code    symbol  name    area  industry   list_date
0    000016.SZ  000016  深康佳A   深圳   家用电器   19920327
1    000333.SZ  000333  美的集团   广东   家用电器   20130918
2    000404.SZ  000404  长虹华意   江西   家用电器   19960619
3    000521.SZ  000521  长虹美菱   安徽   家用电器   19931018
4    000541.SZ  000541  佛山照明   广东   家用电器   19931123
...    ...       ...     ...     ...     ...       ...
78   688793.SH  688793  倍轻松    深圳   家用电器   20210715
79   831768.BJ  831768  拾比佰    广东   家用电器   20210628
80   836699.BJ  836699  海达尔    江苏   家用电器   20230509
81   870199.BJ  870199  倍益康    四川   家用电器   20221201
82   870726.BJ  870726  鸿智科技   广东   家用电器   20230808

83 rows × 6 columns
```

上图中列表最末行显示"83 rows × 6 columns"，即共筛选出家用电器行业企业83个，原始数据共有85列，在此我们只保留6列信息，另外，剔除了公司名称中包含"ST"的企业。为方便后期进行数据处理，使用reset_index(drop=True)重新设置索引。上市公司的数量会不断变化，读者执行代码时得到的数据很可能有所不同。

3. 将行业企业的"ts_code"转换为列表

转换为列表是为后面的环节调用做准备。

【跟我练10-16】

将行业企业的"ts_code"转换为列表。

【模拟上机】

```
In [16]:  1  # 将行业企业"ts_code"转换为列表
          2  hy_list = hy_com['ts_code'].tolist()
          3  hy_list

Out[16]: ['000016.SZ',
          '000333.SZ',
          '000404.SZ',
          '000521.SZ',
          '000541.SZ',
          '000651.SZ',
          '000801.SZ',
          '000810.SZ',
          '000921.SZ',
          '001259.SZ',
          '002011.SZ',
```

4. 获取所有行业企业2022年的财务比率

为了与同行业企业在盈利能力、营运能力、偿债能力、发展能力方面做横向对比，需要了解其他同行业企业的财务比率。Tushare提供了上市公司历年的财务比率，我们选取其中的一部分数据进行对比分析，所选数据如表10-3所示。

通过Tushare的fina_indicator接口可以获取上市公司财务指标数据，详细信息可登录https://tushare.pro/document/2?doc_id=79网站查询参考。

【跟我练10-17】

获取所有"家用电器"行业企业2022年的财务比率。

【模拟上机】

```
In [17]:  1  import pandas as pd
          2  pro = ts.pro_api('dd5adbf6265751dc8d55bc96b716eb8bad69740af5d9c4fc96d09435')
          3  df=pd.DataFrame()
          4  for com in hy_list:
          5      table = pro.query('fina_indicator', ts_code=com, period='20221231', \
          6                        fields='ts_code, roe, roa, grossprofit_margin, assets_turn, ar_turn, fa_turn, \
          7                        current_ratio, quick_ratio, debt_to_assets,tr_yoy, netprofit_yoy, equity_yoy').iloc[-1]
          8      df = pd.concat([df,table], axis=1)
          9  df_hy=df.T
         10  df_hy=df_hy.reset_index(drop=True)
         11  df_hy
```

Out[17]:

	ts_code	current_ratio	quick_ratio	ar_turn	fa_turn	assets_turn	grossprofit_margin	roe	roa	debt_to_assets	netprofit_yoy	tr_yoy	equity_y
0	000016.SZ	1.1817	0.8859	10.8963	7.2887	0.7602	2.7669	-17.5841	-3.5714	77.7428	-262.5233	-39.7069	-15.9
1	000333.SZ	1.2654	1.0422	13.0088	14.1291	0.8531	24.2438	22.0711	7.637	64.0464	3.4292	0.6838	14.4
2	000404.SZ	1.2329	1.0263	8.7351	8.796	1.0776	10.7371	7.477	3.3558	61.1478	41.6955	-0.7847	4.6
3	000521.SZ	1.1483	0.9817	14.714	9.1378	1.288	13.706	4.888	1.0073	65.8092	371.1875	12.1015	6.84
4	000541.SZ	1.471	1.1096	5.1934	3.6282	0.7012	17.5342	4.1991	3.0005	43.741	-23.1031	0.3865	-26.47
...	...	...	...	...	...	...	...	...	...	...	...	...	...
78	688793.SH	2.2543	1.7479	12.7363	50.9654	1.0181	49.8177	-22.0657	-16.4227	40.9155	-235.4558	-24.6886	-27.89
79	831768.BJ	1.6718	1.2123	4.7789	4.3366	0.7643	8.1072	1.8601	0.511	45.8282	-79.9997	-28.4905	0.27
80	836699.BJ	1.3707	1.0537	2.8674	8.3095	1.0318	21.8481	33.2068	14.2737	58.3979	0.2378	1.2228	39.8
81	870199.BJ	5.9893	5.1144	15.8719	17.7656	0.9451	38.7928	21.5972	19.181	15.3429	-12.2697	18.8428	297.08
82	870726.BJ	1.8617	1.5645	4.5958	15.2525	2.0119	18.0818	31.4137	18.4371	43.9849	54.1069	3.9696	20.4

83 rows × 13 columns

获取83个属于"家用电器"企业的12个财务指标(与表10-3对应)，这个数据表中包含了后期做盈利能力分析、营运能力分析、偿债能力分析、成长能力分析用到的财务指标。

为方便使用，将df_hy保存到Excel文档，在程序调试过程中不必反复下载数据。

```
df_hy.to_excel('2022data.xlsx', index=False)    # 保存到Excel文档
```

10.4.3 同业可视化比较分析

1. 盈利能力可视化分析

反映企业盈利能力的财务指标通常包括净资产收益率(roe)、净利率(net_profit_ratio)、毛利率(gross_profit_rate)、净利润(net_profits)、每股收益(esp)等。在此以净资产收益率为例分析企业盈利能力，其他指标与此同理。

1) 按照盈利能力降序排列

【跟我练10-18】

按净资产收益率降序排列同行业企业。

【模拟上机】

```
In [18]: 1  df_roe = df_hy[['ts_code', 'roe']]                              #从df_hy中取"股票代码"和"净资产收益率"两列
         2  df_name = hy_com['name']                                         #从hy_com的"name"列获取公司名称
         3  df_roe = pd.concat([df_roe, df_name], axis=1)                    #合并
         4  df_roe.columns = ['股票代码', '净资产收益率', '公司名称']           #修改列标题
         5  df_roe_sort = df_roe.sort_values('净资产收益率', ascending=False) #降序排序
         6  df_roe_sort
```

```
Out[18]:
       股票代码      净资产收益率   公司名称
   24  002668.SZ    66.2876    奥马电器
   66  603519.SH    53.4993    立霸股份
   80  836699.BJ    33.2068    海达尔
   82  870726.BJ    31.4137    鸿智科技
   10  002011.SZ    31.1809    盾安环境
   ...    ...         ...       ...
   30  002848.SZ    -2.4124    高斯贝尔
   40  300808.SZ    -2.553     久量股份
   17  002403.SZ    -3.7301    爱仕达
    0  000016.SZ   -17.5841    深康佳A
   78  688793.SH   -22.0657    倍轻松
83 rows × 3 columns
```

fina_indicator接口的输出不包含公司名称，stock_basic接口的输出包含公司名称。因此从fina_indicator接口获取股票代码和净资产收益率，从stock_basic接口获取公司名称，然后使用concat()函数将两者合并到一个数据集df_roe。注意，合并前要确保将两者的索引统一。

2) 行业排名

【跟我练10-19】

按净资产收益率降序给同行业企业排名。

【模拟上机】

```
In [19]: 1  # 增加一列 "行业排名"
         2  df_roe['行业排名'] = df_roe['净资产收益率'].rank(ascending=False)
         3  df_roe['行业排名'] = df_roe['行业排名'].astype(int)
         4  df_roe
```

	股票代码	净资产收益率	公司名称	行业排名
0	000016.SZ	-17.5841	深康佳A	82
1	000333.SZ	22.0711	美的集团	16
2	000404.SZ	7.477	长虹华意	52
3	000521.SZ	4.888	长虹美菱	65
4	000541.SZ	4.1991	佛山照明	69
...	...	...	...	...
78	688793.SH	-22.0657	倍轻松	83
79	831768.BJ	1.8601	拾比佰	73
80	836699.BJ	33.2068	海达尔	3
81	870199.BJ	21.5972	倍益康	17
82	870726.BJ	31.4137	鸿智科技	4

83 rows × 4 columns

从上图中可以看到，美的集团在同行业企业中的净资产利润率排名为第16名。

3) 绘制柱形图比较同行业企业净资产收益率

【跟我练10-20】

对同行业企业净资产收益率绘制柱形图进行比较。

【模拟上机】

```python
from pyecharts import options as opts
from pyecharts.charts import Bar

L1=df_roe_sort['公司名称'].tolist()
L2=df_roe_sort['净资产收益率'].tolist()

bar = ( Bar()
    .add_xaxis(L1)
    .add_yaxis("净资产收益率(roe)", L2,label_opts=opts.LabelOpts(is_show=False))
    .set_global_opts(title_opts=opts.TitleOpts(title="净资产收益率"),
                    datazoom_opts=opts.DataZoomOpts(),          #区域缩放配置
                    yaxis_opts=opts.AxisOpts(min_=-30, max_=70))
)
bar.render('d:\\家电行业2022年净资产收益率.html')
```

上图中的代码最后将图形保存到了d:盘，文件名是"家电行业2022年净资产收益率.html"，使用浏览器可打开文件。

同行业企业净资产收益率柱形图如下。

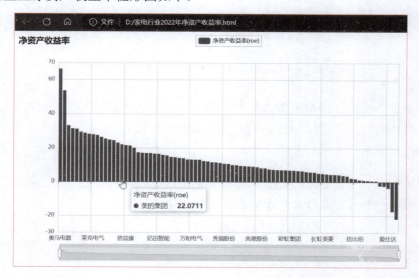

从图中可以大致看出美的集团净资产收益率在同行业中的排位情况，同行业企业净资产收益率为负值的共有5个。

因数据量较大，使用DataZoomOpts进行区域缩放，需要查看局部数据信息时，可以拖动图形下方的滚动条查看更细节的数据。当鼠标指向某个柱条时，手形鼠标右下方出现提示框，显示该公司净资产收益率的准确数值。

Pyecharts绘制的图形比Matplotlib更有交互性，能以动态形式展示数据，更适合做现场演示。

查看美的集团"净资产收益率"的行业排名，查看行业排名第一和最后的企业情况如下。

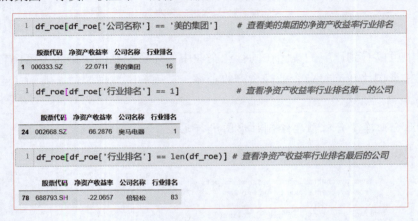

4) 查看行业净资产收益率数据的整体情况

【跟我练10-21】

利用describe对行业净资产收益率整体数据进行描述。

【模拟上机】

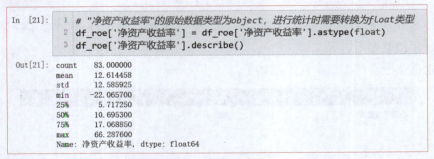

从上图中可以看出，净资产收益率的行业均值为12.614458，上四分位值为17.06885，前文已知美的集团的该项指标为22.0711，在行业内比较领先。

5) 绘制箱形图展示家电行业总体情况

【跟我练10-22】

以箱形图展示家用电器行业的净资产收益率总体情况。

【模拟上机】

```
In [22]:  1  import matplotlib.pyplot as plt
          2
          3  plt.rcParams['font.sans-serif'] = ['Microsoft YaHei']   # 设置字体，解决中文乱码
          4  plt.rcParams['axes.unicode_minus'] = False              # 解决图形中的'-'负号乱码
          5  plt.rcParams["figure.figsize"] = [3, 4]                 # 设置图形大小
          6
          7  x = df_roe['净资产收益率'].tolist()
          8  plt.boxplot(x, labels=['净资产收益率'], showmeans=True, widths=0.5)
          9  plt.xticks(fontsize=14)  # 设置x轴刻度字体大小
         10  plt.yticks(fontsize=14)  # 设置y轴刻度字体大小
         11  plt.show()
```

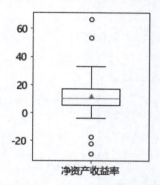

图中的三角形表示均值，boxplot默认不显示均值，通过参数showmeans=True可以在图中显示均值。这里的均值与中位数比较接近。图中的小圆圈是离群点或称为异常值，即与绝大多数数据差异较大，计算方法可参考项目5中关于异常值检测及处理的3σ法则。

2. 营运能力可视化分析

企业的营运能力指标主要包括总资产周转率、应收账款周转率、存货周转率，周转率越快说明营运能力越强。本项目选取总资产周转率(assets_turn)为代表对企业营运能力进行分析，其他营运指标分析与此同理。在进行盈利能力分析时，已经获取了所有"家用电器"行业企业2022年的财务比率，这里直接用来进行营运能力分析。

【跟我练10-23】

对整个行业的总资产周转率进行统计。

【模拟上机】

```
In [23]:  1  # 从df_hy中取"股票代码"和"总资产周转率"两列
          2  df_assets_turn = df_hy[['ts_code', 'assets_turn']]
          3  # 对总资产周转率"assets_turn"列进行统计
          4  des_table = df_assets_turn['assets_turn'].astype(float).describe()
          5  des_table

Out[23]:  count    83.000000
          mean      0.870972
          std       0.306724
          min       0.115800
          25%       0.658000
          50%       0.827700
          75%       1.077500
          max       2.011900
          Name: assets_turn, dtype: float64
```

【跟我练10-24】

绘制统计数据柱状图并添加美的集团数据进行对比。

【模拟上机】

为了与全行业总体情况进行对比，需要先获取美的集团的总资产周转率。

```
1  # 根据股票代码查看美的集团的总资产周转率
2  Meidy = df_assets_turn[df_assets_turn['ts_code']=='000333.SZ']
3  Meidy
```

	ts_code	assets_turn
1	000333.SZ	0.8531

查询可知美的集团的总资产周转率为0.8531。

```
In [24]: 1  import numpy as np
         2  import matplotlib.pyplot as plt
         3
         4  plt.rcParams['font.sans-serif'] = ['Microsoft YaHei']
         5  plt.rcParams['axes.unicode_minus'] = False
         6
         7  x = ['均值','标准差','最小值','下四分位数','中位数','上四分位数','最大值','美的集团']
         8  y = des_table[1:8]
         9  y['美的集团'] = 0.8531           #将美的集团的总资产周转率添加到列表y
        10  plt.figure(figsize=(8, 4))     #设置图形大小
        11  plt.ylabel('总资产周转率')
        12  plt.bar(x,y,color=np.random.random((8,3)))   #随机生成不同颜色显示数据系列
        13  plt.grid()       #显示网格
        14  plt.show()
```

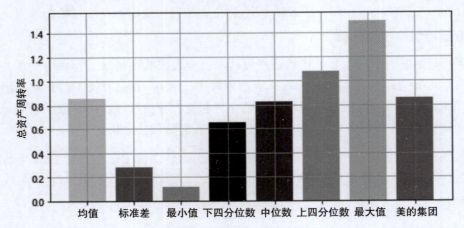

从图中可以看出，美的集团的总资产周转率与中位数接近，表明美的集团在这项指标上位于同行业中游。

企业的偿债能力和成长能力的相关分析与以上我们对盈利能力和营运能力的分析类似，在此不再赘述。

本节是针对企业的单个财务指标进行分析，企业综合能力在同行中排名则需要把多个财务指标都纳入评价体系。

10.4.4 同业综合评价

1. 综合评价体系设计

为了对同业企业进行综合评价,就要对企业经营管理进行量化。根据以上获取的行业企业的各项财务指标,设计评分规则如下。

1) 计算单项指标评分

根据行业企业各项财务指标在同业中的排名,计算单项指标评分,如表10-4所示。

表10-4 单项指标评分

评分标准	评分
位于同业前25%	100
位于同业50%~75%	75
位于同业25%~50%	50
位于同业后25%	25

2) 计算综合评分

对每个企业的12项财务指标评分进行加权平均,得到综合评分。

3) 2022年度企业综合评分排名

综合评分能够比较全面地反映企业的整体实力,以此为依据的同业排名能够使我们了解各企业在业内居于何种水平。

4) 近5年企业综合评价

全面考察企业发展情况不能只看某一年的表现,近4年综合评分能够体现企业的发展变化趋势。

2. 综合评价体系的实现

1) 单项指标排名

前文已经从Tushare获取到了2022年"家用电器"行业内83个企业各自的12个财务指标,利用rank()函数直接对这些指标进行排名即可。这些财务指标中大部分都是取值越大越好,直接按降序排名即可。但是,代表偿债能力的3个指标并不是取值越大越好,通常认为,流动比率的最优值为2;速动比率的最优值为1;资产负债率的最优取值应在0.5左右。因此,对这3个指标的评分做如下修正:首先将指标取值与最优值相减并取绝对值,然后按照结果升序排名。修正后,指标原值越接近最优值则排名越靠前。

【跟我练10-25】

为"家用电器"企业的12个财务指标分别进行排名。

【综合排名设计思路】

实现思路如下。

(1) 调整流动比率、速动比率、资产负债率3个指标的取值。调整公式如下。

$$指标取值 = abs(指标取值 - 最优值)$$

(2) 降序排名保存在df_rank,升序排名保存在df_rank_asc。

(3) 用df_rank_asc的流动比率、速动比率、资产负债率替换df_rank的对应列。

(4) 第1列原本是股票代码,排名没有意义,替换为公司名称,把原有列标题"ts_code"修改为"com_name"。

【模拟上机】

```python
import pandas as pd
# 从2022年行业财务数据文件中读取数据
df = pd.read_excel('2022data.xlsx')

# 原始数据的三个指标与最优值做减法后取绝对值
df['current_ratio'] = abs(df['current_ratio']-2)
df['quick_ratio'] = abs(df['quick_ratio']-1)
df['debt_to_assets'] = abs(df['debt_to_assets']-0.5)

df_rank = df.rank(method='max',ascending=False)      # 按降序排名
df_rank_asc = df.rank(method='max',ascending=True)   # 按升序排名

# 用升序排名df_rank_asc的三列替换df_rank的对应三列
df_rank['current_ratio'] = df_rank_asc['current_ratio']
df_rank['quick_ratio'] = df_rank_asc['quick_ratio']
df_rank['debt_to_assets'] = df_rank_asc['debt_to_assets']

df_rank['ts_code'] = hy_com['name']    # 将股票代码列替换为公司名称
df_rank.rename(columns={'ts_code':'com_name'}, inplace=True)
df_rank
```

Out[25]:

	com_name	current_ratio	quick_ratio	ar_turn	fa_turn	assets_turn	grossprofit_margin	roe	roa	debt_to_assets	netprofit_yoy	tr_yoy	equity_yoy
0	深康佳A	58.0	14.0	24.0	31.0	53.0	83.0	82.0	82.0	83.0	82.0	83.0	79.0
1	美的集团	53.0	7.0	19.0	13.0	40.0	41.0	16.0	35.0	75.0	43.0	39.0	26.0
2	长虹华意	54.0	5.0	28.0	25.0	21.0	77.0	52.0	61.0	70.0	23.0	44.0	53.0
3	长虹美菱	61.0	4.0	15.0	24.0	9.0	67.0	65.0	74.0	78.0	3.0	17.0	45.0
4	佛山照明	40.0	13.0	49.0	66.0	58.0	59.0	69.0	63.0	35.0	63.0	41.0	81.0
...	...	...	...	...	...	...	...	...	...	...	...	...	...
78	倍轻松	17.0	56.0	20.0	1.0	26.0	4.0	83.0	83.0	31.0	81.0	77.0	82.0
79	拾比佰	21.0	22.0	52.0	57.0	52.0	79.0	73.0	77.0	46.0	78.0	79.0	64.0
80	海达尔	45.0	8.0	76.0	28.0	25.0	46.0	3.0	12.0	66.0	45.0	37.0	12.0
81	倍益康	82.0	82.0	14.0	4.0	30.0	14.0	17.0	5.0	4.0	52.0	9.0	1.0
82	鸿智科技	10.0	48.0	54.0	11.0	1.0	55.0	4.0	7.0	36.0	16.0	32.0	15.0

83 rows × 13 columns

2) 单项指标评分

【跟我练10-26】

依据排名为每个指标评分,评分依据如表10-4所示。

【模拟上机】

```python
# 依据行业排名为每个指标评分
n = len(df_rank)            # 同业企业数量
df_score=df_rank.copy()     # 复制数据集用于评分

for i in range(0, n):
    for j in range(1, len(df_score.T)):
        if df_score.iloc[i,j] >= n*0.75:
            df_score.iloc[i,j] = 100
        elif df_score.iloc[i,j] >= n*0.5:
            df_score.iloc[i,j] = 75
        elif df_score.iloc[i,j] >= n*0.25:
            df_score.iloc[i,j] = 50
        else:
            df_score.iloc[i,j] = 25
df_score
```

	com_name	current_ratio	quick_ratio	ar_turn	fa_turn	assets_turn	grossprofit_margin	roe	roa	debt_to_assets	netprofit_yoy	tr_yoy	equity_yoy
0	深康佳A	75.0	25.0	50.0	50.0	75.0	100.0	100.0	100.0	100.0	100.0	100.0	100.0
1	美的集团	75.0	25.0	25.0	25.0	50.0	50.0	25.0	50.0	100.0	75.0	50.0	50.0
2	长虹华意	75.0	25.0	50.0	50.0	50.0	100.0	75.0	75.0	100.0	50.0	75.0	75.0
3	长虹美菱	75.0	25.0	25.0	50.0	25.0	100.0	100.0	100.0	100.0	25.0	25.0	75.0
4	佛山照明	50.0	25.0	75.0	100.0	75.0	75.0	100.0	100.0	50.0	100.0	50.0	100.0
...	...	...	...	...	...	...	...	...	...	...	...	...	...
78	倍轻松	25.0	75.0	25.0	25.0	50.0	25.0	100.0	100.0	50.0	100.0	100.0	100.0
79	拾比佰	50.0	50.0	75.0	75.0	50.0	100.0	100.0	100.0	75.0	100.0	100.0	100.0
80	海达尔	75.0	25.0	100.0	50.0	50.0	75.0	25.0	25.0	100.0	75.0	50.0	25.0
81	倍益康	100.0	100.0	25.0	25.0	25.0	25.0	25.0	25.0	25.0	100.0	25.0	25.0
82	鸿智科技	25.0	75.0	75.0	25.0	50.0	75.0	25.0	25.0	50.0	25.0	50.0	25.0

83 rows × 13 columns

len(df_rank)可以获取df_rank的行数，为了不影响df_rank本身的数据，使用copy()函数复制到评分表df_score中，然后将打分结果保存到df_score中每个排名所在的位置。获取列数则使用len对数据框的转置求长度即可，如len(df_score.T)。

上述评分算法没有考虑以下情况，当资产负债率超过75%时，通常认为企业在偿债能力方面存在极大风险，因此，无论排名是多少该项指标都评为0分。采用以下方法予以修正评分表。修正后的评分表保存为"2022score.xlsx"文件。

```python
# 遍历原始数据表，如果资产负债率超过75%，修改评分表，该指标得分为0
import pandas as pd
df = pd.read_excel('2022data.xlsx')
for i in range(0, len(df)):
    if df.loc[i,'debt_to_assets'] > 75:
        df_score.loc[i,'debt_to_assets'] = 0
df_score.to_excel('d:\\2022score.xlsx', index=False)    #修改过的评分表保存到Excel文件
df_score
```

查看原始数据表"2022data.xlsx"，按资产负债率降序排列，可以看到共有一家企业的资产负债率超过75%。

	A	B	C	D	E	F	G	H	I	J
1	ts_code	current_ratio	quick_ratio	ar_turn	fa_turn	assets_turn	ssprofit_mar	roe	roa	debt_to_assets
2	000016.SZ	1.1817	0.8859	10.8963	7.2887	0.7602	2.7669	-17.5841	-3.5714	77.7428
3	600839.SH	1.038	0.7198	8.6369	12.1129	1.1214	11.6243	3.469	1.6498	73.302
4	002668.SZ	1.0469	0.8538	6.7395	9.7289	1.1425	24.5609	66.2876	15.3188	72.9706

从修正后的打分表中可以看到，只有"深康佳A"的资产负债率评分为0，"深康佳A"的股票代码正是"000016.SZ"，说明资产负债率超过75%的企业评分已经被修正。

	A	B	C	D	E	F	G	H	I	J
1	com_name	rent_rati	uick_rat	ar_turn	fa_turn	ssets_tu	profit_m	roe	roa	debt_to_assets
2	深康佳A	75	25	50	50	75	100	100	100	0
3	利仁科技	100	100	50	25	50	50	75	50	25

3) 计算综合评分

根据不同指标对企业整体财务状况的重要程度，确定每个财务指标的权重，然后根据权重和指标得分计算综合评分。需求不同或关注点不同，给出的财务指标权重也不同。权重的确定方式不在本书的研究范畴，这里仅以较为简单的方式给出权重。

【跟我练10-27】

为83个"家用电器"企业计算综合评分。

【模拟上机】

```
In [27]: 1  # 按不同权重计算综合评分
         2  w1=0.3    # 盈利能力指标权重: roe、roa、grossprofit_margin
         3  w2=0.3    # 营运能力指标权重: ar_turn、fa_turn、assets_turn
         4  w3=0.2    # 偿债能力指标权重: current_ratio、quick_ratio、debt_to_assets
         5  w4=0.2    # 发展能力指标权重: netprofit_yoy、tr_yoy、equity_yoy
         6  df_score = pd.read_excel('2022score.xlsx')
         7  df_score['score'] = 0
         8  for i in range(0,len(df_score)):
         9      for j in range(1,12):
        10          df_score.iloc[i,13] = w1*(df_score.iloc[i,6]+df_score.iloc[i,7]+df_score.iloc[i,8]) \
        11                              + w2*(df_score.iloc[i,3]+df_score.iloc[i,4]+df_score.iloc[i,5]) \
        12                              + w3*(df_score.iloc[i,1]+df_score.iloc[i,2]+df_score.iloc[i,9]) \
        13                              + w4*(df_score.iloc[i,10]+df_score.iloc[i,11]+df_score.iloc[i,12])
        14  df_score['score']=df_score['score']/3
        15  df_score['score']=df_score['score'].round(2)    # 评分保留2位小数
        16  df_score
```

Out[27]:

	com_name	current_ratio	quick_ratio	ar_turn	fa_turn	assets_turn	grossprofit_margin	roe	roa	debt_to_assets	netprofit_yoy	tr_yoy	equity_yoy	score
0	深康佳A	75	25	50	50	75	100	100	100	0	100	100	100	74.17
1	美的集团	75	25	25	25	50	50	25	50	100	75	50	50	47.50
2	长虹华意	75	25	50	50	50	100	75	75	100	50	75	75	66.67
3	长虹美菱	75	25	25	50	25	100	100	100	100	25	25	75	61.67
4	佛山照明	50	25	75	100	75	75	100	100	50	100	50	100	77.50
...	...	...	...	...	...	...	...	...	...	...	...	...	...	...
78	倍轻松	25	75	25	25	50	25	100	100	50	100	100	100	62.50
79	拾比佰	50	50	75	75	75	100	100	100	75	100	100	100	84.17
80	海达尔	75	25	100	50	50	75	25	25	100	75	50	25	55.83
81	倍益康	100	100	25	25	50	25	25	25	25	75	25	25	40.83
82	鸿智科技	25	75	75	25	25	75	25	25	50	25	50	25	41.67

83 rows × 14 columns

根据单项指标的评分计算企业综合评分,结果保存到score列。

4) 美的集团综合评分可视化

【跟我练10-28】

绘制美的集团及行业标杆企业的财务指标对比雷达图。

【模拟上机】

(1) 查看美的集团的综合评分及主要比对的财务指标。

```
In [28]: 1  Meidy = df_score[df_score['com_name']=='美的集团']
         2  Meidy
```

Out[28]:

	com_name	current_ratio	quick_ratio	ar_turn	fa_turn	assets_turn	grossprofit_margin	roe	roa	debt_to_assets	netprofit_yoy	tr_yoy	equity_yoy	score
1	美的集团	75.0	25.0	25.0	25.0	50.0	50.0	25.0	50.0	100.0	75.0	50.0	50.0	47.5

(2) 查看标杆企业的综合评分及主要财务指标。

```
In [28]: 1  # 按照综合评分降序排序,查看标杆企业的综合得分及其他财务指标
         2  df_score = df_score.sort_values(by='score', ascending=False)
         3  df_score
```

	com_name	current_ratio	quick_ratio	ar_turn	fa_turn	assets_turn	grossprofit_margin	roe	roa	debt_to_assets	netprofit_yoy	tr_yoy	equity_yoy	score
30	高斯贝尔	100	50	100	100	100	100	100	100	100	25	100	100	91.67
17	爱仕达	100	75	100	100	100		50	100	100	50	100	100	90.00
40	久量股份	25	75	100	100	100		100	100		25	100	100	88.33
37	天银机电	25	50	100	100	100		75	100		100	100	100	84.17
79	拾比佰	50	50	75	75	75	100	100	50	75	100	100	100	84.17
...	...	...	...	...	...	...	...	...	...	...	...	...	...	...
32	小熊电器	25	75	25	50	50	25	25	50	75	50	25	50	42.50
82	鸿智科技	25	75	75	25	25	75	25	25	50	50	50	25	41.67
81	倍益康	100	100	25	25	50		25	25	25	75	25	25	40.83
73	立达信	25	50	25	25	25		50	50	50	50	25	25	40.00

（3）按评分降序排序后位于最前（行号为0）的企业即为标杆企业，从中选择"roa""roe""assets_turn""debt_to_assets""netprofit_yoy"5个得分。把美的集团和标杆企业的指标以雷达图显示，能够比较直观地对比美的集团与业内标杆的差距。

```python
import matplotlib.pyplot as plt
import numpy as np
plt.rcParams['font.sans-serif']=['SimHei']      # 显示中文
plt.rcParams['axes.unicode_minus']=False        # 正常显示负号
plt.figure(figsize=(6,6))
indicators = ['综合评分','净资产收益率','总资产周转率','资产负债率','净利润同比增长率']
# 美的集团得分
score1 = [Meidy.iloc[0,13],Meidy.iloc[0,7],Meidy.iloc[0,5],Meidy.iloc[0,9],Meidy.iloc[0,12]]
# 标杆企业得分
score2 = [df_score.iloc[0,13],df_score.iloc[0,7],df_score.iloc[0,5],df_score.iloc[0,9],df_score.iloc[0,12]]
dataLength = len(score1)       # 数据长度
angles = np.linspace(0, 2*np.pi, dataLength, endpoint=False)  # angles数组把圆周等分为dataLength份
indicators.append(indicators[0])
score1.append(score1[0])
score2.append(score2[0])
angles = np.append(angles, angles[0])           # 闭合
# 绘制雷达图
plt.polar(angles,                               # 设置角度
          score1,                               # 设置各角度上的数据
          'rv--',                               # 设置颜色为红色、线型为虚线和端点符号是三角形
          linewidth=2)                          # 设置线宽
plt.polar(angles,score2,
          'b+-',                                # 设置颜色为蓝色、线型为实线、端点符号是+
          linewidth=2)
# 设置角度网格标签
plt.thetagrids(angles*180/np.pi, indicators, fontproperties='simhei', fontsize=13)
plt.fill(angles, score1, facecolor='r', alpha=0.2)  # 填充雷达图内部
plt.fill(angles, score2, facecolor='b', alpha=0.2)
plt.legend(["美的集团", df_score.iloc[0,0]], loc='upper right')   # 设置图例
plt.show()
```

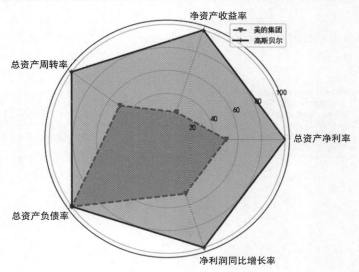

5) 其他年份财务数据

前文只分析了近4年的财务指标，如果需要其他年份的指标，通过设置开始日期和结束日期，能够获取利润表、资产负债表、现金流量表、财务指标等历史数据。

【跟我练10-29】

获取家用电器行业所有企业近10年的主要财务指标。

【模拟上机】

```
In [29]: 1  import pandas as pd
         2  pro = ts.pro_api('dd5adbf6265751dc8d55bc96b716eb8bad69740af5d9c4fc96d09435')
         3  df = pd.DataFrame()
         4  for com in hy_list:
         5      table = pro.query('fina_indicator',ts_code=com,start_date='20130101', end_date='20221231', \
         6                 fields='ts_code, end_date, roe, roa, grossprofit_margin, assets_turn, ar_turn, \
         7                 fa_turn, current_ratio, quick_ratio, debt_to_assets, tr_yoy, netprofit_yoy,equity_yoy')
         8      table = table.drop_duplicates(['end_date'])        #删除重复数据
         9      df = pd.concat([df,table])
        10  df.to_excel('家电行业10年财务指标.xlsx')
        11  df
```

Out[29]:

	ts_code	end_date	current_ratio	quick_ratio	ar_turn	fa_turn	assets_turn	grossprofit_margin	roe	roa	debt_to_assets	netprofit_yoy	tr_yoy
0	000016.SZ	20221231	1.1817	0.8859	10.8963	7.2887	0.7602	2.7669	-17.5841	-3.5714	77.7428	-262.5233	-39.7069
1	000016.SZ	20220930	1.2288	0.9696	7.8036	6.2278	0.6219	2.5242	1.4781	1.1222	73.6902	207.2895	-22.2303
2	000016.SZ	20220630	1.1699	0.9424	4.9910	4.2393	0.4267	2.4446	1.8806	0.8218	73.5866	102.2453	-22.5340
3	000016.SZ	20220331	0.9540	0.7322	2.5063	2.0799	0.2069	2.4461	1.1276	0.3580	74.2555	42.6757	-15.2923
4	000016.SZ	20211231	0.8892	0.7136	13.4564	13.6617	1.0943	3.4713	10.3328	5.3589	74.4174	89.5498	-2.4732
...													
14	870726.BJ	20170630	1.2507	0.9418	3.3821	2.9428	0.8877	23.9791	10.3656	6.6877	58.8754	-30.6033	18.1624
15	870726.BJ	20161231	1.4634	1.1498	5.4039	6.0175	1.5894	26.2369	43.8967	22.8357	54.3724	-7.7765	-14.2410
16	870726.BJ	20160630	1.1105	0.9246	2.3557	2.3522	0.5954	23.4560	14.9989	6.7268	72.8402	NaN	NaN
17	870726.BJ	20151231	1.4603	1.2642	6.0137	3.8343	1.4121	23.2222	32.1328	19.6830	59.4353	292.6349	3.0898
18	870726.BJ	20141231	1.1180	0.8710	7.0504	2.5902	1.1976	22.8335	6.3902	6.0514	45.9338	NaN	NaN

2642 rows × 14 columns

上图中返回的结果共有2642行数据，83家企业每个季度公布一次，10年的数据量应该是大于这个结果的。因为有些企业上市不足10年，有些年份没有数据，企业有可能公布数据后进行了修改再次发布，所以有重复数据，需要把"end_date"重复的记录删除。

根据公司每年年底是否发布财务数据，可以了解行业内的上市公司数量。

【跟我练10-30】

分析家电行业上市公司数量变化。统计end_date列"1231"出现次数即可。

【模拟上机】

```
In [30]: 1  import matplotlib.pyplot as plt
         2  # end_date列的数据原本为int类型，读出时转换为string类型
         3  df=pd.read_excel('家电行业10年财务指标.xlsx', dtype={'end_date':'string'})
         4  date1231 = df[df["end_date"].str.contains('1231')]   # 筛选end_date列包含'1231'的数据
         5  list=date1231['end_date'].value_counts()              # 统计end_date列每个值出现的次数
         6  list
```

```
Out[30]:  20221231    83
          20211231    83
          20201231    83
          20191231    83
          20181231    82
          20171231    80
          20161231    74
          20151231    71
          20141231    67
          20131231    64
          Name: end_date, dtype: Int64
```

从上图中可以看出，截至2013年年底有64家家电行业公司上市，截至2022年年底有83家家电行业公司上市，2019—2022年上市公司数量没有增加。

一、判断题

1. 必须在交互模式下安装模块。   （   ）
2. concat()函数既可用于横向拼接，也可用于纵向拼接，默认横向拼接。   （   ）

二、单选题

1. 下列中通过Tushare数据平台获取上市公司财务指标数据接口的是(   )。
   A. cashflow   B. income
   C. balancesheet   D. fina_indicator
2. 下列中可以对整体数据进行描述的函数是(   )。
   A. sum()   B. summarize()
   C. describe()   D. fina_indicator()

三、多选题

1. 可以通过Tushare数据平台获取的上市公司财务报表包括(   )。
   A. 利润表   B. 资产负债表
   C. 所有者权益变动表   D. 现金流量表
2. 已知a = 521.1314，若要使a保留两位小数，正确的做法是(   )。
   A. print("% .2f" % a) B. print("%2f" % a)
   C. print(round(a))   D. print(round(a,2))
3. 将DateFrame中的一列转化为列表的函数是(   )。
   A. list()   B. tolist()
   C. shape()   D. covert()
   E. to_list()

四、实训题

1. 利用Tushare资产负债表数据接口获取云南白药(000538.SZ)2013—2022年资产负债表数据，进行偿债能力分析。要求：
   (1) 计算流动比率、速动比率、资产负债率指标。
   (2) 变动趋势分析。
   (3) 资本结构分析。
2. 利用TuShare财务指标数据接口获取2022年云南白药同行企业ROE指标，绘制箱线图。

参考文献

1. 王新玲. Excel 2016在财务中的应用[M]. 北京：人民邮电出版社，2022.
2. 周翔，闫果. 程序设计基础Python语言[M]. 北京：人民邮电出版社，2022.
3. 吴晓霞，孙斌，蔡礼强. Python开发与财务应用[M]. 北京：人民邮电出版社，2022.
4. 龙月娥. Python财务数据分析及应用[M]. 北京：高等教育出版社，2022.
5. 张敏，王宇韬. 大数据财务分析[M]. 北京：中国人民大学出版社，2022.
6. 李德建，石林艳. Python财务应用[M]. 北京：高等教育出版社，2022.
7. 明日科技. Python数据分析从入门到精通[M]. 北京：清华大学出版社，2021.